BABS KIRBY UND JANEY STUBBS

SOLARE UND LUNARE

Babs Kirby und Janey Stubbs

Solare und Lunare

Die Deutung von Jahres- und Monatshoroskopen

Hier & Jetzt Verlag

Deutsche Erstveröffentlichung
Hamburg 1993

Die Originalausgabe erschien 1990 unter dem Titel
Interpreting Solar & Lunar Returns
bei *Element Books Limited*
Longmead, Shaftesbury, Dorset, Great Britain

1. Auflage 1993
2. Auflage 1994
3. Auflage 1996

Übersetzung und Lektorat: Rolf Schanzenbach, Hamburg
Herausgeber: Wolfgang Bartolain, Bad Oldesloe
Umschlaggestaltung: Uli Breyer, Hamburg
Satz: Verlag Hier & Jetzt, Bad Oldesloe
Druck: Fuldaer Verlagsanstalt, Fulda

gedruckt auf chlorfrei gebleichtem Papier
und ohne Folienverpackung ausgeliefert.

ISBN 3-926925-11-6

Inhalt

Vorwort

Wir möchten unseren Dank aussprechen an alle, die uns – sowohl direkt als auch indirekt - geholfen und ermutigt haben, dieses Buch zu schreiben. Unsere Klienten, unsere Studenten, Kollegen, Lehrer und Freunde – sie alle haben zu unserem Verständnis der Astrologie beigetragen.

Besonders danken möchten wir: Mike Harding für sein Interesse, seine Anteilnahme und Unterstützung und dafür, daß er uns auf seinem Computer soviele Horoskope berechnet hat; Annabella Kitson, die uns historische Informationen geliefert hat; Stef Faulkner, deren Fotokopierer wir benutzen durften; Steve Eddy für seine Dienste und Hilfsbereitschaft; «Jack» dafür, daß wir seine Geschichte erzählen durften; Eric Clapton, der Janey Angaben zu seiner Person gab (mit einem besonderen Dank von Janey für all die Inspiration); dem AA-Data-Service für die Daten von und dem Deutschen Tennis-Bund für die Informationen zu Steffi Graf, und Steffi Graf dafür, daß wir über sie schreiben konnten.

Babs möchte ihren Dank aussprechen an Marianne Jacoby, die sie darin bestärkt hat, durchzuhalten; Joan Wilmot, deren Supervisionen anders als alle anderen waren; alle Kollegen an der *Faculty of Astrological Studies* und insbesondere an Sue Tompkins und Linsay Radermacher für ihr Interesse und ihre Unterstützung; alle ihre Freunde und besonders Marie Maguire und Caroline Schofield und ihre Kinder Paul Kirby und Rachael Beardshaw, die für sie da waren und dabei akzeptiert haben, daß sie so wenig Zeit für sie gehabt hat.

Janey möchte sich besonders bei ihrer Mutter, Gladwys Stubbs, für alle Hilfe und Unterstützung bedanken, die sie über die Jahre erfahren hat, bei ihrem Sohn Patrick für seinen unerschütterlichen Glauben an sie und die fortwährende Ermutigung sowie bei Krisztina Glausius für ihre herzliche und enthusiastische Anteilnahme.

Schließlich möchten wir uns gegenseitig bei uns bedanken. Wir haben auch bei uns selbst die Unterstützung gefunden, die es uns ermöglichte, dieses Buch zur Veröffentlichung zu bringen – mit allen Kämpfen und auch mit den damit verbundenen Freuden.

Einführung

Das Solarhoroskop wird für den Moment erstellt, in dem die Sonne zu der Stellung zurückkehrt, die sie im Geburtshoroskop innehat. Dies geschieht – mit einem Spielraum von 24 Stunden – am Geburtstag. Jeder feiert, Jahr für Jahr, Geburtstag – demzugrunde liegt die Wiederkehr der Sonne. Nicht nur Personen, sondern auch Geschäfte, Organisationen und Staaten haben ihren Geburtstag. Das vorliegende Buch beschäftigt sich mit dem Geburtstag des Individuums. Die Technik für die anderen Arten von Solaren ist ähnlich (allerdings können diese nur sehr begrenzt psychologisch interpretiert werden – die Manifestationsmöglichkeiten spielen sich in einem viel engeren Rahmen ab).

Das Solarhoroskop ist ein einzigartiges Werkzeug, um Vorhersagen zu treffen. Es läßt bezüglich des kommenden Jahres sowohl einen generellen Überblick als auch feine Nuancen erkennen, was von keiner anderen astrologischen Prognosetechnik geleistet wird.

Im 17. Jahrhundert waren Solarhoroskope überaus populär. Arthur Koestler schreibt in seinem Roman *»Die Nachtwandler«* über Johannes Keppler: «Während des ganzen Lebens war es seine Gewohnheit, sich zum Geburtstag das Horoskop zu stellen». William Lilly, vielleicht der bekannteste Astrologe dieser Zeit, arbeitete mit Solaren, wenn er etwas intensiv untersuchte oder die Horoskope von Angehörigen des Königshauses oder von Politikern besprach. In seiner *»Christian Astrology«* beschreibt er von Seite 734 bis 737 das Solarhoroskop und seine Berechnung. Fußend auf der Methode von Maginus, erläutert er ausführlich und Schritt für Schritt ein Beispiel. In seinem *»Catalogue of Astrological Authors«* gibt er weitere Quellen an. Diese Techniken kamen aus dem antiken Griechenland über arabische und lateinische Übersetzungen in die westliche Welt.

In der jüngeren Vergangenheit wurden Solarhoroskope hauptsächlich von den klassisch arbeitenden Astrologen für Prognosezwecke benutzt. Auf einige der zugrundeliegenden Ideen, einschließlich der Zeitbestimmung, beziehen wir uns bei unserem psychologischen und wachstumsorientierten Ansatz.

Nehmen wir einmal an, du benutzt das Solar nur, um festzustellen, in welchem Haus deine Sonne im nächsten Jahr steht. Schon dies gibt dir wichtige Informationen über den Schwerpunkt und über die Gelegenheiten, die dieses Jahr mit sich bringen wird. Wenn herausragende Transite zur Sonne bevorstehen, kannst du dem Solar sogleich entnehmen, welche Lebensbereiche deine besondere Aufmerksamkeit erfordern werden. Janey zum Beispiel hat in ihrem Geburtshoroskop eine Sonne/Saturn-Konjunktion im 7. Haus im Zeichen Zwillinge. In dem Jahr, als der laufende Uranus zu dieser Konjunktion in Opposition stand, sah das Solar wie folgt aus: Sonne am IC in Opposition zu Uranus an der Himmelsmitte. Während dieses Jahres mußte Janey sich ein neues Zuhause schaffen, weil ihre Beziehung gerade zu Ende gegangen und das Haus aufgeteilt worden war. Des weiteren arbeitete sie daran, sich als Astrologin zu etablieren. Mit der Sonne in Konjunktion mit Saturn in den Zwillingen zieht Janey es vor, sich mit *Ideen* zu beschäftigen – statt mit dem schwierigen konkreten Problem, einen Platz zum Leben zu finden. Das führte dazu, daß sie ihre Energien zum größten Teil auf die Astrologie richtete, mit dem Resultat, daß sie gewissermaßen kein Zuhause mehr hatte. Schließlich erkannte sie, daß sie sich vorrangig darum kümmern mußte, einen Ort zum Leben zu finden. Uranus im Transit zur Sonne im 7. Haus zeigt lediglich, daß eine Beziehung *möglicherweise* zu Ende geht. Was wir Janeys Solar aber ohne jeden Zweifel entnehmen können, ist, daß ein Widerstreit zwischen Karriere und dem Zuhause bestand. Die Sonne im 4. Haus bedeutete, daß es von grundsätzlichem Interesse für sie war, eine solide häusliche Basis zu finden.

Je genauer du weißt, worauf du deine Aufmerksamkeit richten mußt, desto besser kannst du dich auf die Prozesse, in die du eingebunden bist, einstimmen, und desto größeren Nutzen kannst du aus den Geschehnissen ziehen. Wenn du als Berater tätig bist, kannst du anderen dabei helfen, mit dem Schicksal zusammenzuarbeiten. Wenn wir das, was das Leben für uns bereithält, ablehnen oder bekämpfen, werden wir Probleme bekommen. Das Solarhoroskop gibt uns reichhaltige Informationen über die Prozesse, in die wir verwickelt sind.

Es war im Jahr 1984, als wir auf das Solarhoroskop aufmerksam wurden. An unseren eigenen Solaren lernten wir seine Auswirkungsmöglichkeiten kennen. Wir begannen mit denen, die gerade aktuell waren, und gingen dann zurück, wobei wir zunächst nur die Jahre betrachteten, die von herausragender Wichtigkeit zu sein schienen. Später richteten wir unseren Blick auch auf die dazwischenliegenden

Zeiträume, um sicherzugehen, daß wir nichts übersehen hatten. Teilnehmer unserer Workshops sowie Klienten baten uns dann ebenfalls und in immer häufigerem Ausmaß, Solarhoroskope für sie zu erstellen, was wir auch in unserem eigenen Interesse und in bezug auf unsere Forschungen gerne taten. Von diesem Zeitpunkt an sammelten wir die Ideen, die zu diesem Buch führten.

Manche dieser Ideen mag dir aus einem anderen Zusammenhang bekannt vorkommen. Unsere Forschungen haben uns zu der Einsicht geführt, daß es keine endgültige Bedeutung irgendeines Horoskop-Faktors gibt. Wir beide haben zum Beispiel mit gleichen Horoskop-Stellungen sehr unterschiedliche Erfahrungen gemacht. Dies ist unsere notwendigerweise subjektive Meinung, dic unserem Standpunkt zugrundeliegt. Wenn du ein Solarhoroskop interpretierst, mußt du wissen, wie es um die Person bestellt ist. Du mußt deine Interpretation auf das Geburtshoroskop aufbauen, so, wie du es verstehst.

Um es noch einmal zusammenzufassen: Solarhoroskope faszinieren uns, weil sie eine einfache Methode darstellen, Prognosen für das kommende Jahr zu treffen. Sie geben – auf direkte und leicht zugängliche Weise – eine enorme Fülle von Informationen.

Kurz darauf begannen wir uns auch für das Lunarhoroskop zu interessieren – wir fragten uns, welche Informationen es dem Solar noch hinzufügen könnte. Das Lunar wird für den Moment berechnet, in dem der Mond zu seiner Stellung im Geburtshoroskop zurückkehrt, was etwa einmal im Monat geschieht. Einen Computer zu benutzen ist sehr hilfreich – Lunare zu berechnen ist ein wahrer «Liebesdienst». Wie du auch zu den Berechnungen kommst – sie sind die Mühe wert. Lunare beschreiben die Monate in ihrer Abfolge auf eine faszinierende Weise. Kapitel 6 gibt eine detaillierte Einführung zu diesem Thema. Wir möchten dich dazu anregen, Lunarhoroskope gründlich zu studieren (wenn du dies nicht vielleicht sowieso schon tust).

Darüber hinaus richten wir unseren Blick auf die Bedeutung der Wiederkehr von Merkur, Venus und Mars. Hier handelt es sich um Horoskope, die für die Momente erstellt werden, in denen Merkur, Venus und Mars zu ihrer Stellung im Geburtshoroskop zurückkehren. Bei Merkur und Venus geschieht dies etwa einmal im Jahr, bei Mars etwa alle zwei Jahre.

Die Interpretation aller Wiederkehr-Horoskope beruht auf dem gleichen Prinzip: Man stellt den Planeten, für den das Horoskop berechnet ist, in den Mittelpunkt. Alle anderen Planeten übernehmen dann gewissermaßen die Nebenrollen im Hinblick auf diesen Hauptdarsteller.

Im *Solarhoroskop* spielt die Sonne die Hauptrolle, und alle anderen Planeten dienen dazu, das solare Prinzip zum Ausdruck zu bringen. Im Lunarhoroskop steht der Mond im Mittelpunkt. Das *Lunar* sagt uns etwas über unsere «lunare» Natur, unsere Gefühle, unsere Bedürfnisse; es zeigt, wie wir uns in unserem Alltag geben. Alle Planeten im Lunar sind auf diesen Zusammenhang ausgerichtet. Die *Merkur-Wiederkehr* bezieht sich auf die mentale Orientierung im betreffenden Zeitraum. Alle Planeten beleuchten hier die Art und Weise, wie wir denken und was wir entdecken und lernen. Die *Venus-Wiederkehr* beschreibt, wie wir gegenüber Beziehungen und Vergnügungen in dem jeweiligen Zeitabschnitt eingestellt sind. Hier ist die Venus der zentrale Planet, und alle anderen Planeten zeigen die subtilen Nuancen an. Bei der *Mars-Wiederkehr* ist alles auf das Mars-Prinzip ausgerichtet, welches sozusagen den Rahmen für dieses Horoskop bildet. All dies ist bislang astrologisches Neuland – wir hoffen, daß andere sich inspiriert fühlen, weiter voranzuschreiten.

Jedes Wiederkehr-Horoskop kann dir helfen, das Prinzip des betreffenden Planeten besser zu verstehen. Es kann dir deutlich machen, ob dieses Prinzip in deinem Leben wirklich «funktioniert». Das Wiederkehr-Horoskop, das von keinen Entsprechungen in deinem Leben begleitet ist, zeigt, daß dieses Prinzip in deinem Leben nicht zum Ausdruck kommt.

Bei der Interpretation des Wiederkehr-Horoskops ist es von grundsätzlicher Bedeutung, sowohl den betreffenden Planeten hinsichtlich seiner Stellung im Geburtshoroskop als auch das Geburtshoroskop als ganzes zu betrachten. Das Wiederkehr-Horoskop beleuchtet die Entwicklung eines bestimmten Planetenprinzips, basierend auf der Stellung im Geburtshoroskop, aus dessen Potential heraus, mit allen damit verbundenen Schwierigkeiten. Das Geburtshoroskop schwingt im Solarhoroskop immer mit – was du dir bei der Interpretation vor Augen halten mußt. Man kann nicht genug betonen, daß es das Geburtshoroskop in seiner *Gesamtheit* ist, auf das du dich beziehen mußt.

1

Die Solar-Sonne in den Häusern

Bevor wir uns der Interpretation der Sonne in den Häusern des Solarhoroskops widmen, wollen wir innehalten und die Prinzipien betrachten, die mit der Sonne und ihrer Stellung in den Häusern des Geburtshoroskops verbunden sind.

Die Sonne ist der Mittelpunkt unseres Systems; von ihr gehen das Licht und die Wärme aus, der alle Lebensformen ihre Existenz verdanken. Sie stellt das Herz dar, das die Energie ausstrahlt, welches für alles Leben auf der Erde notwendig ist. Ohne sie könnte nichts leben oder wachsen – gäbe es sie nicht, wäre unser Planet ein karger kalter Stein. Unsere Vitalität, unsere ureigenste Wesensart und unsere Kreativität werden aus dieser Quelle gespeist. Wir müssen uns dessen gewahr sein, um wirklich wir selbst und wirklich entwickelte Persönlichkeiten zu sein. Wenn diese Energie blockiert ist und nicht zum Ausdruck gebracht wird, stagnieren wir und stellen nicht länger eine individuelle Persönlichkeit dar. In diesem Fall sind wir nicht mehr fähig, wirklich wir selbst zu sein. Das würde einen Mangel an Vitalität, an Erfüllung und an Befriedigung bedeuten. Dann hätte es den Anschein, als ob nichts mehr von Wichtigkeit und das Leben bedeutungslos ist.

Die Stellung der Sonne in unserem Geburtshoroskop ist der Schlüssel zu unserem wahren Selbst. Sie zeigt, auf welche Art wir unsere planetarischen Prinzipien zur Integration bringen müssen, um zur Ganzheit zu gelangen. Sie symbolisiert unsere reinste und lebendigste Energie, von der unser Wachstum und unsere Kreativität ausgehen. Die Stellung der Sonne im Hinblick auf Zeichen und Haus verdeutlicht, auf welche Weise und in welchem Aktivitätsbereich wir danach streben müssen, unsere Aufgabe im Leben zu erfüllen und ein wirklich einzigartiges Individuum zu werden. Die Aspekte bringen zum Ausdruck, wie die anderen planetarischen Energien in diesen Prozeß einbezogen sind.

Bei ihrem jährlichen Lauf durch das Horoskop wirkt die Sonne wie ein Scheinwerfer, der nacheinander jeden einzelnen Horoskop-Faktor beleuchtet. Das Solarhoroskop bezieht sich auf den Moment, in dem die Geburts-Sonne im vollen Licht dieses Scheinwerfers liegt; es führt uns gewissermaßen vor Augen, wie das Bühnenbild beschaffen ist. Es liefert ein umfassendes, bis in die Details ausgeführtes Bild des kommenden Jahres, und es zeigt, welche Erfahrungen und Herausforderungen wir erleben werden. Der Moment, in dem die Sonne zu ihrer Geburtsstellung zurückkehrt, ist von großer symbolischer Bedeutung. Dieser Augenblick bildet die Saat des bevorstehenden Jahres.

Wegen seiner Ausrichtung auf die Sonne ist das Solarhoroskop ein außerordentlich wichtiger Führer auf dem Wege der Individuation. Es sagt uns, wie wir das Potential der Sonne in jedem Jahr am besten zum Ausdruck bringen können und was wir tun müssen, um den wohltätigen Fluß unserer solaren Energie zu unterstützen. Insofern leistet es uns unschätzbare Dienste, wenn wir unseren Weg im Leben gehen, unsere Aufgabe erfüllen und wirklich wir selbst sein wollen.

Die Sonne ist natürlich das Zentrum und der wichtigste Bestandteil des Solarhoroskops; ihre Haus-Stellung ist der bedeutungsvollste Einzelfaktor. Das Haus, in dem die Solar-Sonne steht, verkörpert den Bereich, der die wichtigsten Lektionen des betreffenden Jahres bringt. Es ist von vitalem Interesse, den mit diesem Haus verbundenen Angelegenheit Aufmerksamkeit zu schenken. Wenn du versuchst, diesen aus dem Wege zu gehen, wirst du wahrscheinlich auf irgendeine Art dazu gezwungen werden, dich mit ihnen auseinanderzusetzen – auf eine Weise, die du dann nicht mehr beeinflussen kannst. Du kannst diesen Energien nicht ausweichen – der betreffende Bereich wird in diesem Zeitraum im Brennpunkt stehen. Wenn du aber *mit* diesen Energien arbeitest, kannst du ein stärkeres Gefühl deiner eigenen Identität und Kraft entwickeln.

Das Haus der Sonne im Solar bezeichnet einen Bereich, in dem du das Jahr hindurch kämpfen mußt, um dich zum Ausdruck zu bringen. Durch diesen Kampf wirst du dich selbst besser kennenlernen und deine Aufgabe im Leben deutlicher wahrnehmen. Du wirst dein Selbstvertrauen stärken, wenn du dich den Herausforderungen dieses Hauses stellst. Es handelt sich hier auch um den Bereich, in dem du ein Höchstmaß von Kreativität entwickeln und Anerkennung erfahren kannst – du wirst hier ernten können, was du zuvor in Form von Energie gesät hast.

Dieser Bereich ist es, in dem du gezwungen bist, Hindernisse zu überwinden und der Held deines eigenen Lebens zu werden. Hier findest du am leichtesten Befriedigung und Erfüllung; hier ist es, wo du ausstrahlst und anerkannt wirst.

Die Solar-Sonne im 1. Haus

Das Jahr, in dem deine Solar-Sonne im 1. Haus steht, ist für dein Selbstbild von äußerster Wichtigkeit. Jetzt rückt dein Selbstgefühl in den Brennpunkt deiner Aufmerksamkeit – du überprüfst, wie du selbst dich siehst und wie du auf andere wirkst. Du beschäftigst dich mit dir selbst in bezug auf dein Wirken in der Welt.

Mit der Solar-Sonne im 1. Haus suchst du nach einer neuen Beziehung zu deiner Umgebung. Du strebst danach, größere Unabhängigkeit zu erlangen und deine Individualität zu stärken. Du bemühst dich um deine Identität und um Anerkennung; du verspürst das Bedürfnis, du selbst zu sein und dich zu zeigen, wie du wirklich bist. In diesem Jahr wirst du dir dessen bewußt, was du im Leben brauchst, und du gehst los, es dir zu holen. Jetzt ist die Zeit, in der du dich an die erste Stelle setzt.

Dieses Jahr ist gekennzeichnet von einer positiven Selbst-Zentriertheit und von einem gesunden Eigensinn. Du beschäftigst dich nicht mit anderen, sondern konzentrierst dich auf das, was du für dein Wachstum und für deine Entwicklung brauchst. Wenn du merkst, daß dich eine Beziehung einschränkt, verspürst du wahrscheinlich jetzt die Kraft, diese aufzukündigen und es allein zu versuchen. Wenn es deine Arbeit ist, die deinen Fortschritt und Selbstausdruck behindert, empfindest du wahrscheinlich das Bedürfnis nach Veränderung und suchst nach etwas, das deinem Gefühl für dich selbst besser entspricht.

Dies ist ein Jahr der Selbstentdeckung. Vielleicht mußt du verschiedene Wege ausprobieren, bevor du den richtigen findest. Wachstum resultiert aus der Bereitschaft, etwas zu wagen und Experimente einzugehen. Das Wichtigste in diesem Jahr ist es, Mittel des Selbstausdrucks zu finden, die dich stärken und dich in deiner Identität festigen. Um dem gerecht zu werden, mußt du für neue Ideen offen sein. Und du mußt den Mut aufbringen, diese zu erproben.

Jetzt, wo du dich besser kennengelernt hast und dein Selbstvertrauen gewachsen ist, kannst du einen Neubeginn starten. Nun ist die Zeit für dich gekommen, in die Welt auszustrahlen.

Während des Jahres mit der Solar-Sonne im 1. Haus fühlst du dich kräftig und von Leben erfüllt. Es könnte sein, daß du dich mit Dingen beschäftigst, die einen unmittelbaren Einfluß auf dein körperliches Wohlbefinden und deine Gesundheit haben. Wahrscheinlich genießt du es, aktiv zu sein, und schöpfst Befriedigung daraus, deine physische Energie auf neue Art und Weise zum Ausdruck zu bringen. Du findest es einfach herrlich, dieses Ausmaß an Lebendigkeit in dir zu spüren.

Die Solar-Sonne im 2. Haus

Wenn die Sonne in deinem Solarhoroskop in das 2. Haus fällt, bist du aufgerufen, deine Wertvorstellungen zu hinterfragen. Was ist für dich wirklich wertvoll? Ist das, was du im Leben tust, wirklich von Bedeutung für dich? Du kannst eine neue Einstellung zu deinen Zielen gewinnen und einen Weg einschlagen, auf dem du findest, woran du glaubst.

Im diesem Jahr bist du gezwungen, deine Ressourcen zu überprüfen, sowohl im Hinblick auf materielle Dinge als auch auf angeborene Gaben, die dir zur Verfügung stehen. Wenn du aus letzteren nicht das Beste gemacht hast, wirst du den Drang verspüren, sie jetzt zu entwickeln. Es könnte empfehlenswert sein, einen Kurs zu belegen, um die angeborenen Gaben in konkret nutzbare Fertigkeiten zu verwandeln. Jetzt ist die Zeit, Profit aus allen sich bietenden Gelegenheiten zu ziehen. Es ist die Zeit, Talente und Energien produktiv zu nutzen und sichtbar werden zu lassen – statt sie zu verstecken oder in dir zu verschließen.

Diese Phase beinhaltet auch die Beschäftigung mit deinen materiellen Bedürfnissen, was heißen soll, daß du deine Finanzen in Ordnung bringen mußt. Du mußt lernen, dich mit praktisch verwertbaren Fähigkeiten und mit effektivem Handeln in der materiellen Welt zu verankern. Geld kann jetzt zum Problem werden – insbesondere dann, wenn du dieses Thema in der Vergangenheit ignoriert hast. Du bist herausgefordert, so viel Geld zu verdienen, daß du alle deine Bedürfnisse befriedigen kannst. Wenn du dies nicht tust, wirst du nicht wirklich du selbst sein können. Finanzielle Unsicherheit kann auf deine Identität einen schwächenden Einfluß ausüben und dein Selbstwertgefühl in Mitleidenschaft ziehen. Wenn du in einer Umgebung lebst, die du selbst gestaltet hast und die deinem Geschmack entspricht, wird dich das in deinem Selbstgefühl bestärken. Wenn du diese Bedürfnisse bislang verkannt hast, wirst du sie im Jahr mit der Solar-Sonne im 2. Haus bewußt wahrnehmen. Du erkennst nun, daß du hier tätig werden mußt. Jetzt ist die Zeit, eine feste und sichere Basis zu schaffen – die Fundamente in deinem Leben zu legen.

Die Solar-Sonne im 3. Haus

Während dieses Jahres dürfte Kommunikation – in welcher Form auch immer – das beherrschende Thema sein. Der Wunsch, dich sprachlich – ob durch mündliche Rede oder in schriftlicher Form – zum Ausdruck zu bringen, wird zu einem drängenden Bedürfnis. Es handelt sich um eine Phase, in der kommunikative Fähigkeiten erworben beziehungsweise erweitert werden. Der Kontakt zu neuen Ideen wird dich verändern – du wirst dich jetzt anpassen beziehungsweise «erneuern» müssen. Die Zeit ist dafür geeignet, etwas Neues zu lernen, an eine Universität zu gehen oder auch das Schulwissen aufzufrischen. Jetzt steht all das im Vordergrund, was den Geist stimuliert. Du wirst in diesem Jahr wahrscheinlich einen unstillbaren Wissensdurst verspüren und Bücher verschlingen, als ob dein Leben davon abhinge.

Du hast den Wunsch, allzeit auf dem Laufenden zu sein. Vielleicht empfindest du den Drang, vielerlei Sachen zugleich zu verfolgen. *Einer* Aktivität über längere Zeit nachzugehen macht dich möglicherweise unruhig. Das Tempo des Lebens nimmt während dieser Phase zu. Du bist in der Lage, viel mehr als zu anderen Zeiten zu erledigen, und am liebsten würdest du überall zugleich sein.

Ein Wohnungswechsel, der dich zwingt, dich in einer neuen Nachbarschaft oder Gemeinschaft zurechtzufinden, könnte deinen Blick auf deine unmittelbare Umgebung lenken. In diesem Falle würde das Gefühl deiner Identität bezüglich einer neuen Situation im Brennpunkt stehen.

Vielleicht mußt du während dieses Jahres deinen Geschwistern mehr Aufmerksamkeit widmen und Probleme aufarbeiten, die mit ihnen in Zusammenhang stehen.

Du wirst eine neue Art zu kommunizieren entwickeln müssen, wobei du genau überlegen mußt, was du sagst und auf welche Weise du das tust. Vielleicht wirst du Mitglied in einem Gesprächskreis oder beginnst ein Studium. Eine derartige Beschäftigung könnte dich dazu anregen, auf eine neue Weise zu denken und eine neue Form des Selbstausdrucks zu entwickeln.

Die Solar-Sonne im 4. Haus

4

Ein Jahr, das von dem Bedürfnis nach emotionaler Sicherheit geprägt ist. Du suchst jetzt eine gesunde Basis beziehungsweise ein Zuhause, das deine Identität bestärkt und deine Individualität freier zum Ausdruck kommen läßt. Mit der Sonne im 4. Solarhaus ist der Kredit fürs Haus keine Belastung, sondern eine Chance. Viele Menschen verlassen während dieser Zeit eine unbefriedigende Beziehung, um für sich allein ein friedliches und sicheres Zuhause zu finden.

Dieses Jahr dürfte einen Wendepunkt bezüglich deiner Entwicklung und deiner Ansichten darstellen. Die Aufmerksamkeit gilt jetzt dem Inneren, und du verfügst über die Fähigkeit, deine tiefsten Bedürfnisse, Gefühle und Erinnerungen zu erkennen. Es handelt sich um eine Zeit der Kontemplation, in der du dich sehr intensiv mit dir selbst beschäftigst. Erinnerungen aus der Vergangenheit steigen nun in dir auf, die du jetzt neu bewerten und besser verstehen kannst. Du wirst mit Erfahrungen konfrontiert, die es erforderlich machen, daß du auf deine tiefsten inneren Quellen zurückgreifst. Dabei kannst du erkennen, wie stark du innerlich wirklich bist.

Die Art, wie du dich gibst, gerät ebenfalls in den Blickpunkt. Alte Gewohnheiten mögen sich als beschränkend herausstellen; vielleicht hindern sie dich in deinem Selbstausdruck und daran, auf deinem Weg durchs Leben voranzukommen. Möglicherweise gibt es in deinem Alltag einen Wechsel oder Bruch, der dich zwingt, alte Gleise zu verlassen und neue Verhaltensmuster zu entwickeln, die deinen gegenwärtigen Bedürfnissen angemessener sind.

Zu dieser Zeit stehen oftmals Dinge im Mittelpunkt, die die Eltern oder die Kinder betreffen. In diesem Fall geht es darum, die Beziehung zu diesen zu überprüfen und – falls notwendig – Veränderungen vorzunehmen. Wahrscheinlich verspürst du das Bedürfnis, zurückzuschauen – zu entdecken, wo deine Wurzeln sind und wo du herkommst. Dies wird dir helfen zu erkennen, wohin dein Weg führt.

Die Solar-Sonne im 5. Haus

Ein sehr wichtiges Jahr im Hinblick auf die persönliche Art des Selbstausdrucks und die Selbsterfüllung. Es besteht der Wunsch, das Leben so zu gestalten, wie man es tatsächlich leben möchte – gewissermaßen sein eigenes Drama zu inszenieren. Du willst jetzt die Hauptrolle in der Geschichte deines Lebens übernehmen. Zu diesem Zweck stellst du dich selbst auf enthusiastische Weise dar, wobei dein wahres Wesen zum Ausdruck kommt. Du verspürst das Bedürfnis, deine innere Einzigartigkeit zu entdecken beziehungsweise zu entwickeln – zu deinem Vergnügen und deiner Befriedigung. Es handelt sich um eine Zeit, in der du mit Freude und Stolz sein kannst, was du bist.

Jetzt ist die Herausforderung gegeben, die Art, wie du das Leben erlebst, zu überprüfen. Gehst du wirklich von dir selbst aus? Sind die Dinge, die du tust, wirklich von Wichtigkeit für dich? Oder verbringst du deine Tage damit, Pflichten nachzukommen, die dir keinen Freiraum oder keine Zeit zum Spielen lassen? Wir neigen dazu, das Spielen als eine Art «Extra» zu betrachten, als etwas Unwichtiges, was wir vielleicht tun können, wenn die Pflichten des Alltags erledigt sind. Spielen ist aber ein wichtiger Ansatzpunkt, um uns selbst zu entdecken. Die Dinge, die wir nur um ihrer selbst willen, nur zu unserem Vergnügen, tun, entwickeln und stärken unser Identitätsgefühl. Während des Jahres mit der Sonne im 5. Solarhaus erhält das Spielen eine neue Bedeutung. Vielleicht findest du neue Interessen oder widmest alten mehr Energie, mit der Folge, daß diese dich mit neuem Leben erfüllen und dein Selbstvertrauen und deine Lebensqualität stärken. Sportliche Aktivitäten und Wettbewerbe – ganz allgemein Herausforderungen – üben jetzt einen starken Reiz auf dich aus. Diese Art von Aktivität befähigt dich zum Spielen und dazu, Risiken auf dich zu nehmen. Während dieser Zeit besteht das Bedürfnis, sich mit dem Leben zu messen, um die eigene Kraft zu erproben.

Kinder können nun zu einem wichtigen Thema werden. Generell besteht ein mächtiger Drang, etwas zu schaffen. Dies kann entweder bedeuten, tatsächlich Kinder zu zeugen oder aber kreative Ideen in die Welt zu setzen (die dann Kinder des Geistes sind). Wie dem auch sei – in jedem Falle wirst du bestrebt sein, deine Identität dadurch zu bestärken, daß du etwas von dir wiedererschaffst. Wenn du mit Kindern zusammenbist, entdeckst oder ermutigst du vielleicht dein eigenes inneres Kind, was dir eine größere Spontanität und eine spielerischere Einstellung vermitteln kann. In diesem Zeitraum könntest du – vielleicht, indem du dich mit Kindern beschäftigst – die Gelegenheit haben, deine eigene Kindheit noch einmal zu erleben, was einige deiner frühkindlichen Wunden heilen lassen könnte.

Vielleicht kommt es auch zu einer Liebesaffäre, die dir eine neue Perspektive deiner selbst verschafft. Wenn jemand dich mag und gewisse Gefühle in dir aufsteigen läßt, wirst du dich aller Wahrscheinlichkeit nach selbstbewußter fühlen. Verliebt zu sein bedeutet, sich mit Leben erfüllt und zu allem fähig zu fühlen. Möglicherweise glühst du während einer solchen Zeit buchstäblich vor Energie und Aufregung.

Alle diese Beschreibungen stellen verschiedene Wege dar, die Besonderheit und Einzigartigkeit deiner Persönlichkeit zu erkennen. Du fühlst Freude, du selbst zu sein und dich auf kreative Art zum Ausdruck zu bringen. In diesem Jahr kannst du deine Gaben entfalten, deine Persönlichkeit ausbilden und für die Erfüllung deiner Aufgabe arbeiten.

Die Solar-Sonne im 6. Haus

In diesem Jahr dürfte dein Alltagsleben im Mittelpunkt stehen. Jetzt ist es an der Zeit zu analysieren, wie du die täglich wiederkehrenden Aufgaben erledigst und wie es um deine Art, dich zu ernähren, und deine Gesundheit bestellt ist. Du mußt jetzt überprüfen, wie du dein Leben organisierst. Gehst du in deinem Alltag auf effektive Weise vor und legst du realistische Annahmen zugrunde? Oder sind deine Fähigkeiten auf diesem Gebiet eher unterentwickelt? Mit anderen Worten: Dient dein Arbeitsleben deiner Persönlichkeit? Oder bist du vielleicht nur dafür da, daß deine Arbeit getan wird? Hast du es zugelassen, daß die Struktur deines Lebens zu einem *Selbstzweck* geworden ist – statt zu einem Mittel deines *Selbstausdrucks*? Falls dem so ist, könntest du dich in einem Teufelskreis sinnloser Aktivität finden, mit der Folge, daß du Leere und Frustration spürst.

Während des Jahres mit der Solar-Sonne im 6. Haus mußt du herausfinden, welche praktische Vorgehensart dir in deiner Individualität entspricht. Wenn du deinen inneren Bedürfnissen zuwidergehandelt beziehungsweise einen falschen Lebensstil praktiziert hast, wird das über kurz oder lang zu starken Spannungen oder Krankheit führen. Aber Krankheit kann auch als ein Segen betrachtet werden: Sie zwingt dich, dich und deine Art zu leben kritisch zu beleuchten. Wenn du hier Probleme hast, mußt du dich fragen, wie du dein Leben neu organisieren kannst, damit deine alltäglichen Aktivitäten einen harmonischeren und befriedigenderen Charakter annehmen.

Während dieser Phase ist der Blick auch auf die Arbeit gerichtet. Siehst du einen Wert in dem, was du tust? Wenn deine Arbeit unbefriedigend ist, mußt du dir überlegen, wie du eine Veränderung – entweder der Arbeit selbst oder deiner Einstellung zu ihr – herbeiführen kannst, um größere Erfüllung zu finden. Viele Leute fühlen den Drang, eine neue Arbeit zu suchen, wenn die Solar-Sonne im 6. Haus steht. Sie suchen nach etwas, worin sie einen Sinn und eine Bedeutung erkennen können – sie verspüren das Bedürfnis, sich auch in den alltäglichen Aktivitäten wiederzufinden.

Dieses Jahr bringt häufig einen Wandel der Art zu leben mit sich – der Rhythmus des Lebens verändert sich nun. Vielleicht trittst du eine neue Stellung an, wirst selbständig oder ziehst dich von der Arbeit zurück. Vielleicht nimmst du jetzt nach dem Studium deine erste Festanstellung an – oder beginnst, nachdem du bereits gearbeitet hast, ein Studium. Manchmal handelt es sich hier auch um die Phase, wenn ein Baby zur Welt gekommen ist und neue Handgriffe zu tun sind. Dies ist die Zeit, effektiver arbeiten zu lernen, sich seiner Gesundheit bewußter zu werden und mehr auf sich achtzugeben. Denkbar wäre auch, daß du seit längerem krank bist und jetzt der Krankheit deine bewußte Aufmerksamkeit widmest, was den Heilungsprozeß einleiten könnte.

Das Jahr, in dem die Solar-Sonne im 6. Haus steht, kann eine harte Zeit anzeigen. Vielleicht stellst du fest, daß du schwer arbeitest und daß die Anstrengungen, die du auf deine Arbeit richtest, Energien aus deinem Inneren ziehen. Oftmals handelt es sich hierbei um eine Phase der Vorbereitung und Neuorientierung im Hinblick auf eine tiefgreifende Veränderung.

Die Solar-Sonne im 7. Haus

Wenn die Sonne im 7. Haus des Solarhoroskops steht, wirst du die Feststellung machen, daß deine Energie darauf gerichtet ist, dich selbst durch andere kennenzulernen. Dies kann im Rahmen einer engen Beziehung, durch Partnerschaften überhaupt, durch eine Beratung oder durch eine offene Auseinandersetzung geschehen. Du hast bezüglich aller dieser Formen die Möglichkeit, dich und dein Selbstbild in anderen gespiegelt zu sehen, wodurch du über dich größere Klarheit gewinnen kannst. Teile von dir, vor denen du Angst hast oder die du nicht in dein Bewußtsein aufsteigen lassen willst, kommen nun an die Oberfläche, indem du ihnen in anderen begegnest.

Dieser Zeitraum ist von deiner Beziehung zu anderen geprägt. Möglicherweise wirst du schmerzhafte Erfahrungen machen, wenn du dich durch die Schwierigkeiten hindurcharbeitest, die du in Beziehungen hast. Die Probleme treten nun offen zutage, und häufig kommt es im Zusammenhang mit ihnen zu Konflikten. Du erkennst in dieser Phase, welche Erwartungen du an andere hast und wie die Energie beschaffen ist, die du selbst in Beziehungen steckst. Wenn du jetzt deine eigene Verantwortung erkennst, statt anderen die Schuld in die Schuhe zu schieben, ist die Zeit reif für eine Neubewertung. Du wirst einiges über die Art und Weise, wie du dich in Beziehungen verhältst, lernen – wie auch über das, was du aus diesen ziehst. Von diesem Gesichtspunkt aus mußt du abwägen, ob die Partnerschaften, die du eingegangen bist, deinen Bedürfnissen gerecht werden. Du mußt dir weiterhin die Frage stellen, ob du in ausreichendem Maße Energie in deine Beziehungen investierst. Es ist anzunehmen, daß dich Verbindungen, die auf einem Abhängigkeitsverhältnis basieren, jetzt unbefriedigt lassen – du wirst bestrebt sein, persönliche Kontakte auf einem offenen Austausch zu begründen.

Es handelt sich um ein Jahr, in dem du in die Welt hinaustreten und Aufsehen erregen willst. Jetzt ist die «Blütezeit» – du solltest die Chancen nutzen, die dir eine Rolle in der Öffentlichkeit bieten. Es kann sein, daß jetzt ein dynamischerer Austausch mit anderen beginnt. Das Bedürfnis, Wohlwollen und Anerkennung zu finden, wird dich nun wahrscheinlich ins Rampenlicht bringen.

Mit dieser Stellung ist oftmals der Drang verbunden, im Zusammenhang mit der Arbeit Partnerschaften einzugehen. Eng mit anderen zusammenzuarbeiten kann jetzt als zutiefst befriedigend erfahren werden. Du kannst viel von der Sichtweise eines Mitarbeiters, der die Dinge möglicherweise mit mehr Abstand sieht, lernen. Und die Unterstützung durch andere kann dir helfen, Selbstvertrauen zu gewinnen.

Die Solar-Sonne im 8. Haus

Ein Jahr der tiefgreifenden Veränderung und Transformation. Jetzt hast du wahrscheinlich Erlebnisse, die deinem Leben eine neue Richtung geben. Hier ist das Ende der einen und der Beginn einer anderen Phase des Lebens angezeigt. Es handelt sich um eine Art von Neugeburt, was – wie die Geburt selbst – ein schmerzhafter Prozeß sein kann. Zu der Metamorphose mit ihren weitreichenden Folgen kann es durch ein äußerliches Ereignis – wie zum Beispiel den Tod eines nahestehenden Menschen – oder durch eine innere Entscheidung kommen. Vielleicht faßt du den Entschluß, ein Kind in die Welt zu setzen, eine Beziehung zu beginnen oder zu beenden oder eine neue Richtung bezüglich deiner Karriere oder deines Lebens überhaupt einzuschlagen. Du fühlst dich in der Verfassung, noch einmal von vorne anzufangen und dein altes Leben hinter dir zu lassen, und du besitzt jetzt die Fähigkeit, Entscheidungen zu treffen, von denen es kein Zurück mehr gibt. Dies ist nicht einfach, und du mußt tief in dein Inneres gehen, um die Stärke zu finden, deine Pläne auszuführen.

Mit der Solar-Sonne im 8. Haus hast du das Empfinden, auf dich gestellt zu sein. Deine Gefühle sind tief und intensiv, und es mag dir widerstreben, sie mit anderen zu teilen. Du wirst viel Zeit für dich selbst brauchen, um dich durch all die emotionalen Konflikte hindurchzuarbeiten, die derartig drastische Veränderungen mit sich bringen.

Gemeinsame Finanzen können jetzt – auf welche Weise auch immer – zu einem Problem werden. Dabei muß es sich nicht unbedingt um einen akuten finanziellen Engpaß handeln; es könnte sein, daß sich im Hinblick auf gemeinsam eingegangene Verpflichtungen Veränderungen ergeben. Es wäre auch denkbar, daß eine Erbschaft auftaucht, die zu Streitigkeiten führt. Dabei ist es vielleicht nicht einmal das Geld, um das es geht – möglicherweise ist es die symbolische Bedeutung, die zählt. Wie dem auch sei – du wirst während dieser Zeit das Bedürfnis verspüren, anerkannt und als Teil von etwas Größerem gesehen zu werden. Denkbar wäre auch, daß du zu dieser Zeit einen Gewinn machst, der dein Leben und die Art, wie du dich selbst siehst, verändert.

Sexualität ist in diesem Jahr von besonderer Wichtigkeit für dich. Vielleicht bist du in eine unglückliche Affäre verwickelt oder zwanghaft auf eine unerreichbare Person fixiert. In Beziehungen zeigst du dich jetzt außerordentlich aktiv. Deine Gefühle sind tief und allumfassend, und lange Zeit verdrängte Schmerzen und Erinnerungen steigen nun an die Oberfläche auf. Du wirst viel über deine sexuellen Bedürfnisse sowie deine «primitiveren» Wünsche und Gefühle erfahren, wenn deine Solar-Sonne im 8. Haus steht. Und es könnte ohne weiteres sein, daß es im Hinblick auf Beziehungen zu Eifersucht und Machtkämpfen kommt.

Möglicherweise nimmst du in diesem Jahr etwas in dich auf, was für dich von außerordentlicher Wichtigkeit ist und was deinen Blick auf dich selbst von Grund auf verändert. Du wirst dich stärker fühlen, auf eine neue Art an dich selbst glauben und ein neues Bewußtsein deines großen Potentials entwickeln. Während dieses Jahres erkennst du eine neue Bestimmung für dich und bist fähig, hart und ausdauernd auf deine Ziele hinzuarbeiten. Das, was du machst, betreibst du mit vollem Einsatz – Kompromisse gibt es jetzt nicht für dich. Wenn du dich den mit diesem Jahr verbundenen Herausforderungen stellst, entdeckst du ein inneres Reservoir an Stärke, von dem du für den Rest deines Lebens profitieren kannst.

Die Solar-Sonne im 9. Haus

⊙ 9

In einem Jahr mit der Sonne im 9. Haus des Solarhoroskops wirst du dir der Prinzipien bewußt, die dein Leben prägen, und eine Neubewertung deiner Lebensphilosophie vornehmen. Ein offeneres Bewußtsein und das Wachstum deiner Persönlichkeit werden dich zu einem tieferen Verständnis deiner Identität führen und dir aufzeigen, wie du in die größere Ordnung eingebettet bist.

Du wirst dich jetzt zutiefst positiv und voll von Enthusiasmus fühlen. Du bist optimistisch gestimmt und brennst darauf, die sich bietenden Gelegenheiten zum Wachstum wahrzunehmen. Einige der neuen Erfahrungen und Interessen eröffnen dir völlig neue Lebensbereiche, was dich einen neuen Sinn im Leben erkennen lassen kann.

Während dieser Zeit suchst du nach dem allem zugrundeliegenden Sinn. Der Horizont deines Geistes erweitert sich, was zur Folge hat, daß dein Aktivitätsbereich ebenfalls größer wird. Jetzt erregt vielleicht ein neues Fach dein Interesse, was eine Änderung deiner Sicht- und Denkweise mit sich bringen kann.

Reisen in andere Länder oder Kontakte mit Angehörigen anderer Kulturen stimulieren deinen Geist und erweitern deinen Horizont. Du wirst dich selbst und die Welt besser verstehen, wenn du andere Arten zu leben kennenlernst.

Die Lust zu forschen und ein unstillbarer Wissensdurst halten dich jetzt in Bewegung. Du bist offen für neue Ideen und Herausforderungen und gleichzeitig gezwungen, über dich hinauszuwachsen, weil du es mit Problemen zu tun hast, die über dein normales Leben hinausgehen. Du findest dich nicht länger mit den Begrenzungen und Beschränkungen ab, die du dir früher selbst einmal auferlegt hast – du fühlst jetzt den Drang, dich zu befreien und neue Erfahrungen zu machen.

In dem Jahr mit der Solar-Sonne im 9. Haus kannst du dir darüber klarwerden, was du im Leben erreichen willst. Du verspürst jetzt das Bedürfnis, dem gemäß zu leben, was du glaubst. Du verfügst nun über genug Selbstvertrauen und Glaubensstärke, das zu tun, was du intuitiv als richtig für dich erkennst – auch wenn Risiken damit verbunden sind. Jetzt kannst du deinem Urteil trauen und es zur Basis deiner Handlungen machen.

Die Solar-Sonne im 10. Haus

10

Ein sehr wichtiges Jahr für deine Identität und das Bild, das du abgibst. Du erkennst jetzt klarer, welche Rolle du spielen und wie du in Erscheinung treten möchtest. In dieser Zeit ist es von besonderer Wichtigkeit für dich, wie du angesehen bist. Du suchst Anerkennung für das, was du tust, und du möchtest als Individuum Einfluß ausüben und ausstrahlen.

Das Verfolgen eines bestimmten Zieles kann jetzt dazu führen, daß sich Veränderungen hinsichtlich deines Identitätsgefühls ergeben. Die Art, wie du dich selbst und wie andere dich sehen, wandelt sich. Dies kann mit einer neuen Arbeitsstelle, einer Beförderung oder anderen Veränderungen im Hinblick auf den sozialen Status – zum Beispiel Heirat, dem Eintreten in den Ruhestand oder der Geburt eines Kindes – zusammenhängen.

Es gibt eine Menge Dinge, die du in diesem Jahr zu überprüfen hast. Du mußt jetzt deine Ziele überdenken und Pläne machen, wie du diese erreichen kannst. Wahrscheinlich nimmt dein Leben nun eine neue Richtung an. In dieser Phase mußt du den Grundstein für deine späteren Erfolge legen. Vielleicht beginnst du das Studium eines Faches, das deine berufliche Laufbahn fördern wird.

Es handelt sich um ein Jahr, in dem du dir über deine Berufung in der Welt klarwirst, und in dem du einen neuen Sinn in dieser entdeckst (in einem konkreteren und mehr auf die Außenwelt bezogenen Sinn als bei der Solar-Sonne im 9. Haus). Deine Ziele gewinnen deutlichere Konturen, und du fühlst dich von einer neuen Bestimmung erfüllt. Du verspürst das Bedürfnis, in die Welt hinauszutreten und deinen Beitrag für die Gemeinschaft zu leisten. Du möchtest jetzt als effektiv arbeitende und erfolgreiche Persönlichkeit anerkannt werden. Indem du dich um den Erfolg bemühst, beweist du dir selbst deinen Wert.

Die Solar-Sonne im 11. Haus

☉ 11

Es handelt sich hierbei um ein Jahr, in dem die Energien und die Aufmerksamkeit auf Dinge gerichtet sind, die mit dem gesellschaftlichen Umfeld zu tun haben. Jetzt suchst du die Gemeinschaft derer, die die gleichen Ideale vertreten und die für die Zukunft die gleichen Hoffnungen haben wie du. Du benötigst zu dieser Zeit den Rückhalt einer Gruppe, die dich in deiner Identität bestärkt, indem sie deine Überzeugungen anerkennt. Mit der Solar-Sonne im 11. Haus verspürst du den Wunsch, Teil von etwas zu sein, das für eine bessere Zukunft eintritt, wobei persönliche Belange zurückstehen. Nur das, was für die Gemeinschaft in ihrer Gesamtheit wichtig ist, zählt nun für dich.

Jetzt, wo du die Gesellschaft von Menschen suchst, die die gleichen Ziele wie du haben, geraten Freundschaften in das Blickfeld. Es ist eine Zeit der Neubewertung, und es ist wichtig, mit denjenigen zusammenzusein, die deinen Sinn für deine Identität stärken.

Vielleicht erlebst du die Herausforderung, dich in einer neuen Situation zurechtfinden zu müssen. Wenn du dich einer Gemeinschaft oder einer bestimmten Gruppe anschließt, mußt du möglicherweise lernen, dich mit anderen auseinanderzusetzen. Es könnte aber auch sein, daß du jetzt deine Arbeit innerhalb einer Gruppe verrichten mußt. Diesbezügliche Erfahrungen werden dir viele Einsichten über dich selbst sowie über die Art, wie du mit anderen Menschen in Kontakt trittst, verschaffen. Durch die Einbindung in gemeinschaftliche Aktivitäten kannst du lernen, wie du du selbst bleiben kannst, ohne die Belange der Gruppe aus den Augen zu verlieren.

Du hast jetzt die Fähigkeit, deine Talente zugunsten der Gruppe, der du angehörst, zu entwickeln. Du kannst jetzt gemeinschaftliche Unternehmungen mit Leben erfüllen; vielleicht wirst du zum Mittelpunkt der Aktivität und spornst andere mit deinem Enthusiasmus und deiner Inspiration an. Es könnte sein, daß du zum Führer oder zum Sprecher deiner Organisation wirst.

In einem Jahr mit der Solar-Sonne im 11. Haus beschäftigst du dich mit der Zukunft sowie damit, die Wünsche, die dir am teuersten sind, in die Realität umzusetzen. Du entwickelst neue Ideale und Visionen, und du möchtest etwas tun, was der Welt in ihrer Gesamtheit nutzt. Deine eigenen Ziele verbinden sich mit denen einer Gruppe, und aufgrund dessen kannst du Teil einer kreativen Kraft werden, die bestrebt ist, deine Vision in der Zukunft zu einer Realität zu machen.

Die Solar-Sonne im 12. Haus

Während eines Jahres mit der Solar-Sonne im 12. Haus fühlst du ein starkes Bedürfnis nach Zurückgezogenheit. Du bist mehr auf dein Inneres ausgerichtet und kontemplativer veranlagt als sonst, und vielleicht hast du den

Wunsch, dich von der Welt zurückziehen, um deinen Träumen nachzuhängen. Aller Wahrscheinlichkeit nach fällt es dir jetzt schwer, dir über deine Ziele klarzuwerden – das Leben besteht aus allerlei Möglichkeiten, die sich aber nur vage abzeichnen. Du fühlst Unsicherheit bezüglich deiner Identität und möchtest mehr sein, als du bist – ohne genau zu wissen, was du eigentlich sein möchtest oder wie du dazu kommen könntest. Diese Sehnsucht könnte ein Gefühl der Frustration nach sich ziehen und Fluchttendenzen wie Trinksucht, Tagträumereien oder auch fortwährenden Fernsehkonsum zur Folge haben. Du bist passiver als sonst und kaum dazu in der Lage, Entscheidungen zu treffen. Vielleicht hast du das Gefühl, von der Welt abgeschnitten zu sein – auf dich allein gestellt und von allen isoliert.

Jetzt geht ein Zyklus zu Ende, nun mußt du Bilanz ziehen, was die zurückliegende Lebensphase dir gebracht hat. Dies gilt sowohl für schöne als auch für betrübliche Erlebnisse. Du mußt jetzt dein altes Leben loslassen, um dich auf den kommenden, neuen Zyklus einzustellen. Es ist unbedingt notwendig, daß du etwas aufgibst – damit du fortschreiten kannst. Daß sich die alten Strukturen auflösen bedeutet, daß die neue Saat wächst. Jetzt ist die Zeit, sich zur Vergangenheit zu bekennen und die Erinnerungen zu verstehen. Du kannst viel über dich lernen, wenn du dich in dein Unbewußtes versenkst und hörst, was dir deine Träume und Fantasien zu sagen haben.

Dein Gefühlsleben steht jetzt für dich im Vordergrund, und du bist beeinflußbarer als sonst. Wahrscheinlich können dich die Musik, die Poesie oder der Tanz inspirieren. Wenn du jetzt in deinem Inneren nach Inspirationen suchst, können dir Meditationen oder Visualisierungen behilflich sein.

Es kann sich auch um eine Zeit handeln, in der du gewissermaßen dich selbst zum Opfer bringst und anderen hilfst. Du fühlst mehr Sympathie und Mitleid für andere als sonst und bist vielleicht aufgefordert, etwas für das größere Ganze zu leisten. Es könnte sein, daß Institutionen nun eine wichtige Rolle für dich spielen – entweder, weil du selbst in einer arbeitest oder lebst, oder weil du viel Zeit in einer verbringst, um jemanden zu besuchen.

Jetzt holt die Zeit dich ein, und du wirst mit den Resultaten deiner Handlungen konfrontiert. Das, was du noch nicht vollendet hast, rückt in den Blickpunkt – du mußt nun diese Angelegenheiten zu einem Abschluß bringen. Jetzt kannst du persönliche Erleuchtung erleben – indem du dich freiwillig beschränkst, indem du träumst und indem du der Weisheit deines Unbewußten folgst.

2

Aspekte zur Solar-Sonne

Die Aspekte, die in einem Solarhoroskop zur Sonne bestehen, zeigen, welche Eigenschaften und Energien du in dem betreffenden Jahr in deine Identität aufnehmen möchtest. Hier verspürst du den Wunsch, auf bewußte Weise die Charakteristiken des am Aspekt beteiligten Planeten zur Entwicklung zu bringen. Dieser *Planet* beziehungsweise diese *Planeten* zeigen, was du in dich aufnehmen mußt, die *Aspekte*, auf welche Weise dies geschieht.

Du mußt dir vergegenwärtigen, daß ein Aspekt aus dem Geburtshoroskop auch im Solar seinen Einfluß behält – er wird deine Reaktionen auch in dem betreffenden Jahr prägen. Wenn du zum Beispiel mit einer Sonne/Saturn-Konjunktion geboren bist, wirst du es immer mit Selbstzweifeln und mangelndem Selbstvertrauen zu tun haben und ein vorsichtiges Verhalten zeigen. Das gilt auch dann, wenn im Solar eine Sonne/Jupiter-Konjunktion steht. Das Jahr mit einem Sonne/Jupiter-Aspekt könnte allerdings eine Herausforderung für dich bedeuten, dich mit deiner Schüchternheit und Selbstbeschränkung auseinanderzusetzen. Es wäre in diesem Falle denkbar, daß du dich in Situationen wiederfindest, in denen du spontan handeln oder etwas aufs Spiel setzen mußt. Wenn du vom Geburtshoroskop her mit Sonne/Saturn lebst, kann das Jahr mit einem Sonne/Jupiter-Aspekt dir das Gefühl vermitteln, daß sich die Ereignisse überschlagen und doch alles nur an der Oberfläche bleibt. Vielleicht würde auch der Gedanke, wie sehr du dich in der Vergangenheit selbst beschränkt hast, von Zeit zu Zeit depressive Stimmungen in dir hervorrufen.

Dies zeigt, daß die Aspekte des Solars nicht für sich allein betrachtet werden können. Wenn du von saturnischer Wesensart bist, wirst du nicht auf einmal fröhlich und frei sein, nur weil Jupiter im Solar in Konjunktion zur Sonne steht. Aber mit dem Jupiter-Aspekt kannst du lernen, dich ein wenig zu lösen, mehr Risiken einzugehen und Selbstvertrauen zu entwickeln. Du kannst deine Grenzen ausweiten und vielleicht sogar über diese hinausgehen – wenn dies auch aller Wahrscheinlichkeit nach keine leichte Zeit für dich sein wird.

☌ Die **Konjunktion** eines Planeten mit der Sonne zeigt – für sich allein betrachtet – eine Auseinandersetzung in deinem Wesen an. Du weißt, daß du die Qualitäten, für die der Planet steht, entwickeln mußt, aber du befindest dich im Widerstreit mit deinen Reaktionen, Hemmungen und Ängsten. Konjunktionen bedeuten Kämpfe, die durchgestanden werden müssen. Du kannst ihnen nicht ausweichen.

□ ☍ Beim **Quadrat** und bei der **Opposition** ist die innerliche Dynamik die gleiche, aber der Kampf tritt im Äußerlichen auf. Hier mußt du dich zumeist mit einem konkreten Gegner auseinandersetzen, mit einer bestimmten Person oder einem bestimmten Umstand. Etwas Äußerliches erregt deine Aufmerksamkeit, und indem du dich damit auseinandersetzt, kannst du den Konflikt in dir bewältigen.

⚹ △ Das **Sextil** und das **Trigon** zeigen Veränderungen, denen man sich gerne unterwirft und die oftmals von angenehmen Umständen begleitet sind. Wie bei den Spannungsaspekten muß auch hier das Geburtshoroskop berücksichtigt werden. Die Motivation, etwas zu unternehmen, ist in diesem Falle eine vorweggenommene Freude. Selbst wenn sich die damit verbundene Hoffnung nicht erfüllt, besteht doch die Neigung, die Übergangsphasen mit größerer Gelassenheit zu erleben.

Aspekte der äußeren Planeten zur Sonne gehen mit längerdauernden Transiten einher. Sie treten über mehrere Solare hinweg in Erscheinung. Ihr Einfluß ist am größten, wenn sie exakt sind. Wenn die Exaktheit überschritten ist, verlieren sie sofort an Wirkung. Allerdings können sich die Nachwirkungen noch über ein oder zwei Jahre hinziehen.

Sonne/Mond-Aspekte im Solar

Aspekte zwischen der Sonne und dem Mond im Solarhoroskop spiegeln die Suche nach Integration und dem Ganzheitlichen wider. Sie zeigen, auf welche Weise wir unser Identitätsgefühl und unsere emotionalen Bedürfnisse in Übereinstimmung zu bringen versuchen. Jahre, in denen Sonne und Mond im Aspekt zueinander stehen, bedeuten wichtige Wendepunkte in deinem Leben. Wenn es sich um eine Konjunktion, eine Opposition oder um ein Quadrat handelt, dürfte es zu klar erkennbaren Herausforderungen und Veränderungen kommen – es handelt sich dabei um die Jahre, die im Rückblick sogleich ins Auge fallen. Mit dem Trigon und dem Sextil sind die Veränderungen zwar genauso wichtig, aufgrund ihrer harmonischeren und leichter handhabbaren Ausdrucksform aber nicht so auffällig. Bei diesen Aspekten wird manchmal gar nicht deutlich, wieviel sich eigentlich verändert hat. Das liegt dann daran, daß die Veränderung keinen Kampf bedeutet – du bewegst dich einfach im Gleichklang mit dieser. Die Herausforderung macht dich glücklich, und du fühlst, daß sie reiche Früchte tragen wird.

☌ Ein **Neumond** beziehungsweise die **Konjunktion** zwischen Sonne und Mond in einem Solarhoroskop markiert ein Jahr von höchster Wichtigkeit. Dies ist die Zeit für einen Neubeginn, ein Jahr des Erwachens, in dem du dir deiner tiefsten emotionalen Bedürfnisse bewußt wirst und über die Fähigkeit verfügst, diese mit deinem Bestreben nach Individualität in Übereinstimmung zu bringen. Du fühlst dich eins mit dir selbst und stehst voll und ganz hinter deinen Zielen. In diesem Jahr möchtest du im Rampenlicht stehen, ausstrahlen und Anerkennung dafür finden, wie du bist. Du wirst Erfolg haben, wenn du das, was du machst, mit Leib und Seele tust. Jetzt ist nicht die Zeit, dich zurückzuhalten – du mußt auf das losgehen, was du möchtest. Das umfaßt alle Bereiche wie zum Beispiel das berufliche Fortkommen oder das Eingehen einer emotionalen Beziehung. Während dieses Jahres kommen deine Gefühle, dein Sinn für deine Identität sowie dein Glaube, was deine Aufgabe ist, in Übereinstimmung. Dadurch kannst du dich voll und ganz auf das werfen, was du benötigst, um dein Selbstvertrauen zu stärken und dein Wachstum voranzutreiben.

⚹ Ein **Sextil** zwischen der Sonne und dem Mond bedeutet die Gelegenheit zur persönlichen Selbstvervollkommnung und -erfüllung. Es kann sich um eine äußerst produktive Zeit handeln – deine emotionalen Bedürfnisse und dein Selbstgefühl stehen jetzt in harmonischer Beziehung zueinander. Es bereitet dir Vergnügen, deine Energie für wichtige Ziele einzusetzen.

□ Die Sonne im **Quadrat** zum Mond zeigt ähnliche Auswirkungen wie die Konjunktion, mit der Einschränkung, daß es dir jetzt schwererfallen dürfte, zu dir zu finden. Du wirst wiederum das Bedürfnis haben, deine emotionale Natur mit deiner Identität in Übereinstimmung zu bringen, um auf ganzheitlichere Art in Erscheinung zu treten. Aber du mußt kämpfen, um dies zu erreichen. Du mußt dich von alten, dich beschränkenden Gewohnheiten und Verhaltensmustern lösen. Für deine neue Art zu leben wirst du einige der Dinge aufgeben müssen, die dir Sicherheit und Annehmlichkeit bedeuteten. Die Herausforderung richtet sich auf die Struktur des Alltags – hier wirst du gezwungen sein, wichtige Veränderungen vorzunehmen. Über Jahre unterdrückter Ärger und Groll werden nun an die Oberfläche gelangen und sich als konkrete Probleme zeigen, mit denen du dich beschäftigen *mußt.*

△ Ein Jahr, in dem die Sonne im **Trigon** zum Mond steht, ist dadurch gekennzeichnet, daß die solaren und die lunaren Bedürfnisse auf harmonische Weise miteinander verknüpft sind, so daß Veränderungen keine Schwierigkeit bedeuten. Es ist eine Zeit des inneren Friedens und der inneren Ausgeglichenheit, in der Kontemplation zu Wachstum und Selbsterkenntnis führt. Jetzt kannst du dich entweder auf bevorstehende große Veränderungen vorbereiten oder nach einer Zeit des Wandels dein Gleichgewicht wiedererlangen. Nun besteht die Möglichkeit, einmal tief durchzuatmen und eine Neuorganisation des Alltags vorzunehmen. Du verfügst in dieser Zeit über die Fähigkeit, dein Gefühlsleben mit der Suche nach deiner Identität und deinem Wunsch, Erfolg zu haben, in Übereinstimmung zu bringen. Das hat zur Folge, daß du auf eine Art und Weise leben kannst, die dir selbst besser entspricht. Wahrscheinlich handelt es sich um ein Jahr, in dem du in Harmonie mit dir selbst bist und dich glücklich fühlst – in Frieden mit dir selbst.

☍ Mit dem **Vollmond** beziehungsweise der **Opposition** wirst du dir des Bedürfnisses nach Ganzheit und Integration bewußt. Du erkennst, welche Anstrengungen du unternehmen mußt, um dieses zu befriedigen. Das Thema dieses Aspektes ist die Polarisierung zwischen Gefühl und Wille – während dieses Jahres machst du den Versuch, beide zusammenzubringen. Unabhängig davon, ob dies gelingt oder nicht, erfährst du jetzt viel über deine solaren und lunaren Bedürfnisse. Während dieses Jahres entdeckst du vielleicht ein Ziel, mit dem du dich zutiefst identifizierst und an dem du dich ausrichtest. Du wirst Befriedigung dabei verspüren, dich vollständig einer Sache zu widmen und viel Kraft investieren, um deine Ziele zu erreichen. Es handelt sich jetzt entweder um den Höhepunkt einer Entwicklung oder um den Wendepunkt, an dem du eine neue Perspektive entwickeln oder eine neue Richtung einschlagen kannst. Jetzt verfügst du gewissermaßen über den größtmöglichen Abstand zu dir selbst – du siehst dich klarer und erkennst, welche Gefühle und Bedürfnisse in dir wirken. Das mag manchmal unangenehm sein und es kann sich um eine Zeit handeln, die von großer Spannung geprägt ist. Dies hängt damit zusammen, daß du dafür kämpfen mußt, mehr du selbst zu sein und eine größere Integration des Seins zu erreichen.

Sonne/Merkur-Aspekte im Solar

☉ ☿

Zwischen Sonne und Merkur kann es nur zum Aspekt der Konjunktion kommen. Findet sich dieser Aspekt im Solar, bedeutet dies eine Zeit intensiver Innenschau, in der du viel nachdenkst oder studierst – in der du deine Gedanken durchgehst, um dir über einiges klarzuwerden. Du wirst jetzt aufmerksam auf das, was in deinem Geist vor sich geht; wahrscheinlich bist du fortwährend damit beschäftigt, dich und das, was du tust, infragezustellen. Dein Denken kann jetzt von subjektiverer Einstellung als sonst sein, weil du dich zutiefst mit deinen Gedanken identifizierst.

Möglicherweise regt dich ein äußerlicher Vorfall dazu an, die Gedanken nach innen zu richten, was vielleicht eine vollständig neue Einstellung zur Folge hat. Dies kann insbesondere dann geschehen, wenn du dich in einer Situation eingeschränkt und auf dich selbst zurückgeworfen fühlst – wenn du gezwungen bist, dich in dich selbst zu versenken und dich mit dir selbst zu beschäftigen.

Während dieses Jahres wirst du dich wahrscheinlich der Herausforderung gegenüber sehen, deine Überzeugungen zu überdenken. Wenn du dich mit Theorien identifiziert hast, die deinem Leben nicht mehr angemessen sind, und wenn deine Art zu denken zu unflexibel geworden ist, wird etwas geschehen, was deinem Denken eine neue Richtung geben kann. Die neuen Denkweisen werden Teil deiner neuen Identität sein

Sonne/Venus-Aspekte im Solar

Die Venus kann zur Sonne nur in Konjunktion, im Halbsextil und im Halbquadrat stehen. Von diesen Aspekten sind nur die Konjunktion und das Halbquadrat stark genug, um einen erkennbaren Einfluß auszuüben.

Wenn es im Solar zwischen der Sonne und der Venus zu einem Aspekt kommt, ist oft ein Neubeginn oder ein Wendepunkt im Hinblick auf Beziehungen zu beobachten. In diesem Zusammenhang ist auch die Intensivierung einer bereits bestehenden Verbindung oder das Eingehen von Verpflichtungen, wodurch eine Partnerschaft eine neue Qualität gewinnt, denkbar.

Es besteht der Wunsch nach engeren Beziehungen zu anderen Menschen. Vielleicht bist du rastlos auf der Suche nach Freundschaft oder nach Liebe und willst den Menschen nahe sein, in deren Gegenwart du Harmonie und Wohlgefühl empfindest. In diesem Jahr erkennst du genauer, was du von anderen erwartest. Das versetzt dich in die Lage, für deine Beziehungen Bedingungen zu formulieren – damit diese dir und deiner Identität auch wirklich entsprechen.

In diesem Zeitraum bist du gesellig und genießt die Gegenwart anderer. Du beschäftigst dich jetzt mehr als sonst mit Spiel und Spaß, und vielleicht haben in diesem

Jahr Vergnügungen und Unterhaltung den größten Stellenwert für dich. Du bist dir deines Bedürfnisses bewußt, Freude zu suchen und dein persönliches Wohlergehen an die erste Stelle zu setzen. Eine Zeit, in der das Vergnügen vor der Pflicht kommt.

Mit Venus ist oft Anerkennung beziehungsweise das verbunden, was wir uns am meisten wünschen. So könntest du in diesem Jahr das erhalten, was du dir schon immer erträumt hast – etwas, was dich in dem Gefühl deiner Identität und Einzigartigkeit bestärkt.

Sonne/Mars-Aspekte im Solar

☉ ♂

Sonne/Mars-Aspekte treten in den Jahren auf, in denen wir mit Freude und Enthusiasmus Veränderungen in Angriff nehmen. Du verspürst in diesen Zeiten die Kraft und den Wunsch, neue Projekte einzuleiten und auf das zuzugehen, was dich interessiert. Mit einem Sonne/Mars-Aspekt im Solar verfügst du über die Fähigkeit, dich mit vollem Einsatz auf deine Ziele zu werfen; du legst eine ruhelose und zielstrebige Bestimmtheit an den Tag, die es verhindert, daß irgend jemand oder irgend etwas sich dir in den Weg stellt. Jetzt interessierst du dich nur für eins – für die eine Sache, die du wirklich willst. Deine Prioritäten sind klar gesteckt; du weißt, was dir am wichtigsten ist. Du bist dir deiner selbst sicher, so daß du deine Ziele furchtlos und direkt ansteuerst.

Du verfügst über viel körperliche Energie und bist rastlos und ungeduldig. Du willst weiterkommen und reagierst ärgerlich, wenn sich Verzögerungen ergeben. Wenn du früher dazu geneigt hast, deinen Ärger zu unterdrücken, kann dieser jetzt an die Oberfläche kommen. Wahrscheinlich treten von Zeit zu Zeit Konflikte auf, die von explosivem Charakter sein können. Du bist jetzt von eher launischem Wesen und braust sofort auf, wenn du Widerstand spürst.

☍ Dies gilt insbesondere dann, wenn es sich bei dem Aspekt um die **Opposition** handelt. In diesem Fall kannst du Selbstvertrauen und -erkenntnis dadurch gewinnen, daß du andere herausforderst und dazu bringst, ihre Standpunkte und Ideen darzulegen. Du willst dich selbst bestätigen und für das kämpfen, was du für richtig hältst; du willst, daß andere dich als Individuum respektieren. Dieser Kampf kann dir helfen, dich selbst zu erkennen. Und vielleicht fühlst du dich stark genug, es mit der ganzen Welt aufzunehmen.

□ Auch das **Quadrat** hat mit Selbsterkenntnis durch Auseinandersetzung zu tun. Allerdings richtet sich der Kampf hier meistens nicht gegen andere Personen, sondern gegen widrige Umstände. Die hier auftretenden Blockaden und Frustrationen sind zumeist von stärkerer Form als bei der Opposition. Du mußt für dein Selbstgefühl kämpfen, und manchmal kann es den Anschein haben, als handele es sich dabei um einen Kampf auf Leben und Tod.

△ ⚹ Mit dem **Trigon** und dem **Sextil** ist es einfacher, das zu bekommen, was du möchtest. Du bist dir deiner selbst jetzt sicher und setzt deine Entscheidungen schnell in Handlungen um. Weil du dir selbst vertraust und weißt, was du willst, kannst du ohne Schwierigkeiten große Veränderungen vornehmen. Vielleicht hast du seit längerem vorgehabt, Änderungen in deinem Leben durchzuführen – jetzt treten Geschehnisse auf, die diese Vorhaben begünstigen. Du weißt genau, was du willst, und verfügst über die Fähigkeit, effektiv vorzugehen, um deine Ziele zu erreichen. Das, was du tust, harmoniert mit dem, was du bist.

Sonne/Jupiter-Aspekte im Solar

☉ ♃

Sonne/Jupiter-Aspekte im Solar bedeuten Jahre umfassender persönlicher Entwicklung und vertiefter Einsicht. Jetzt kann man wachsen und eine neue Perspektive gewinnen, indem man Risiken eingeht, Herausforderungen annimmt und sich dem Leben öffnet. Es besteht ein Gefühl der Rastlosigkeit; der Wunsch, neue Erfahrungen zu machen, läßt dich aktiv werden. Wenn du zu schüchtern und vorsichtig bist, wirst du dich ständig unzufrieden fühlen, was dein Selbstvertrauen untergraben könnte. Je mehr neue Dinge du unternimmst und je wagemutiger du zu Werke gehst, desto höher wird deine Meinung von dir selbst sein.

Es handelt sich um eine Zeit, in der du viel vom Leben erwartest. Du vertrittst die optimistische Einstellung, daß jetzt alles möglich ist. Aufgrund dieser Tatsache ist das Jahr vielleicht von Höhen und Tiefen durchsetzt. Mit Jupiter-Aspekten besteht die Tendenz, übertriebene Erwartungen zu hegen. Vielleicht schaust du auf das Solar und denkst: «Herrlich, das wird ein tolles Jahr werden!» Jupiter symbolisiert Wachstum – oft aber zeigen wir gegenüber dem Wachstum Widerstand, und oft sind mit Wachstum Schmerzen verbunden. Wenn die Realität deinen Erwartungen nicht entspricht und das Jahr nicht so wunderbar ist, wie von dir angenommen, können Desillusionierung sowie ein Gefühl, auf irgend eine Art betrogen worden zu sein, aufkommen. Enttäuschung und ein Gefühl des Scheiterns sind dann vielleicht die Folge. In diesem Fall könntest du den Eindruck gewinnen, daß die Resultate deiner Arbeit nicht mit deinen Zielen übereinstimmen oder daß diese zu nichts führt. Die Tatsache, daß du so viel willst, verstellt dir dann den Blick dafür, daß du bedeutende Fortschritte gemacht und einiges erreicht hast. – Im allgemeinen jedoch dürfte eine optimistische und aktive Haltung vorherrschen, und Rückschläge können schnell überwunden werden.

Es handelt sich um ein Jahr, in dem du viel Raum und Freiheit brauchst und in dem du dich stark genug fühlst, viele der Hindernisse, die dich einschränken, beiseitezuräumen. Tief im Inneren weißt du genau, was gut für dich ist. Was du jetzt tun solltest, ist, deiner Intuition und deinen Ahnungen zu folgen. Du mußt in dieser Zeit lernen, dir selbst zu trauen, und auf dem aufbauen, was dir deine innere Stimme sagt. Es ist das Jahr, in dem du große Fortschritte bei dem Prozeß machst, zu werden, was du schon immer sein wolltest.

Sonne/Saturn-Aspekte im Solar

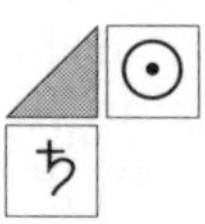

Jahre mit Sonne/Saturn-Aspekten fordern oft Anstrengung und Selbstdisziplin. Es handelt sich bei ihnen um Zeiten konstruktiver Aktivität, in denen du viel Arbeit investieren mußt, um zu bekommen, was du brauchst. Es könnte sein, daß du jetzt einige deiner Freizeitbeschäftigungen aufgeben und dich auf langfristige Ziele konzentrieren mußt. Du fühlst dich bereit, Verantwortung und Pflichten zu übernehmen. Vielleicht triffst du jetzt einen wichtigen Entschluß: ein Haus zu kaufen oder zu bauen, zu heiraten, ein Kind zu bekommen, eine anspruchsvollere Tätigkeit aufzunehmen oder im Hinblick auf den Beruf für Prüfungen zu lernen.

Diese Zeit steht für Neubewertung und Neubeginn. Du mußt deinen Blick jetzt intensiv auf dich selbst und die Art, wie du lebst, richten. Du solltest nun herausfinden, was für dich arbeitet und was dich beschränkt. Was nicht länger von Wichtigkeit ist, muß jetzt abgestoßen werden. Insofern kann diese Zeit von Trennungen und dem Aufgeben beschränkender und überlebter Verhaltensmuster geprägt sein.

In diesem Jahr bist du gezwungen, das Leben ernster zu nehmen und dich mit praktischen Dingen auseinanderzusetzen. Jetzt ist auch die Zeit, deine Einstellung zum Geld zu überprüfen. Wenn du das Finanzielle bisher vernachlässigt hast, wird es nun deine volle Aufmerksamkeit verlangen. Hast du in der Vergangenheit keine oder zu wenig Vorsorge getroffen, werden sich jetzt Schwierigkeiten ergeben. Du mußt deine Finanzen in Ordnung bringen und dein Leben auf eine solide materielle Basis stellen.

Wenn es noch andere Lebensbereiche gibt, denen Aufmerksamkeit gewidmet werden muß, werden diese ebenfalls in diesem Jahr in Erscheinung treten. Wenn du immer auf dieselben Schwierigkeiten stößt, muß du dich fragen, warum das so ist, was du falsch machst oder wie du konstruktive Veränderungen herbeiführen kannst. Dies ist ein Zeitabschnitt, in dem du dein Leben in bezug auf die praktischen Aspekte überprüfen mußt. Es geht darum, daß dein Leben auf eine Grundlage gestellt werden muß, die wirklich tragfähig ist. Das Thema dieses Jahres ist in jeder Beziehung das Lernen durch Erfahrung sowie das Stärken des Selbstvertrauens durch die Überwindung von Problemen. Du wirst jetzt, mit einer eher ernsten geistigen Einstellung, große Befriedigung daraus ziehen, hart zu arbeiten und Pflichten zu übernehmen.

Sonne/Uranus-Aspekte im Solar

Es ist schwierig zu sagen, was in dem Jahr mit einem Sonne/Uranus-Aspekt passieren wird – mit Sicherheit kann man nur feststellen, daß es nicht das sein wird, was du erwartest. Alle deine sorgfältig ausgearbeiteten Pläne werden wie ein Kartenhaus zusammenstürzen. Du mußt lernen, flexibel zu sein, und die Gelegenheiten nutzen, die sich ergeben. Es handelt sich um ein Jahr der plötzlichen Umschwünge und unerwarteten Geschehnisse, das vielleicht in einem ziemlich anstrengenden Stop-and-Go verläuft. Zeiten von Rückschlägen, in denen sich Spannung aufbaut und sich nichts zu bewegen scheint, wechseln sich ab mit Phasen der explosiven Energiefreisetzung, wenn alles auf einmal geschieht. Diese Phase ist von Spannungen geprägt – alles, was du zu tun versuchst, scheint auf Hindernisse und Schwierigkeiten zu stoßen. Du bist bestrebt, Veränderungen vorzunehmen, hast aber das Gefühl, daß du von allen Seiten eingeschränkt wirst. Es gibt Zeiten, in denen du gewissermaßen in der Luft hängst und nicht weißt, in welche Richtung du gehen sollst. Dann wieder tut sich – unerwartet – eine Gelegenheit auf, und du rast los wie ein 100-Meter-Läufer. Wenn sich Veränderungen ergeben, kommen sie plötzlich und auf dramatische Weise. Wegen der frustrierenden Wartezeiten und der Kürze und der Geschwindigkeit der Bewegung fällt es dir möglicherweise schwer zu erkennen, wie drastisch und weitreichend die Veränderungen sind, die du vornimmst. Wahrscheinlich wirst du jetzt einige deiner Lebensziele neu bewerten und vielleicht eine vollständig neue Richtung einschlagen. Dieses Jahr kann einen wichtigen Wendepunkt in deinem Leben anzeigen.

In dieser Phase bist du bestrebt, dich deiner Individualität zu vergewissern und deine persönlichen Talente zu entwickeln. Du brauchst die Freiheit, du selbst zu sein, und du wirst mit Entschiedenheit vorgehen, um diese zu behaupten. In deinem Drang nach größerer Unabhängigkeit schiebst du Beschränkungen beiseite – in diesem Jahr hast du das Selbstvertrauen, deine ganz persönlichen Ideen zum Ausdruck zu bringen. In deinen Beziehungen hast du jetzt einen gewissen Abstand zu den anderen, so daß du das machen kannst, was du wirklich willst – ohne zu überlegen, wie andere darüber denken. Das kann soweit führen, daß es dir Spaß macht, andere zu schockieren. Auf jeden Fall wirst du in diesem Jahr anders als sonst sein, und dein Verhalten wird einige exzentrische Züge aufweisen. Vielleicht entwickelst du eigenartige Ideen und zeigst dich – in welcher Hinsicht auch immer – als Rebell. Möglicherweise schließt du dich einer Gruppe an, die die Veränderung der Gesellschaft auf ihre Fahne geschrieben hat und die soziale Konventionen bekämpft. Dein Bestreben, dich deutlicher denn je zum Ausdruck zu bringen, hängt jetzt eng mit uranischen Zügen zusammen.

Sonne/Neptun-Aspekte im Solar

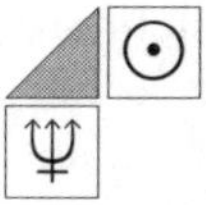

Aufgrund der langsamen Bewegung Neptuns erscheint ein Aspekt zur Sonne über mehrere Jahre hinweg im Solar. Dieser zeigt deinen unbestimmten Wunsch, daß irgend etwas Schönes, Romantisches oder Fantastisches geschehen möge. Du bist mit dem, was du hast, nicht zufrieden und suchst geheimnisvolle oder auch magische Erfahrungen. Das Praktische und das Konkrete interessieren dich in dieser Zeit wenig – du willst mit der äußeren Welt nichts zu tun haben und dem Alltag entfliehen, dich in etwas anderem verlieren oder in einer anderen Person aufgehen. Vielleicht erreichst du das, indem du dich verliebst, indem du dich einer religiösen Sekte anschließt oder einfach dadurch, daß du trinkst oder dich anderer Drogen bedienst. Dein Denken ist in dieser Zeit nicht besonders klar; du neigst dazu, die Dinge so zu sehen, wie du sie sehen möchtest – nicht so, wie sie sind. Wenn du deine Vorstellungen in die Wirklichkeit umsetzen willst, wird sich zeigen, daß du Dinge oft falsch beurteilst. Du siehst jetzt nur das Schöne oder das Positive einer Sache – was damit nicht zu vereinbaren ist, nimmst du nicht wahr.

Mit Sonne/Neptun besteht die Lektion darin, sich von starren Konzepten und von Vorurteilen zu lösen. Das, was zuvor fest und sicher schien, kann jetzt von Auflösung bedroht sein. Du mußt lernen, die Dinge zu akzeptieren, wie sie kommen; du mußt Vertrauen haben und dich dem Fluß des Lebens hingeben. Du kannst jetzt nicht an einem Lebensstil festhalten, der von Vorsicht und festen Regeln geprägt ist. In diesem Jahr wirst du die Feststellung machen, daß die Ereignisse des Lebens ihren eigenen Lauf haben. Blockierungen und Hemmungen lösen sich jetzt vielleicht in nichts auf. Es ist die Zeit, auf einem weißen Blatt Papier noch einmal von vorne anzufangen.

Möglicherweise handelt es sich um ein Jahr, das von einem Ausbruch von Kreativität gekennzeichnet ist. Vielleicht schenkst du jetzt deinen Träumen Aufmerksamkeit und baust sie in deinen Alltag ein. Du verfügt nun über die Fähigkeit, vieles von dem, was dich zurückgehalten hat, einfach hinter dir zu lassen – weil dir äußerliche Werte wie Sicherheit jetzt nichts bedeuten. Wenn deine Ziele anderen auch unrealistisch erscheinen – auf dich üben die grenzenlosen Möglichkeiten des Lebens eine unwiderstehliche Anziehungskraft aus. Du kannst jetzt weitreichende Entscheidungen wie im Traum oder wie in Trance fällen; möglicherweise bist du dir gar nicht im klaren darüber, wie wichtig diese wirklich sind. Dies erleichtert es dir, die Veränderungen vorzunehmen, vor denen du zuvor vielleicht zurückgeschreckt bist.

Sonne/Pluto-Aspekte im Solar

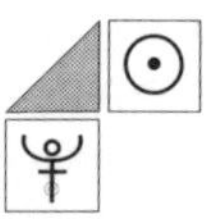

Dieser Aspekt umfaßt einen Zeitraum von einigen Jahren, der von einem tiefen Transformationsprozeß gekennzeichnet ist, welcher uns für lange Zeit prägt. Sonne/Pluto-Aspekte erscheinen im Solar, wenn etwas wirklich Tiefgreifendes in deinem Leben geschieht und wenn du deine innersten Quellen anzapfen mußt. Es kann sich um eine äußerst schmerzhafte Zeit handeln, die einen Tiefpunkt bedeutet – aber wie Phönix aus der Asche wirst du erneuert und gestärkt aus dieser Phase hervorgehen. Ein Lebensabschnitt nähert sich seinem Ende. Oft wird dies durch ein einschneidendes Ereignis markiert: Die Geburt eines Kindes, der Tod eines nahestehenden Menschen, das Ende oder der Beginn einer wichtigen Beziehung. Wenn diese Phase vorüber ist, wird nichts mehr so sein wie zuvor.

Vielleicht ist dieser Zeitraum von äußerster Hingabe an ein persönliches Ziel geprägt, für das du hart und wie besessen arbeitest. Du fühlst eine zwanghafte Bestimmung und rennst alles und jeden nieder, der sich dir in den Weg stellt. Du wendest deine ganze Energie auf, um das zu erreichen, was du willst, und erwartest 100prozentigen Erfolg. Mit einem zweiten Platz gibst du dich jetzt nicht zufrieden.

Während dieses Jahres wird dein Bedürfnis nach Macht und Erfolg offen zutagetreten – möglicherweise überrascht es dich selbst, wie ehrgeizig du jetzt bist. In manchen Momenten fühlst du vielleicht Verzweiflung angesichts der gewaltigen Aufgabe, die du dir gestellt hast. Du willst so viel, daß du kaum weißt, wo du anfangen sollst. Wenn du aber erst einmal begonnen hast, läßt du keinen Stein mehr auf dem anderen, und deine Willenskraft ist groß genug, um Berge zu versetzen.

Jahre mit einem Sonne/Pluto-Aspekt im Solar können auch eine schwierige Zeit anzeigen, in der sich nichts zu bewegen scheint. Vielleicht hast du das Gefühl, daß irgendetwas dich blockiert oder daß du wie gelähmt bist. Dies kann zu Phasen tiefer Depression oder sogar zu Verzweiflung führen. Dies ist aber ein notwendiger Teil des plutonischen Zyklus der Transformation. Es ist wie im Winter, wenn alles tot scheint – unter der Oberfläche bereiten sich Wachstum und Veränderung vor. Es ist eine Zeit der Erwartung des Frühlings, in der wir es den Dingen erlauben müssen, sich ihrem Wesen gemäß zu entwickeln.

3

Aszendent und MC im Solar

Der Solar-Aszendent

Das Aszendenten-Zeichen im Solar zeigt an, auf welche Weise du dich in dem betreffenden Jahr zum Ausdruck bringst und wie du auf andere wirkst. Es beleuchtet, welches Bild von dir du der Welt zeigen und wie du gesehen werden willst. Es verdeutlicht auch, wie du die Ereignisse des Lebens erfahren, wie du auf diese reagieren und auf welche Weise du aktiv wirst. Der Deszendent bringt zum Ausdruck, wie du dich im Hinblick auf Beziehungen verhältst, was du von diesen erwartest und welche Art von Menschen dich wahrscheinlich anziehen.

Das Jahr, in dem du den gleichen Aszendenten wie in deinem Geburtshoroskop hast, ist von großer Wichtigkeit. In dieser Zeit kannst du das Potential des Geburtshoroskops ausarbeiten. Du wirst aufblühen und du selbst werden.

Wenn der Aszendent deines Solars auf einen Planeten deines Geburtshoroskops fällt, wird die betreffende Planetenfunktion stark betont. Ein Beispiel: Steht der Solar-Aszendent auf deinem Geburts-Mars, ergeht an dich die Herausforderung, dich mit deiner Mars-Energie auseinanderzusetzen. Wenn dagegen im Solarhoroskop Mars am Aszendenten steht, bringt dies deine Haltung gegenüber diesem Planeten und alle mit ihm in Verbindung stehenden Angelegenheiten in den Vordergrund. Aspekte, die zwischen dem Solar und dem Geburtshoroskop bestehen, sind von großer Wichtigkeit. Sie werden in Kapitel 5 näher behandelt.

Das Haus des Geburtshoroskops, in das der Aszendent des Solars fällt, steht in dem betreffenden Jahr im Mittelpunkt. Du spürst, daß die damit zusammenhängenden Ereignisse deine besondere Aufmerksamkeit erfordern. Nehmen wir einmal an, du hast in deinem Solar einen Steinbock-Aszendenten, der in deinem Geburtshoroskop ins 2. Haus fällt. In diesem Fall wirst du die Feststellung machen, daß die Probleme, die du mit Geld hat, nun zum Kernproblem werden. Wenn es dir schwerfällt, genug Geld zu verdienen, um deine Bedürfnisse zu befriedigen, mußt du dich jetzt mit dieser Situation auseinandersetzen und die Probleme lösen, um dich frei zum Ausdruck zu bringen. Das Haus des Geburtshoroskops zeigt, wie du bezüglich der betreffenden Angelegenheiten dem Leben gegenüber eingestellt bist. Wenn du Fortschritte erzielen willst, mußt du dir dieser Tatsache bewußt sein.

Der Herrscher des Solar-Aszendenten ist ein sehr wichtiger Faktor, der gründlich untersucht werden muß. Das *Haus,* in dem er steht, zeigt den Lebensbereich, in dem du dich während dieses Jahres am deutlichsten zum Ausdruck bringst. Das *Zeichen* läßt erkennen, auf welche Weise du dich am besten darstellen kannst. Die *Aspekte* beleuchten, wie du die Dinge anpackst, die mit dem Haus des Aszendenten-Herrschers zusammenhängen, und welcher Art die Herausforderungen und Erfahrungen beschaffen sind, die du erlebst.

Ein Planet am Solar-Aszendenten ist ebenfalls von großer Aussagekraft. Er hat einen starken Einfluß darauf, wie du das Leben in diesem Jahr wahrnimmst und wie du dich selbst nach außen projizierst. Weil der Einfluß eines Planeten in der Nähe des Aszendenten so groß ist, wollen wir kurz darstellen, welche Auswirkungen einer der äußeren Planeten an dieser Stelle zeigt.

Jupiter am Solar-Aszendenten

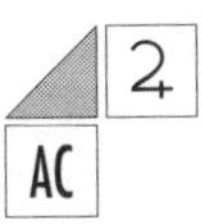

Wenn Jupiter am Solar-Aszendenten steht, fühlst du viel Wohlwollen und Selbstvertrauen in dir. Du freust dich auf Herausforderungen und bist bereit, Risiken einzugehen. Für deine Selbstverwirklichung ist dir deine persönliche Freiheit so wichtig wie nie zuvor, und du wirst nicht zögern, dich aus beschränkenden Situationen zurückzuziehen. In diesem Jahr verfügst du über genügend Kraft und Selbstvertrauen, um überlebte Beziehungen zu beenden, um eine frustrierende Stelle aufzukündigen und um neue Ufer anzusteuern. Das Leben verspricht dir jetzt vieles.

Saturn am Solar-Aszendenten

Mit Saturn am Solar-Aszendenten handelt es sich um eine ernsthafte Zeit, in der du dem Leben auf verantwortungsvolle und selbstdisziplinierte Weise gegenübertrittst. Du mußt nun neuen Erfahrungen mit Vorsicht begegnen und immer darauf achten, einen Schritt nach dem anderen zu machen. In diesem Jahr verbietet es sich, tollkühn ein Risiko nach dem anderen einzugehen. Es kommt im Gegenteil darauf an, jede Handlung vorher sorgfältig zu überlegen.

Uranus am Solar-Aszendenten

Steht der Uranus am Aszendenten, zeigt dies ein Jahr an, das von unvorhersehbaren Ereignissen geprägt ist. Es kann sein, daß du dich jetzt versucht fühlst, Veränderungen vorzunehmen – aus dem Bedürfnis heraus, einmal etwas anderes zu tun. Überraschende und vielleicht sogar schockierende Vorfälle können dich in ihren Bann ziehen. Es hat den Anschein, daß man nichts Bestimmtes über das Jahr mit Uranus am Aszendenten sagen kann – du kannst auf nichts bauen und mußt einfach lernen, flexibel zu sein. Während dieses Jahres fühlst du das Bedürfnis, deine Unabhängigkeit und Originalität zum Ausdruck zu bringen, was vielleicht ein exzentrisches Verhalten zur Folge hat. Anderen kann es schwerfallen, dich zu verstehen, weil du ständig eine neue Richtung einschlägst. Weil du jetzt in jedem Augenblick die Freiheit brauchst, deiner Eingebung folgen zu können, wirst du dich weigern, längerfristige Verpflichtungen einzugehen.

Neptun am Solar-Aszendenten

Mit Neptun am Solar-Aszendenten wirst du dich dem Leben auf eine träumerische und gefühlvolle Weise nähern, in jedem nur das Beste sehen und sehr empfänglich und beeindruckbar sein. Du weigerst dich jetzt, dich zu deinem Schutz abzugrenzen – du fühlst das Bedürfnis, eins mit dem Universum zu sein. In mancherlei Beziehung zeigst du nun ein naives Wesen. Es kann sein, daß du dem Glanz oder dem Charisma einer anderen Person erliegst oder dich zu jemandem hingezogen fühlst, der in irgendeiner Weise Hilfe braucht – vielleicht verliebst du dich in einen Alkoholiker, den du glaubst «retten» zu können. Neptun am Solar-Aszendenten zeigt eine Zeit der Metamorphose an, in der sich deine Einstellung zum Leben verändert. Du wirst jetzt die Art, auf die du zuvor mit der Welt in Beziehung getreten bist, hinter dir lassen, um dich frei für einen neuen Ausdruck deiner Person zu machen. Vielleicht findest du dich in neuen Situationen wieder oder lernst neue Menschen kennen, die dich dazu bringen, dich selbst infragezustellen. Das kann bedeuten, daß du nicht weißt, wer du eigentlich bist und welchen Eindruck du auf andere machst. Du mußt nun einfach immer wieder neue Anläufe nehmen.

Pluto am Solar-Aszendenten

Der Pluto am Aszendenten bringt ein Jahr tiefgreifender Veränderungen. Menschen oder Situationen, denen du jetzt begegnest, werden dich und dein Bild von dir selbst stark beeinflussen. Es wäre auch denkbar, daß du dich von etwas Dunklem oder Tiefverborgenem angezogen fühlst. Du bist jetzt gezwungen, dich im Spiegel zu betrachten und die Gefühle und Motive, die du tief in deinem Inneren verschlossen hast, anzuerkennen, was eine schockierende Erfahrung sein kann. Manchmal wirst du in dieser Zeit den Eindruck haben, mit dem Rücken zur Wand zu stehen und die Grenze der Leidensfähigkeit erreicht zu haben. Du erlebst jetzt die dunkle Nacht – wenn der Tag anbricht, wirst du neugeboren sein.

Der Solar-Aszendent in den Zeichen

Solar-Aszendent im Widder

In einem Jahr mit Widder als aufsteigendem Zeichen stehen Selbstbehauptung und das Streben nach Unabhängigkeit im Mittelpunkt. Du wirst dir selbst deutlicher Ausdruck verleihen und deine Pläne vorantreiben wollen, wobei es dir gleichgültig ist, was andere denken. Es ist eine Zeit, in der du äußerst aktiv bist und dich wohl fühlst. Jetzt weißt du genau, was du willst, und du verfügst über das Selbstvertrauen, deine Ziele in Angriff zu nehmen.

Während dieses Jahres entwickelst du möglicherweise verschiedene neue Interessen und initiierst zahlreiche neue Projekte. Nun mußt du dich wagemutig und experimentierfreudig gegenüber dem zeigen, was dir in den Blick kommt. Du kannst viel über dich lernen, wenn du dich in neue Situationen begibst, und Selbstvertrauen gewinnen, wenn du dich mit voller Kraft auf die anstehenden Herausforderungen wirfst.

Das Jahr, in dem Widder am Aszendenten im Solar steht, markiert den Beginn eines neuen Lebensabschnitts. Es bedeutet einen Neuanfang, bei dem du dich selbst in einem völlig neuen Licht siehst und der Welt mit frischem Mut und neuer Energie entgegentrittst.

Solar-Aszendent im Stier

Wenn das Zeichen Stier in deinem Solarhoroskop aufsteigt, konzentrierst du dich mehr auf die Gegenwart als auf zukünftige Ziele. Du bist damit zufrieden, einfach du selbst zu sein und deinen persönlichen Werten gemäß zu leben. Du kannst jetzt wichtige Entscheidungen treffen und umsetzen, ohne viel Aufhebens davon zu machen. Vielleicht hast du seit Jahren etwas Bestimmtes machen wollen, bislang aber nicht den Mut aufgebracht, aktiv zu werden – dieses Jahr kannst du das, ohne daß es dir besonders schwerfällt, nachholen. Das liegt daran, daß du in dieser Zeit auf das Hier und Jetzt ausgerichtet bist. Du möchtest einfach, daß dein Leben glücklich verläuft – mit der Hoffnung auf eine rosige Zukunft gibst du dich nicht zufrieden. In dieser Phase verfügst du über genügend Selbstsicherheit, dein Leben so zu gestalten, wie du es dir wünschst. Insofern handelt es sich um einen Zeitraum, der von konkreter Aktion geprägt ist – auf ruhige, bestimmte Art tust du das, was zu tun ist.

Das Physische steht jetzt im Vordergrund. Du wirst dich mehr als sonst mit deinem Körper und seinen Bedürfnissen sowie mit deinen Sinneswahrnehmungen beschäftigen. Vielleicht ist Sexualität nun von besonderer Wichtigkeit für dich. Im allgemeinen verhält es sich so, daß Dinge, die deinem körperlichen Wohlbefinden dienen – wie zum Beispiel Massagen oder Saunagänge –, dir Freude machen.

Solar-Aszendent in den Zwillingen

In dem Jahr mit einem Zwillings-Aszendenten im Solar ist Kommunikation von höchster Wichtigkeit. Wenn du vorher von eher schüchterner und zurückhaltender Wesensart gewesen bist, wirst du nun den Drang verspüren, aus dem Hintergrund hervorzutreten. Du willst mit Menschen reden, um Ideen auszutauschen und um zu lernen. Du entwickelst jetzt neue Interessen, die sich vielleicht auch auf Dinge beziehen, welche dich zuvor in keiner Weise reizten. Nun ist die Zeit, Experimente im Hinblick auf deinen Selbstausdruck zu unternehmen. Es ist möglich, daß du jetzt neue Fähigkeiten bezüglich des Schreibens, des Redens oder des Lehrens entdeckst. Du fühlst eine intellektuelle Neugier und bist bestrebt, dein Wissen durch Lesen, Hören und Studieren zu erweitern.

Diese Zeit dürfte von vielen Veränderungen und von vielen kleinen Ereignissen gekennzeichnet sein. Du wirst viele verschiedene Dinge tun und überall zugleich sein wollen. In diesem Jahr mußt du lernen, anpassungsfähiger und vielseitiger zu werden. Du wirst dir vielerlei aneignen, was dir in Zukunft von Nutzen sein kann.

Aller Wahrscheinlichkeit nach fühlst du dich jetzt gesellig und zeigst ein umgängliches Verhalten. Dein Geist ist darauf ausgerichtet, Kontakte zu knüpfen. Du willst mit anderen sprechen, um etwas über sie zu erfahren; du möchtest wissen, was andere Menschen denken und was in ihnen vorgeht. Deine Einstellung dem Leben gegenüber ist dieses Jahr von einer gewissen Leichtigkeit und von Offenherzigkeit geprägt. Deine unersättliche Neugier und dein aufrichtiges Interesse an anderen erleichtern es dir jetzt, Freunde zu finden.

Solar-Aszendent im Krebs

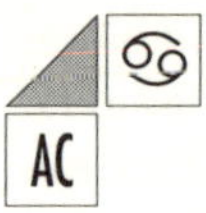

Wenn Krebs am Solar-Aszendenten steht, ist dein Blick vorwiegend nach innen gerichtet. Du verspürst das Bedürfnis, dich von der Welt zurückzuziehen und viel Zeit für dich allein zu verbringen. Sicherheit beziehungsweise das Gefühl, emotionale Geborgenheit zu genießen, ist jetzt wichtig für dich, so daß es eine große Rolle für dich spielt, wie deine Umgebung beschaffen ist. Du willst dich jetzt im Gleichklang mit den Menschen fühlen, die um dich herum sind.

Möglicherweise ist dies eine äußerst kreative Phase – wenn du vielleicht auch viel Zeit zuhause verbringst. Es ist denkbar, daß du den Wunsch verspürst, deine Umgebung zu verändern. Möglicherweise schließt du dich einem Projekt an, für das du viel zuhause arbeiten oder lernen mußt.

Dinge, die mit deinem Zuhause zusammenhängen, stehen nun im Vordergrund. Vielleicht ziehst du um oder beschließt mit jemandem, ein Haus zu bauen. Das Haus zu finden oder zu entwerfen, das dir gefällt, ist Bestandteil deines Selbstausdrucks in diesem Jahr.

Möglicherweise bist du jetzt von weicherer und verletzlicherer Wesensart als sonst. Du fühlst dich den Blicken der anderen ausgeliefert und möchtest nur mit solchen Menschen zusammensein, bei denen du dich sicher fühlst. Du bist empfänglicher und sensibler für die Belange anderer Personen, was bedeuten kann, daß man dich um emotionalen Beistand ersucht.

Solar-Aszendent im Löwen

Wenn Löwe das aufsteigende Zeichen im Solarhoroskop ist, heißt das, daß es sich für dich als Individuum um ein sehr wichtiges Jahr handelt – ein Jahr, in dem du ins Scheinwerferlicht trittst und die Blicke auf dich ziehst. Man wird merken, daß du da bist.

Du verfügst über viel kreative Energie, was positive Auswirkungen haben kann. Jetzt solltest du deine Talente entwickeln und dich darum bemühen, dich authentisch zum Ausdruck zu bringen. Das, was du in diesem Jahr tust, wird von anderen höchstwahrscheinlich anerkannt und geschätzt werden.

In diesem Zeitraum ist dein Gefühl für deine Identität stark. Du richtest die Energie darauf, deine Bedürfnisse zu befriedigen, und dein Kräftespiegel und deine Vitalität befähigen dich, dem Leben mit Elan und Bestimmtheit gegenüberzutreten. Das Haus, in dem die Sonne steht, zeigt den Lebensbereich, in den du deine Energie stecken mußt und in dem du Anerkennung finden willst.

Solar-Aszendent in der Jungfrau

Jungfrau am Aszendenten im Solarhoroskop bedeutet im allgemeinen ein Jahr des Lernens oder Studierens. Etwas Neues dürfte dein Interesse erregen und dich dazu bringen, alles darüber erfahren zu wollen. Du wirst dein Studium auf ernsthafte Weise betreiben und dabei das Ziel haben, es für einen praktischen Zweck wie das berufliche Fortkommen einzusetzen. Vielleicht wechselst du in dieser Zeit deine Arbeitsstelle, was bedeuten kann, daß du neue Fertigkeiten entwickeln mußt oder daß du gezwungen bist, Dinge auf eine andere Art zu tun. Im Hinblick auf deinen Alltag sowie deine Arbeit ergeben sich jetzt Veränderungen. Es kommt jetzt darauf an, daß du dich flexibel zeigst.

Es ist zu erwarten, daß du nun eine gewissenhaftere und verantwortungsbewußtere Einstellung dem Leben gegenüber einnimmst. Hart zu arbeiten und das Richtige zu tun befriedigt dich jetzt. Du wirst – auf methodische und effektive Weise – das vorantreiben, was getan werden muß. Jetzt ist die Zeit für die Vorbereitung beziehungsweise die Reorganisation im Zusammenhang mit der sich ankündigenden neuen Lebensphase. In diesem Jahr ist dein Selbstbild Veränderungen unterworfen. Du lernst jetzt Dinge, die dir später dabei helfen können, du selbst zu sein.

Solar-Aszendent in der Waage

Waage als aufsteigendes Zeichen bedeutet ein Jahr, in dem gemeinsame Erfahrungen und Beziehungen die wichtigste Rolle einnehmen. Es besteht das Bedürfnis nach engen Partnerschaften – Freundschaften oder Liebesbeziehungen –, welche es dir erlauben, durch andere viel über dich selbst zu lernen. Auch Arbeitskontakte sind in diesem Jahr wichtiger als sonst für dich – möglicherweise sind sie der Quell großer Befriedigung.

Dieser Zeitabschnitt ist von starker sozialer Aktivität geprägt. Vielleicht arbeitest du jetzt in Gruppen – speziell in solchen, die es dir durch Gespräche oder Beratungen erlauben, dich selbst besser kennenzulernen. Es ist dir jetzt ein Anliegen, soziale Kontakte auszubauen, und du suchst nach Leuten, die dich in deinem Gefühl, wer du wirklich bist, bestärken, und die deine Ideen und Interessen teilen.

In diesem Jahr bist du von dem Wunsch erfüllt, dir eine harmonische Umwelt zu schaffen – sowohl in materieller Hinsicht, indem du Verschönerungen vornimmst, als auch im Eingehen von Freundschaften mit Menschen, von denen du dich angezogen fühlst. Dein Sinn für Ästhetik ist nun überdurchschnittlich entwickelt, so daß du mehr als sonst für Kunst und Schönheit empfindest.

Solar-Aszendent im Skorpion

Aller Wahrscheinlichkeit nach ein Jahr tiefer Emotionen und umwälzender Erfahrungen. Es ergeben sich Veränderungen, die dich dich selbst für immer in einem anderen Licht sehen lassen. Wenn du Dinge in Angriff nimmst, wirst du dich voll und ganz einsetzen. Deine Ziele verfolgst du mit unbeirrbarer Bestimmtheit. Wahrscheinlich fühlst du einen inneren Zwang, dich umfassend zu verändern, was zur Folge hat, daß du dem Leben auf eine ganz neue Art und Weise entgegentrittst.

Nun geht eine Lebensphase zu Ende und eine neue beginnt. Es handelt sich um eine Phase der Wiedergeburt, nach der du als vollständig neue Person in Erscheinung treten wirst. Bevor es aber dazu kommt, mußt du tief in dich hinabsteigen. Diese Zeit eignet sich dazu, eine Therapie zu machen. Du mußt jetzt das, was verborgen ist, heraufholen und ans Licht bringen. Deine Gefühle sind von äußerster Intensität. Du brauchst Zeit für dich selbst, in der du die Aufmerksamkeit auf dein inneres Leben richtest. Dabei werden Gefühle und Erfahrungen aufsteigen, die du unterdrückt und in dir vergraben hast. Nun bist du gezwungen, die dunklere, auf den Instinkt gegründete Seite deines Wesens wahrzunehmen und anzuerkennen.

Solar-Aszendent im Schützen

Ein Jahr, das von Rastlosigkeit und Aufregung geprägt ist. Du verspürst wahrscheinlich den Drang, zu verreisen und Entdeckungen zu machen. Du bist hungrig auf neue Erlebnisse, was dich dazu neigen läßt, mehr Risiken als sonst einzugehen. Jetzt kannst du die Schranken durchbrechen, die dich festhalten, und Dinge machen, die du nie zu tun gewagt hast.

Den Wunsch zu verreisen kannst du sowohl im realen wie auch im übertragenen geistigen Sinn haben. Jetzt ist die Zeit, den Horizont auszuweiten und voranzustürmen – jetzt ist vieles möglich. Vielleicht unternimmst du etwas, das dir völlig neue Perspektiven eröffnet. Neue Ziele reizen dich, und sobald du eins erreicht hast, strebst du schon das nächste an. In dieser Zeit ist es letztlich mehr der Weg als das Ziel selbst, der dich interessiert. Du bist auf die Zukunft ausgerichtet und wächst dadurch, daß du dich wagemutig zeigst und die Bindungen abstreifst, die dich zurückgehalten haben. Du brauchst viel Freiraum in diesem Jahr!

Solar-Aszendent im Steinbock

Wenn Steinbock in einem Solarhoroskop am Aszendenten steht, handelt es sich um ein Jahr, in dem du durch Anstrengung weiterkommst. Jetzt stehen Pflicht und harte Arbeit an erster Stelle. Du zeigst dich fähig, mit viel Selbstdisziplin vorzugehen, und du verspürst ein neues Gefühl der Verantwortung gegenüber dir selbst. Du willst nun die Richtung deines Lebens allein bestimmen.

Du kannst jetzt Aufgaben in Angriff nehmen, vor denen du zuvor zurückgeschreckt bist. Deine Arbeitsweise ist von Konstruktivität und Effektivität gekennzeichnet. Vielleicht beginnst du Projekte oder erstellst Konzepte, die mit viel Arbeit verbunden sind – welche dir aber letztlich viel Befriedigung gewähren wird.

Möglicherweise spielt für dich in dieser Zeit eine Rolle, was für einen Eindruck du auf die Welt machst. Wenn dies der Fall ist, beschäftigst du dich intensiv mit deinem «Image» und der Art und Weise, wie du dich anderen präsentierst.

Alles, was du in diesem Jahr machst, dient einem konkreten Zweck. Neue Verpflichtungen einzugehen bereitet dir jetzt Freude. Du übernimmst nun voll und ganz die Verantwortung für das, was du tust. Deine Vorgehensweise ist dadurch gekennzeichnet, daß du bestimmt und sehr bewußt auftrittst. Wenn du etwas erreichen willst, wirst du dich gut vorbereiten und langsam, aber beharrlich arbeiten. Wie lange es auch dauern mag, der Erfolg wird sich einstellen.

Solar-Aszendent im Wassermann

Wenn das Zeichen Wassermann im Solar aufsteigt, ist ein gesteigertes Bedürfnis nach Unabhängigkeit die Folge. Du willst nicht länger durch konventionelle Zwänge eingeschränkt werden und begehrst gegen diese auf. Deine persönliche Freiheit hat jetzt Vorrang für dich, und du möchtest deinen Anschauungen gemäß leben. Vielleicht spiegelt deine Erscheinung deine innere Haltung wider – wenn du dich unkonventionell anziehst oder auf andere Weise ein exzentrisches Verhalten zeigst. Du willst dir nun deine Einzigartigkeit beweisen und andere Leute zwingen, dich mit neuen Augen zu sehen.

Es ist anzunehmen, daß dir deine engen Beziehungen jetzt nicht so wichtig wie sonst sind, sondern daß du dich mit allgemeineren Dingen beschäftigst. Du möchtest deine Ideale mit Menschen teilen, mit denen du eine Geistesverwandtschaft fühlst, und vielleicht trittst du einer Gruppe bei, die sich für gesellschaftliche Ziele einsetzt.

In dieser Zeit machst du dir Gedanken über die Art und Weise, wie du mit der Welt verbunden bist. Alte Verhaltensmuster lösen sich auf und neue entstehen. Jetzt gilt es, die Zukunft in den Blick zu nehmen und die Energie auf langfristige Ziele zu richten.

Solar-Aszendent in den Fischen

Ein Jahr mit dem Fische-Zeichen am Aszendenten im Solar bedeutet einen Zeitraum, in dem du sensibler und träumerischer und mehr auf das Geheimnisvolle ausgerichtet bist als sonst. Jetzt ziehen dich Erfahrungen an, die der spirituellen Seite deines Wesens gerecht werden. Du mußt nun lernen, die Dinge, die außerhalb deiner Kontrolle stehen, geschehen zu lassen. Die Lektion dieser Phase ist, daß du nichts erzwingen kannst. Du mußt deine Waffen strecken und darauf vertrauen, daß du bekommen wirst, was du brauchst.

Es kann sein, daß in dieser Zeit verschiedene Leute vollkommen Unterschiedliches in dir sehen. Du selbst kannst dich dadurch erkennen, daß du dich auf die Bedürfnisse der anderen einstellst. Das bedeutet eine Art Selbst-Aufopferung, die so weit reichen kann, daß du meinst, nur noch für andere dazusein. In jedem Fall aber empfindest du Mitleid und Sympathie für die, die Hilfe brauchen, was bedeutet, daß du bereitwillig deine Zeit schenkst.

Das Bild, daß du anderen von dir in diesem Jahr vermittelst, kann Verwirrung stiften. Wie ein Chamäleon vermagst du dich der Situation anzupassen – jeden Moment veränderst du dich. Du bist jetzt dabei, ein neues Erscheinungsbild zu entwickeln und mußt dazu deine vorherige Definition von dir – welche vielleicht in mancherlei Hinsicht zu starr gewesen ist – loslassen. In dieser Lebensphase lösen sich die selbstgesteckten Grenzen auf. Du verfügst nun über die Fähigkeit, dich der Welt zu öffnen und dich eins mit ihr zu fühlen.

Das Solar-MC in den Zeichen

Das MC beziehungsweise die Himmelsmitte des Solarhoroskops zeigt, welche Qualitäten du während des entsprechenden Jahres zur Entwicklung bringen möchtest und worauf dein Bewußtsein gerichtet ist. Es bringt zum Ausdruck, welcher Art deine Hoffnungen sind und welchen Status du in der Gemeinschaft hast. Du kannst hier einen Hinweis darauf finden, was für Ziele und Richtungen du wahrscheinlich in dem betreffenden Jahr verfolgen wirst. Die Himmelsmitte zeigt, wie du von anderen eingeschätzt wirst und wie du eingeschätzt werden möchtest, was du der Welt von dir zeigst und wie deine Einstellung im allgemeinen ist. Die Bewußtseinswandlung, die mit dem MC in jedem neuen Solarhoroskop verbunden ist, ist Bestandteil deines Wachstums und der Entfaltung deines Selbstes. Wenn die betreffende Betonung auch jeweils nur für ein Jahr besteht, ist sie doch ein – neuer – Teil von dir, den du entdecken und ausbilden mußt. Auf dem, was du während dieses Jahres tust, wirst du später weiter aufbauen. Die Himmelsmitte im Solar verdeutlicht gewissermaßen, wie dein Bewußtsein mit deinen solaren Bedürfnissen umgeht.

Das Haus, in dem der Herrscher der Himmelsmitte steht, zeigt, in welchem Bereich deine langfristigen Ziele jetzt zum Ausdruck kommen und wie die Gelegenheiten beschaffen sind, die dir deren Realisierung erlauben. Es stellt dar, was die Aufgabe des vor dir liegenden Jahres ist. Wenn zum Beispiel der Herrscher der Himmelsmitte im 8. Haus steht, mußt du dich einem Prozeß der inneren Transformation und Veränderung unterziehen. In diesem Falle würdest du eine tiefere Verbindung mit anderen anstreben und lernen, auf intensive und bedeutungsvolle Weise etwas von dir zu geben. Beziehungen würden dann für dich als Katalysatoren bei dem Prozeß deiner Umwandlung wirken.

Solar-MC im Widder

Wenn Widder im Solarhoroskop am MC steht, möchtest du von der Öffentlichkeit als entschlossener und selbstsicherer Mensch angesehen werden. Dein Ziel ist in diesem Jahr die Begründung deiner Unabhängigkeit – du willst jetzt endlich dein eigener Chef werden.

Solar-MC im Stier

Steht Stier am Solar-MC, willst du etwas aufbauen, was von Dauer ist. Dein wichtigstes Ziel ist es, eine feste und stabile Basis zu schaffen – wobei dein Blick nicht zu weit nach vorn in die Zukunft geht. Du möchtest als zuverlässig und vertrauenswürdig eingestuft werden, und es bedeutet dir viel, wenn Leute dir diesbezüglich ihre Anerkennung versichern.

Solar-MC in den Zwillingen

Mit den Zwillingen am MC in einem Solarhoroskop bist du damit beschäftigt, dir einen Platz zu suchen, von dem aus du deine persönlichen Ansichten zum Leben verbreiten kannst. Du suchst vielleicht nach einer Stellung, die dir größeren Freiraum im Hinblick auf deinen Selbstausdruck und mehr Kontakte zu anderen Menschen verschafft. In dieser Zeit fühlst du dich eher rastlos und verfolgst verschiedene langfristige Ziele. Du bist schneller gelangweilt als sonst und schreckst davor zurück, dich auf ein Ziel zu beschränken.

Solar-MC im Krebs

Krebs am MC zeigt eine Zeit an, in der es für dich wichtig ist, dich emotional mit deiner beruflichen Laufbahn zu identifizieren. Du möchtest jetzt langfristige Ziele verfolgen, mit denen du andere schützen oder ernähren kannst. Du suchst einen Platz in der Welt, welcher dir angemessen erscheint und an dem du dich zuhause fühlst. Dieses Jahr möchtest du als jemand angesehen werden, der sich um die Dinge kümmert und der wirklich Anteil nimmt.

Solar-MC im Löwen

Steht Löwe im Solar an der Himmelsmitte, suchst du nach einer Position, von der aus du unter Einbeziehung deiner kreativen Energie deine Berufung zum Ausdruck bringen kannst. Dein Ziel in diesem Jahr ist es, wirklich du selbst zu sein. Wenn du in der Vergangenheit gegen deine Bedürfnisse verstoßen hast, ist jetzt die Zeit gekommen, das zu ändern. Wenn deine Arbeit deiner Identität bis jetzt nicht gerecht geworden ist, wirst du nun Schritte zur Veränderung unternehmen. Du willst jetzt als aufrichtige, authentische und bewunderte Persönlichkeit respektiert werden – dafür, daß du bist, wie du bist.

Solar-MC in der Jungfrau

Die Jungfrau am Solar-MC kennzeichnet ein Jahr, in dem du Freude dabei empfindest, hart und mit wachem Geist zu arbeiten. Du möchtest, daß man dich für perfekt hält, wobei die Gefahr besteht, daß die Ziele, die du dir setzt, zu hoch sind. Eine weitere Schwäche könnte darin liegen, daß du dich zu sehr in Details verstrickst und die Zukunft aus dem Blick verlierst. Du mußt dich damit beschäftigen, deine Ziele auf spezifischere Weise neu zu bewerten.

Solar-MC in der Waage

Mit dem Zeichen Waage am Solar-MC ist eine Zeit verbunden, in der du nach Harmonie und Ausgewogenheit suchst. Du fühlst das Verlangen, mit anderen zusammenzuarbeiten – du willst deine Ziele und das, was du erreicht hast, mit anderen teilen. Es soll jetzt Frieden um dich sein – du trittst für gegenseitiges Verständnis ein und suchst nach einer Beschäftigung, diese Ziele umzusetzen. In diesem Jahr strebst du nach Anerkennung dafür, daß du gut mit den Leuten zurechtkommst. Du möchtest, daß die anderen dich mögen, und wahrscheinlich unternimmst du dafür einige Anstrengungen.

Solar-MC im Skorpion

Steht Skorpion am Solar-MC, verfolgst du deine Ziele wahrscheinlich zielstrebig – um nicht zu sagen stur. Du wirfst dich mit voller Kraft und Leidenschaft auf deine Arbeit, um das zu erreichen, was du anstrebst, und du verspürst das Bedürfnis, in dieser Beschäftigung aufzugehen. Wenn du eine Arbeit verrichtest oder ein Projekt unterstützt, wünschst du, daß das einen transformierenden Einfluß auf dich, auf andere Menschen oder die Welt überhaupt hat.

Solar-MC im Schützen

Wenn das Zeichen Schütze am MC in einem Solarhoroskop steht, gilt dein Blick der fernen Zukunft. Jetzt ist die Zeit, dir weitreichende Ziele zu stecken – und etwas Bedeutungsvolles anzustreben ist dir wichtiger als das, was du in der Gegenwart erreichen könntest. Vielleicht hast du das Bedürfnis, in fremden Ländern zu arbeiten oder im Rahmen deiner jetzigen Tätigkeit zu reisen. Es ist nun für dich wichtig, dein Wissen und Verständnis im großen Maßstab auszudehnen.

Solar-MC im Steinbock

Mit Steinbock am Solar-MC geht ein Jahr einher, das von zielstrebigem Ehrgeiz gekennzeichnet ist. Deine Ziele zeichnen sich dadurch aus, daß sie durchweg konkret und realitätsbezogen sind. Du weißt genau, was du erreichen willst, und du arbeitest ruhig und beharrlich darauf hin. In diesem Jahr suchst du nach Anerkennung für deine harte Arbeit und deine gesellschaftliche Verantwortung. Es ist dir wichtig, in deinem Beruf auf konventionelle Weise Erfolg zu haben. Die Anerkennung deiner Leistungen durch Autoritätspersonen bedeutet dir jetzt überaus viel.

Solar-MC im Wassermann

Eine Zeit des Idealismus, in der du mit deinen Ideen und Hoffnungen für die Zukunft tätig sein möchtest. Es ist ein Jahr, in dem du – möglicherweise in Gruppenarbeit – soziale Ziele verfolgst und in dem dir das Wohl der Welt wichtiger ist als deine eigenen Ziele. Jetzt ist es für dich von großer Bedeutung, bei deiner Arbeit deine ganz persönlichen Ideen zum Ausdruck zu bringen. Es wäre günstig, wenn deine Stellung es dir erlauben würde, Neuerungen einzuführen.

Solar-MC in den Fischen

Wenn das Zeichen Fische am MC des Solarhoroskops steht, ist es im allgemeinen schwierig, sich für eine Richtung zu entscheiden. Du möchtest irgend etwas Außergewöhnliches tun, aber es besteht die Gefahr, daß dich der spirituelle Weg jetzt in Verwirrung stürzt. Es mag den Anschein haben, als böte dieses Jahr eine unendlich große Zahl von Möglichkeiten – welche dich förmlich überwältigen und lähmen. Nun mußt du die Ziele aufgeben, die sich bei der Suche nach deinem Platz im Leben, der deinem inneren Glauben gerecht wird, als zu starr und beschränkend herausgestellt haben.

4

Der Mond im Solar

Der Mond im Solarhoroskop bringt durch seine Stellung in einem *Haus* zum Ausdruck, welcher Bereich im Hinblick auf die Gefühlswelt und die allgemeine Reaktion auf das Leben hervorgehoben ist. Die Stellung in dem *Zeichen* verdeutlicht, auf welche Art und Weise die Person reagiert.*

Der Umriß des Mondes verändert sich fortwährend, und das Haus, in dem er steht, bezeichnet den Lebensbereich, in dem sich die Ereignisse abspielen beziehungsweise Veränderungen ergeben. Indem man den Mond vorschiebt, etwa um ein Grad pro Monat, kann man für die Zeiten, wenn die Aspekte innerhalb des Solars oder zum Geburtshoroskop exakt werden, Vorhersagen treffen.** Der Mond bringt auch zum Ausdruck, wie ein Mensch mit der Öffentlichkeit und dem Bild, das die Öffentlichkeit von ihm hat, verbunden ist. Dies ist natürlich speziell für diejenigen, die eine öffentliche Rolle spielen, von großer Bedeutung. Aber auch Geschäftsleute oder diejenigen, die viel mit anderen Menschen zu tun haben, können hier wichtige Informationen finden.

Der Mond zeigt, welche Bedürfnisse wir bezüglich unserer Beziehungen – insbesondere in emotionaler und gefühlsmäßiger Hinsicht – haben und die Art und Weise, wie wir Verbindungen aufnehmen. Durch *das Mond-Zeichen* können wir erkennen, welche Art von emotionalem Kontakt wir brauchen, um unsere Gefühlsnatur zu pflegen, und wie wir vorgehen, um Verbindungen zu knüpfen.

Das Mond-Haus verdeutlicht, in welchem Bereich des Lebens wir emotionale Bedürfnisse haben und den Wunsch verspüren, Sicher-

---

* Allerdings sollte man dabei in Betracht ziehen, daß sich nicht alles äußerlich manifestiert - einige Ereignisse werden eher im Inneren gefühlt oder erfahren. In Kapitel 8 zeigen wir anhand einer Fallstudie, was man vom progressiven Mond ableiten kann.

** Wie die Berechnungen durchzuführen sind, erläutern wir im Anhang.

heit und Geborgenheit zu erfahren. Es zeigt, wo wir uns wohlfühlen wollen.

In einem Solarhoroskop stellt der Mond dar, welche emotionalen Bedürfnisse jeweils mit dem solaren Prinzip in Verbindung stehen. Befindet sich zum Beispiel der Mond im 4. Haus, zeigt das, daß du in dir selbst eine sichere Basis errichten möchtest, um wirklich du selbst zu sein – so, wie du durch die Sonne beschrieben bist. Der Mond im 4. Haus zeigt, was du in dem entsprechenden Jahr beachten mußt, wenn du in die Welt hinaustrittst und dich gemäß dem solaren Prinzip darstellen willst. Je sicherer du dir deiner Identität bist, desto besser kannst du dich zum Ausdruck bringen.

Im folgenden zeigen wir einige Möglichkeiten, wie der Mond im Zusammenhang mit Zeichen und Häusern erlebt werden kann. Wir möchten dich damit anregen, dir deine eigenen Gedanken zu diesem Thema zu machen. Du darfst dabei niemals außer acht lassen, daß der Mond im Solarhoroskop immer nur als Randfigur im Hinblick auf die Sonne zu sehen ist.

Der Solar-Mond in den Zeichen

Der Solar-Mond im Widder

☽ ♈

In diesem Jahr reagierst du auf deine Mitmenschen und auf Situationen emotional direkt und mit großer Offenheit. Takt, Diplomatie oder einen kühlen Kopf zeigst du jetzt nicht gerade. Deine Reaktionen sind nun spontaner denn je. Manchmal wirst du im Nachhinein den Wunsch haben, daß du erst einen Augenblick durchgeatmet hättest, bevor du deiner Meinung Ausdruck verliehen hast. Du neigst jetzt dazu, das, was du denkst, frank und frei hinauszuposaunen. In positiver Hinsicht bedeutet das Offenheit und Ehrlichkeit gegenüber anderen, was dir ein Gefühl von Sicherheit geben kann. Allerdings werden sich manche Menschen fühlen, als ob du ihnen eine kalte Dusche verpaßt hättest.

Nun ist die Gelegenheit gekommen, in Beziehungen die Initiative zu ergreifen oder neue Kontakte zu knüpfen. In bezug auf deine Gefühlswelt bist du jetzt zu größeren Risiken als sonst bereit – dir macht es in dieser Phase nichts aus, deine Gefühle und dein Inneres zu offenbaren. Vielleicht machst du auf einen anderen Menschen nun einen überaus starken Eindruck. Deine Intuition ist reger als sonst, und im allgemeinen kannst du dich auf deine Ahnungen verlassen.

Der Solar-Mond im Stier

Mit dem Mond im Stier kannst du dich auf ein Jahr einstellen, in dem du dich nach Stabilität und Sicherheit sehnst. Was du jetzt brauchst und suchst, sind Ruhe und emotionale Beständigkeit.

Es ist möglich, daß sinnliche Bedürfnisse in diesem Jahr für dich von großer Wichtigkeit sind. Wenn diese nicht angemessen befriedigt werden, könnte es zum Beispiel zu einer unkontrollierten Eßsucht und einer starken Gewichtszunahme kommen. Auf der anderen Seite kannst du den Drang verspüren, dich auf einfache und bekömmliche Art und Weise zu ernähren. Jetzt solltest du dich um deinen Körper kümmern. Vielleicht hast du schon einmal den Gedanken gehabt, dich massieren zu lassen oder Türkische Bäder zu nehmen – jetzt ist die Zeit gekommen, in der dir diese Betätigungen Nutzen und Befriedigung verschaffen.

Es ist denkbar, daß dir in diesem Zeitraum Gartenarbeit beziehungsweise die Beschäftigung mit Pflanzen oder überhaupt der Aufenthalt in der freien Natur viel Freude macht.

Der Solar-Mond in den Zwillingen

Mit dieser Stellung ist das Bedürfnis nach Kommunikation und Meinungsaustausch sowie der Wunsch vorhanden, das zu verstehen, was um dich herum vorgeht.

Wahrscheinlich verfolgst du jetzt verschiedene Interessen – deine Neugier ist nun auf das Höchste entwickelt. Du fühlst dich wohl in der Welt der Ideen und Gedanken. Wenn deine geistigen Fähigkeiten nicht so weit entwickelt sind, wie du es gerne hättest – wenn du zum Beispiel ein Ziel anstrebst, das dich gedanklich überfordert –, kann dir das großen Kummer bereiten.

Mit dem Mond in den Zwillingen wechseln deine Gefühle schnell, und du neigst beständig dazu, Langeweile zu empfinden. Du benötigst nun überaus viel Stimulation. Diese Phase ist von Rastlosigkeit gekennzeichnet, von dem Bedürfnis, dich körperlich wie geistig zu bewegen. Wenn du einen Lebensplan aufstellst, solltest du so flexibel wie möglich vorgehen – entsprechend dem, wie dein Leben gerade verläuft.

Du kannst den Wunsch haben, mit anderen über deine Gefühle zu reden beziehungsweise diese zu analysieren, mit der Absicht, deine innere Welt besser kennenzulernen.

Der Solar-Mond im Krebs

Ein Krebs-Mond im Solar betont das Bedürfnis, sich anderen nahe zu fühlen. Das bedeutet sowohl auf der persönlichen wie auf der gesellschaftlichen Ebene den Wunsch, dazuzugehören. Du brauchst jetzt das Gefühl, Teil eines Ganzen zu sein, und du mußt eine Idee davon haben, wie deine Verbindung mit diesem beschaffen ist. Die Verbindung zu anderen sowie zum Leben überhaupt ist in dieser Phase von existentieller Bedeutung für dich. Es könnte sich um eine Zeit handeln, in der du überprüfst, welchen Platz du in deiner Familie einnimmst.

Du brauchst jetzt das Gefühl, für andere zu sorgen und von anderen versorgt zu werden. Die persönlichen Beziehungen sind in dieser Zeit von herausragender Wichtigkeit. Gemäß der Erkenntnis, ob sie dich wirklich befriedigen oder nicht, wirst du möglicherweise Veränderungen vornehmen. Du nimmst dein inneres Bedürfnis nach Nähe und Freundschaft jetzt deutlicher wahr, was als Konsequenz eine größere Verletzlichkeit mit sich bringen kann.

In diesem Zeitraum hast du den besten Zugang zu deinem instinktiven und ursprünglichen Wissen um das Leben. Deine Verbindung zur Welt ist nun davon geprägt, daß du dich auf deine Instinkte beziehst. Du hast jetzt auch einen Draht dafür, was die anderen empfinden. Dein instinktives Wissen ist so gut entwickelt wie sonst nie.

Der Solar-Mond im Löwen

Mit dem Mond im Löwen ist ein wichtiges Jahr in bezug darauf gegeben, dich selbst auf authentische Weise zum Ausdruck zu bringen. Insbesondere geht es um deine emotionalen Reaktionen, die dich in deinem Sinn für deine Bedeutung und deine Authentizität bestärken werden. In diesem Jahr wirst du viel Aufmerksamkeit und Anerkennung verlangen – du willst das Gefühl haben, daß du jemand bist, und du magst es genießen, im Scheinwerferlicht zu stehen. Jetzt ist die Zeit, etwas zu tun, das die Anerkennung wert ist, die du ersehnst. Das kann dir Stolz auf dich selbst verschaffen.

Du fühlst vielleicht das Verlangen, der Kreativität in deinem Leben einen größeren Raum zu geben. Das muß sich nicht unbedingt auf künstlerischem Gebiet zeigen, es kann sich auch auf deinen Alltag beziehen.

Der Solar-Mond in der Jungfrau

Wahrscheinlich bist du in diesem Jahr damit beschäftigt, auf das Besondere und die Einzelheiten zu schauen, wobei dich das Interesse leitet, allgemeingültige Muster zu erkennen. Auf die Wie's und Warum's, die deinen Alltag begleiten, möchtest du jetzt befriedigende Antworten finden. Vielleicht begründest du in dieser Zeit eine strengere Ordnung bezüglich deines Alltags. Themen wie Gesundheit, Diät, Schlafgewohnheiten und Fitneß können jetzt wichtig werden und dazu führen, daß du eine gesündere und ganzheitlichere Lebensweise annimmst. Jetzt ist die Zeit, nach innen zu schauen und zu analysieren, wie du in den Lauf der Dinge eingebunden bist. Außerdem kannst du nun deinen Alltag auf eine Weise strukturieren, die deiner Person und deinen Gewohnheiten besser entspricht.

Der Solar-Mond in der Waage

Mit dieser Stellung ist ein Bedürfnis nach Partnerschaften im allgemeinen und nach engen Beziehungen im besonderen verbunden, was sich vielleicht auch im Berufsleben bemerkbar macht. Du verspürst den Wunsch, durch Meinungsaustausch Kontakte herzustellen. Es handelt sich um eine Zeit, in der du anderen gegenüber offen und freundlich eingestellt bist und Werte wie Takt, Diplomatie und Charme für dich wichtig sind. Geheimnisvolle Verwicklungen üben einen großen Reiz auf dich aus, und du bist bestrebt, der Romantik in deinen Beziehung einen größeren Raum zu geben.

Vielleicht verspürst du jetzt den Wunsch, dich selbst oder dein Zuhause zu verschönern. Was deine Person betrifft, so ist es denkbar, daß du dich in weitaus stärkerem Maße als zuvor für Kleidung und die Art, wie du dich anderen zeigst, interessierst, und möglicherweise trägst du jetzt Make-up oder Schmuck. Um deine Wohnung zu verschönern, kaufst du jetzt vielleicht neue Tapeten oder Möbel.

Du hast das Bedürfnis, in deinem Zuhause Harmonie und Frieden zu erfahren. Dabei können sich allerdings Schwierigkeiten und Hemmnisse ergeben, mit der Folge, daß deine Gefühlswelt in einen Zwiespalt gerät. Es ist denkbar, daß du viel Energie investieren mußt, um diese Hindernisse zu überwinden.

Im allgemeinen ist der Sinn für das Schöne gestärkt. Alles, was mit der Kunst zusammenhängt, übt nun eine starke Anziehungskraft auf dich aus. Du verspürst möglicherweise auch den Wunsch, deine künstlerischen beziehungsweise musikalischen oder literarischen Interessen zu entwickeln.

Der Solar-Mond im Skorpion

☽ ♏

Wenn der Mond im Solarhoroskop im Skorpion steht, suchst du nach Intensität und der tieferen Bedeutung und möglicherweise nach jemandem, der einen starken und transformierenden Einfluß auf dich hat. Du nimmst deine Gefühle jetzt ernst und bemühst dich, dich selbst zu verstehen. Es handelt sich in emotionaler Hinsicht um eine tiefgründige und schwierige Zeit, in der es zu düsteren Launen kommen kann. Das resultiert daraus, daß du jetzt deine Gefühle für dich behalten willst und dazu neigst, sie in deinem Inneren einzuschließen.

Denkbar ist auch, daß dieses Jahr unter dem Zeichen einer – gut oder schlecht funktionierenden – finanziellen

Partnerschaft steht, die dir im Hinblick auf das ganze Arrangement viel bedeutet.

Das alles beherrschende Bedürfnis in diesem Jahr ist jedoch, Kontakt zu deinen eigenen emotionalen Tiefen zu gewinnen. Das geschieht am besten, indem du auf leidenschaftliche Weise an etwas teilhast.

Der Solar-Mond im Schützen

Mit dieser Stellung sehnst du dich nach Freiheit und Abenteuern. Deine Neugier auf das Leben und deine Vitalität sind gleichermaßen angeregt. Dein Entdeckungs- und Forscherdrang ist so stark ausgeprägt wie sonst nie. Wenn sich dies in einem äußerlichen Sinn auswirkt, wirst du Reisen unternehmen – Pilgerfahrten zu weit entfernten Orten. Das wäre im buchstäblichen Sinn eine Ausweitung des Horizontes. Auf innerlicher oder auch psychologischer Ebene könnte ein Interesse an Philosophie, Religion oder dem Sinn des Lebens überhaupt zu beobachten sein.

Ob du nun Reisen machst oder nicht – du wirst Kontakte zu Menschen aus anderen Ländern haben oder Personen treffen, die dir eine neue Sicht auf das Leben vermitteln. Dein Bedürfnis nach Abenteuern und Freiheit möchtest du im Rahmen deiner Freundschaften befriedigen. Wahrscheinlich sagst du geradeheraus, was du denkst, und zeigst dich extrovertiert wie nie zuvor.

Möglicherweise verspürst du den Wunsch, dich unter weiten Horizonten aufzuhalten, und fühlst dich gestärkt, wenn du in Gebieten herumgezogen bist, die noch unzerstört und voller natürlicher Schönheit sind. Du bist jetzt von idealistischer Wesensart und glaubst, daß die Welt grundsätzlich gut ist.

Der Solar-Mond im Steinbock

Der Steinbock-Mond im Solarhoroskop bedeutet ein Jahr, das von einem Bedürfnis nach Ordnung und Struktur geprägt ist. Emotional zeigst du jetzt ein eher reserviertes und vorsichtiges Verhalten. Zu dieser Zeit sind dir praktische Erwägungen wichtiger als emotionale Bedürfnisse.

Deine Beurteilung anderer ist jetzt durchdringend und genau. Du akzeptierst die Realitäten des Lebens so, wie sie sind.

Du hast eine klare Vorstellung von dem, was du anstrebst und was deine Ziele im Leben sind. Wenn du noch nicht auf der Position bist, die du dir gewünscht hast, empfindest du dies jetzt sehr deutlich. Vielleicht besteht nun die Tendenz – insbesondere, wenn du weiblichen Geschlechts bist –, über eine Beziehung den Platz zu finden, den du im Leben einnehmen möchtest. Du mußt dann nachdenken, ob du auf diese Weise wirklich bekommst, was du willst. Es wäre auch denkbar, daß du dich dieses Jahr damit auseinandersetzen mußt, wie du deine beruflichen mit deinen persönlichen Ziele vereinbaren kannst. Diese Notwendigkeit könnte sich insbesondere deshalb ergeben, weil dein Beruf dich jetzt so stark in Anspruch nimmt.

Der Solar-Mond im Wassermann

Der Mond im Wassermann bedeutet ein Streben nach Unabhängigkeit. Du willst jetzt «dein eigenes Ding» machen und dein eigenes Leben leben. Vielleicht fühlst du dich versucht, bezüglich deines Lebensstils zu experimentieren. Wahrscheinlich wirst du jetzt deine häusliche Situation kritisch überprüfen, ein neues Verhalten an den Tag legen und für eine gleichmäßige Verteilung der Arbeiten eintreten. Jetzt ist die Zeit, in der du dir dessen, was du glaubst und wovon du überzeugt bist, deutlicher bewußt bist. Dein Glaube und deine Überzeugungen werden auch dein Alltagsleben beeinflussen und vielleicht Veränderungen bezüglich deines Lebensstils herbeiführen.

Gemeinschaftliche Aktivitäten können in diesem Zeitraum von besonderer Wichtigkeit sein, zum Beispiel, wenn du das Bedürfnis fühlst, deinen Platz in einer Gruppe zu finden. Vielleicht wird eine Gruppe jetzt sogar dein Zuhause. Jedenfalls bist du in dieser Phase mehr als sonst auf Geselligkeit eingestellt und hast Kontakte zu den verschiedensten Leuten.

Der Solar-Mond in den Fischen

Ein Jahr, das von starker Sensibilität und Emotionalität gekennzeichnet ist. Über deine Beziehungen wirst du mit Mitleid und Sympathie konfrontiert. Du verspürst den Wunsch, mit etwas oder jemandem zu verschmelzen beziehungsweise eins zu sein, was Schwierigkeiten bedeuten könnte, die Grenzen zwischen dir und den anderen zu sehen. Auf der höchsten Ebene kannst du bestrebt sein, mystische oder spirituelle Verbindungen herzustellen – was aber auch heißen könnte, daß du dich in konfuse Vorstellungen verstrickst und nicht mehr weißt, was von dir selbst und was von anderen kommt. Du kannst jetzt in Tagträumereien oder Phantasien versinken und es ablehnen, dich mit dem «trivialen» Konkreten und Realen zu beschäftigen. Diese Zeit ist gut geeignet, um Meditation zu betreiben – in gewisser Weise befindest du dich jetzt ohnehin in einem Zustand der Kontemplation. Du suchst nach dem Magischen in deinem Leben.

In dieser Zeit bist du schöpferischer als sonst, und du widmest deinen kreativen Bedürfnissen viel Aufmerksamkeit. Du fühlst dich gestärkt, wenn du deine Kreativität zum Ausdruck bringst oder deine Wertschätzung für die Schöpfungen anderer kundtust.

Der Solar-Mond in den Häusern

Der Solar-Mond im 1. Haus

Mit dem Mond im 1. Haus merken deine Mitmenschen genau, wie es um deine Gefühle bestellt ist. Du zeigst dich jetzt verletzlicher und launischer als sonst, und die Veränderlichkeit deiner Gefühle ist nur zu offensichtlich. Vielleicht hast du den Eindruck, daß man in dir lesen könnte wie in einem aufgeschlagenen Buch – als ob man durch dich «hindurchsehen» könnte.

Die Zeit eignet sich dazu, befriedigende Kontakte anzuknüpfen. Du antwortest spontan und aufrichtig und zeigst dich außerordentlich zugänglich. Mit dieser Stellung ist im allgemeinen auch eine gesteigerte Sensibilität für die Umgebung vorhanden.

Der Solar-Mond im 2. Haus

Ein Jahr, in dem das Bedürfnis nach – emotionaler oder materieller – Sicherheit hervorsticht. Du könntest jetzt die Erfahrung machen, daß deine finanzielle Lage einen Einfluß auf dein emotionales Wohlbefinden hat. Vielleicht handelt es sich um eine Phase, in der du instinktiv weißt, wie du zu Geld kommen kannst. Das gilt insbesondere dann, wenn sich der Mond im Element Feuer befindet.

Was für dich gefühlsmäßig von Wichtigkeit ist, erfährt in diesem Jahr eine besondere Betonung. Es ist denkbar, daß du einen tieferen Sinn hinter den Werten entdeckst und dir deutlicher bewußt wird, was du wirklich brauchst. Du kannst jetzt auch erkennen, welche deiner Qualitäten anderen etwas bedeuten. Wenn du etwas von dir gibst, kann das auf dein Sicherheitsgefühl zurückwirken.

In emotionaler Hinsicht präsentierst du dich in diesem Jahr unerschütterlich und loyal – allerdings mit der Tendenz, besitzergreifende Züge zu zeigen bezüglich der Menschen, in die du deine Sicherheit «investiert» hast.

Der Solar-Mond im 3. Haus

☽ 3

Ein Jahr, in dem du dich nach mentaler Stimulation sehnst. Vielleicht fühlst du dich jetzt rastlos und unfähig, zur Ruhe zu kommen. Die verschiedensten Interessen können nun einen ablenkenden Einfluß auf dich ausüben. Du könntest dich selbst jetzt bei dir zuhause studieren oder dich zuhause fühlen, wenn du studierst. Ebenfalls denkbar wäre es, daß du in deiner Wohnung eine lehrende Tätigkeit ausübst.

Möglicherweise ergeben sich in deiner Nachbarschaft oder in deiner Gemeinde Veränderungen, die dein Verhältnis zu der Gemeinschaft betreffen. Vielleicht bist du gerade umgezogen und mußt dich dieses Jahr damit befassen, deine neue Umgebung kennenzulernen, neue Verbindungen und einen neuen Tagesablauf zu begründen und deinen Platz in der Gemeinschaft zu suchen. Auch wenn kein Umzug stattgefunden hat, werden kommunikative Belange in dieser Zeit von besonderer Bedeutung sein.

Wenn du auch für gewöhnlich Schwierigkeiten mit einem Bruder oder einer Schwester hast, wird dich dies jetzt intensiv beschäftigen. Du könntest das Verlangen spüren, diese Sache in Ordnung zu bringen.

All den angeführten Möglichkeiten liegt eins zugrunde: Deine Gedanken sind darauf ausgerichtet, was du in emotionaler Hinsicht brauchst, um leistungsfähig zu sein.

Der Solar-Mond im 4. Haus

☽ 4

Mit dem Mond im 4. Haus des Solarhoroskops ist eine Zeit der Innenschau, der Kontemplation und Reflektion gegeben, in der du vielleicht deine Vergangenheit, Kindheit oder deine familiäre Situation vor deinem geistigen Auge Revue passieren läßt. Wenn du schon einmal mit dem Gedanken an eine Therapie oder eine Lebensberatung gespielt hast: Jetzt ist die Zeit reif dafür. Du bist jetzt damit beschäftigt, dir einige deiner frühkindlichen Prägungen klarzumachen.

In diesem Jahr verspürst du das Bedürfnis, viel Zeit zuhause zu verbringen. Du genießt deine Privatsphäre, und brauchst Zeit für dich allein.

5 Dieser Zeitraum bietet sich dafür an, häusliche Angelegenheiten in Ordnung zu bringen, oder um Veränderungen vorzunehmen. Dein Zuhause muß jetzt ein Platz für dich sein, an den du dich zurückziehen kannst, ein Sicherheit und Geborgenheit bietender Ort zum Auffrischen deiner Kräfte. Wenn dein Heim dies nicht leistet, könntest du dieses Jahr hindurch intensiv damit befaßt sein, dir eine sicherere und solidere Basis zu schaffen. Zu dieser Zeit sind deine tiefsten emotionalen Bedürfnisse von großer Wichtigkeit für dich.

Der Solar-Mond im 5. Haus

5 Steht der Mond im 5. Haus, wird die Art und Weise, wie du deine Gefühle zum Ausdruck bringst, eine Betonung erfahren. Wenn du jetzt anderen deine Gefühle offenbarst, willst du dich zeigen, wie du wirklich bist. Jetzt neigst du in höchstem Maße zu einem dramatischen Selbstausdruck. Wenn du normalerweise nicht dazu tendierst, Szenen zu machen – in diesem Jahr könnte sich das ändern. Und wenn du dies sonst schon tust, wird dieser Zeitraum voll von derartigen Vorfällen sein. Vielleicht handelt es sich auch um eine Zeit der romantischen Verwicklungen. Dich zu verlieben oder eine Liebesgeschichte zu beenden könnte ein Thema sein. Du fühlst dich möglicherweise in emotionaler Hinsicht wie in einer Achterbahn. Dein Wunsch nach Vergnügungen ist nun besonders stark ausgeprägt. Theaterbesuche oder Partys, auf denen du im Zentrum der Aufmerksamkeit stehst oder die dir die Möglichkeit für romantische Abenteuer geben, üben eine starke Anziehungskraft auf dich aus.

Eine weitere Entsprechung sind kreative Beschäftigungen, die du vielleicht zuhause betreibst. Du kannst diesen aber auch zusammen mit anderen in einem Projekt nachgehen, welches dich emotional anspricht.

Der Solar-Mond im 6. Haus

6 Nun steht die Arbeit im Vordergrund. Du bist vielleicht besonders intensiv für etwas tätig, was dich vollständig in Beschlag nimmt. Deine Emotionen und Gefühle sind mit

deiner Arbeit und deiner Leistungsfähigkeit aufs engste verbunden, und zuzeiten mag der Zustand deiner Gefühlswelt deine Leistungsfähigkeit beeinträchtigen.

Möglicherweise erlebst du an deinem Arbeitsplatz, daß andere sich vertrauensvoll an dich wenden, um dir ihre emotionalen Probleme zu schildern. Du könntest in den Ruf kommen, für jeden ein offenes Ohr zu haben. Allerdings mußt du darauf achten, dich nicht zu übernehmen – dein eigenes Wohlbefinden und deine Gesundheit stehen auf dem Spiel.

In dieser Phase wird dir die Wichtigkeit deiner täglichen Routine und Rituale sowie die eines Lebensrhythmus überhaupt bewußt. Du bist jetzt in der Lage, eine Feinabstimmung der sich ständig wiederholenden Pflichten vorzunehmen, so daß du dich effektiv wie sonst nie zeigst. Du erfährst auf direktere Weise als sonst, wie gesunde Ernährung, regelmäßiger Schlaf und eine gute Ausbildung dein Wohlbefinden und deine Leistungsfähigkeit steigern.

Der Solar-Mond im 7. Haus

Ein Jahr, in dem Beziehungen von besonderer Wichtigkeit sind. Wenn du keine Beziehung hast, kann es jetzt von vorrangiger Bedeutung für dich sein, eine Partnerschaft aufzubauen. In dieser Hinsicht zeigst du dich aktiver als sonst – du bist dir deiner Bedürfnisse sehr bewußt. Wenn eine Beziehung besteht, die deinen Bedürfnissen gerecht wird, fühlst du dich glücklich und zufrieden; in diesem Fall möchtest du möglichst viel Zeit mit dem Partner verbringen. Wenn deine Bedürfnisse nicht befriedigt werden, ist es wahrscheinlich, daß du Anstrengungen zu einer Verbesserung der Situation unternimmst.

Auch geschäftliche Beziehungen sind jetzt von größerer Wichtigkeit als zu anderen Zeiten. Dabei stellt sich die Frage, wie gut du mit anderen zurechtkommst und wie weit du selbst das geben kannst, was du im Gegenzug von anderen erwartest.

In Freundschaften kann der Versuch, eine solidere Basis herzustellen, zu Veränderungen und zu größerer Befriedigung führen. Jetzt ist das betont, was du von anderen benötigst – du hast nun die Fähigkeit, hier Erkenntnisse zu gewinnen, was bedeuten könnte, daß du unbefriedigend gewordene Partnerschaften hinter dir läßt. Jetzt treten neue Menschen in dein Leben.

Der Solar-Mond im 8. Haus

☽ 8

In einem Jahr mit dem Mond im 8. Solarhaus ist Intimität – in welcher Form auch immer – das herausragende Thema. Wenn du in deinem Leben nicht mit irgendjemand im engen Kontakt stehst, wenn du deine innere Welt nicht im Rahmen einer engen Freundschaft oder Beziehung mit jemandem teilst, wirst du dich in dieser Zeit mit Gefühlen der Einsamkeit und des Schmerzes auseinandersetzen müssen. Du mußt dich darauf einstellen, mehr Risiken als sonst beim Versuch einzugehen, bestehende Kontakte zu vertiefen. Du wirst viel Befriedigung und ein Gefühl der Sicherheit gewinnen, wenn du andere an dir teilhaben läßt. Wenn du befriedigende Freundschaften oder Beziehungen hast, wird das Bestreben vorherrschen, diese intensiver zu gestalten – neue persönliche Dimensionen durch Nähe und Intimität herzustellen.

Jetzt könnte eine neue Verbindung beginnen. Wenn das tatsächlich der Fall ist, dürfte es sich um eine außerordentlich tiefe, bedeutungsvolle und transformierende Beziehung handeln.

Der Solar-Mond im 9. Haus

☽ 9

Der Mond im 9. Solarhaus kann ein Jahr anzeigen, das von einer lebhaften Reise- oder Studienaktivität gekennzeichnet ist. Vielleicht fährst du jetzt weg und findest dein spirituelles Zuhause. Der Kontakt mit einer anderen Kultur könnte einen anregenden Einfluß auf dich ausüben, indem er dir etwas über deine eigene emotionale Einstellung verrät. Allerdings mußt du nicht zwangsläufig eine Reise unternehmen – vielleicht lernst du auch eine weise Person aus einem anderen Kulturkreis kennen, die dich durch ihre Andersartigkeit fasziniert.

Der Bereich des Studierens ist jetzt dein Zuhause. Dabei geht es insbesondere um Disziplinen, die deinen Horizont erweitern und dich etwas über das Leben lehren: Sprachen, Religion und Philosophie. Die Versenkung in ein derartiges Gebiet kann es mit sich bringen, daß du neue tiefe Gefühle in dir entdeckst.

Du wirst dir vielleicht des Wunsches bewußt, in deinen Beziehungen mehr zu experimentieren und über größere Freiräume zu verfügen. In diesem Jahr beschäftigst du dich mit dem Sinn des Lebens. Du willst jetzt herausfinden, wo dein Platz im «Großen Plan» ist.

Der Solar-Mond im 10. Haus

☽ **10**

Von herausragender Bedeutung sind jetzt für dich dein Status und deine Stellung in der Gesellschaft, und es könnte sein, daß du in stärkerem Maße als sonst im Blickpunkt der Öffentlichkeit stehst. Falls das letztere zutrifft, könnte dies dir viel Befriedigung verschaffen.

Du hast in dieser Zeit ein Gespür dafür, was die Öffentlichkeit will und braucht – insofern ist diese Phase geeignet, um eine neue Idee oder auch ein neues Produkt einzuführen. Du bist am Puls der Zeit, was sich sowohl in beruflicher als auch in persönlicher Hinsicht förderlich für dich auswirken kann.

Wahrscheinlich durchläufst du jetzt einen Prozeß, in dem du das, was du bisher im Leben erreicht hast, neu beurteilst und Anpassungen vornimmst. Vielleicht hast du gemischte Gefühle in bezug auf deinen beruflichen Erfolg oder meinst, nicht erreicht zu haben, was du eigentlich wolltest. Jetzt wirst du dir bewußt, was die richtigen Ziele gewesen wären oder wofür du hättest bekannt sein wollen.

Auf psychologischer Ebene kannst du nun vielleicht verstehen, wie die unbewußten Wünsche deiner Mutter dich beeinflußt haben. Du wirst dir jetzt möglicherweise darüber klar, was du in Wirklichkeit für sie und was du für dich selbst gewollt hast. In diesem Zusammenhang kannst du nun erkennen, was du in beruflicher Hinsicht für dich selbst wirklich willst.

Der Solar-Mond im 11. Haus

Die Freundschaften und gemeinschaftlichen Aktivitäten erfahren eine besondere Betonung, wenn der Mond im 11. Haus des Solarhoroskops steht. Wahrscheinlich bist du mehr als sonst auf gesellschaftliche Belange eingestellt und weitest deinen Freundeskreis aus.

Du trittst jetzt vielleicht einer Gruppe bei – welche Ziele diese auch verfolgen mag – oder intensivierst deine Arbeit, wenn du bereits einer angehörst. Deinen Platz in den Gruppen, in denen du mitarbeitest, zu entdecken kann eine wichtige Erfahrung dieses Jahres sein, die dir möglicherweise hilft zu erkennen, wie du wirklich bist. Ein gestärktes Selbstvertrauen und Sicherheitsgefühl können die Folge sein.

Du magst das Bedürfnis haben, an idealistisch motivierten Projekten mitzuwirken, welche vielleicht auf alten, schon in Vergessenheit geratenen oder auch neu entwickelten Vorstellungen beruhen. Wünsche und Sehnsüchte, die du seit langer Zeit in dir trägst, können dir jetzt wieder bewußt werden, und du wirst nun bestrebt sein, sie zu erfüllen.

Der Solar-Mond im 12. Haus

Wenn Einsamkeit und Alleinsein dir unangenehm sind, fühlst du dich jetzt möglicherweise isoliert. Falls es dir Schwierigkeiten bereitet, dich nach innen zu wenden, könntest du versucht sein, durch übermäßigen Fernsehkonsum oder durch Alkohol- oder Drogengenuß dieser Stimmung zu entfliehen. Für den Fall, daß dies auf dich zutrifft, solltest du dich jemandem anvertrauen, der dir Anregungen geben kann. Sonst bist du in der Gefahr, von deinem Weg abzukommen.

Du hast jetzt vielleicht einen besseren Draht als zu jeder anderen Zeit zu Menschen, die sich in Schwierigkeiten befinden oder die einsam sind, und du nimmst gern eine helfende Rolle ein. Das kann dir dazu dienen, deine – in anderen gespiegelten – eigenen Probleme zu erkennen. Es ist aber möglich, daß es eine ganze Weile dauert, bis dir klar wird, daß es letztlich auch um dich selbst geht.

Mond-Aspekte im Solar

Wollen wir untersuchen, wie das Mondprinzip in einem bestimmten Jahr zum Ausdruck kommt, müssen wir die Mond-Aspekte des Solars sowie diejenigen des Geburtshoroskops betrachten. Daneben ist noch von Belang, ob zwischen den Mondstellungen dieser Horoskope Aspekte zueinander vorhanden sind.

Wenn in deinem Geburtshoroskop eine Sonne/Saturn-Konjunktion besteht, wird dies ständig Wirkung zeigen – auch wenn in einem bestimmten Jahr eine Mond/Uranus-Konjunktion im Schützen dazukommen sollte. In diesem Falle würdest du, auch wenn du ein für deine Verhältnisse wildes, freiheitsorientiertes, expansives Jahr erlebst, im Hintergrund doch immer von emotionaler Vorsicht und Zurückhaltung geprägt sein. Die Uranus-Konjunktion kann es an den Tag bringen, daß du an Situationen unterkühlt oder auf unflexible Weise, verkrampft oder gar mit Angst herangehst. Es ist denkbar, daß du in diesem Jahr erkennst, wie viele Ängste du im Alltag hast, was zur Folge haben kann, daß du auf emotionaler Ebene ein gutes Stück wächst.

Dieses Beispiel soll zeigen, wie schwierig es ist, Aspekte isoliert zu untersuchen. In der Realität sind immer die Aspekte im Zusammenspiel sowie das Geburtshoroskop in Betracht zu ziehen. Wir werden hierauf in unseren Fallbeispielen näher eingehen – wenn du diese ersten Kapitel liest, möchten wir dich bitten, daß du dies im Hinterkopf hast und daß du dir selbst Gedanken dazu machst, wie die verschiedenen Aspekte zusammenwirken könnten. Wir müssen uns an dieser Stelle darauf beschränken, zwei der vielen Prinzipien miteinander in Verbindung zu bringen.

Du mußt auch darauf achten, ob es sich um einen kritischen oder um einen harmonischen Aspekt handelt. Ein kritischer Aspekt im Solarhoroskop ist nicht von dem Ausmaß an Schmerz und Problemen begleitet wie der des Geburtshoroskops. Wenn ein Aspekt ein bestehendes Problem in den Brennpunkt rückt, gibt dir das die Gelegenheit, dich hier weiterzuentwickeln. Findet sich in deinem Solar ein kritischer Aspekt, der nicht mit einem Problem im Geburtshoroskop verbunden ist, kommt es wahrscheinlich zu einer eher positiven Auswirkung. Kritische beziehungsweise herausfordernde Aspekte zeigen im allgemeinen die konkreten Erfahrungen, während die harmonischen eher das verkörpern, was wir als gegeben hinnehmen oder allenfalls beiläufig registrieren.

Mond/Merkur-Aspekte im Solar

☽ ☿

Die Auswirkung dieser Stellung ähnelt – vielleicht auf etwas subtilere Weise – der vom Mond in den Zwillingen. Es handelt sich um ein Jahr, in dem du deine Gefühle anderen mitteilen und rational einordnen willst. Die Dinge zu verstehen und mit anderen zu reden ist jetzt von äußerster Bedeutung für dich. Du kannst damit beschäftigt sein, dich selbst und deine Antworten auf das Leben kritisch unter die Lupe zu nehmen.

Dein Geist ist aller Wahrscheinlichkeit nach wach und offen für neue Sichtweisen. Zu schreiben oder überhaupt zu kommunizieren – mental mit anderen in Beziehung zu treten –, fällt dir jetzt leicht, und es spielt keine Rolle, ob es sich dabei um eher oberflächliche oder tiefgründige Kontakte handelt.

Eine für das imaginative Denken gut geeignete Zeit. Deine Ideen sind jetzt möglicherweise sehr subjektiv und von deiner Gefühlswelt beeinflußt. Das könnte in bezug auf Gedankengänge, die auf persönlicher Erfahrung beruhen, von Vorteil sein.

Mond/Venus-Aspekte im Solar

☽ ♀

Stehen der Mond und die Venus im Kontakt zueinander, ist es denkbar, daß Beziehungen besondere Aufmerksamkeit genießen und unter einem guten Stern stehen. Freundschaften können jetzt Harmonie, Liebe, Geld, Glück, Frieden, Erfüllung und manchen anderen Nutzen bringen. Für beide Geschlechter ist mit diesem Aspekt ein gutes Verhältnis zu Frauen zu erwarten.

Wenn Mond und Venus im kritischen Aspekt zueinander stehen, könnten sich etwas weniger günstige Auswirkungen zeigen. Das basiert dann auf einem inneren Konflikt, der dich unzufrieden macht im Zusammenhang damit, was du eigentlich willst. Wenn du mit inneren Konflikten zu kämpfen hast, solltest du diese Zeit nutzen, um dir neue Ziele zu überlegen. Auch könntest du nun die Probleme überdenken, die mit deinen alten Freundschaften zu tun haben.

Mond/Mars-Aspekte im Solar

☽ ♂

Hier können wir eine ähnliche Auswirkung wie bei dem Mond im Widder beobachten. Dein Gefühlsausdruck sowie dein höchstwahrscheinlich aktives Vorgehen spiegeln deine innere Verfassung wider. Du sagt frei heraus, was du denkst, und bist wahrscheinlich launischer als sonst. Vielleicht zeigst du dich gelegentlich allzu impulsiv oder ungeduldig. Du liebst es jetzt zu diskutieren – möglicherweise mit einer starrsinnigen Haltung. Dein impulsives Eingehen auf die Dinge bringt es mit sich, daß du diese nicht bis zum Ende durchdenkst. Du solltest dich aber davor hüten, dich kopfüber in brenzlige Situationen zu stürzen. Es ist wichtig, daß du abwägst, was du sagst.

Wer schüchtern ist, kann sich in dieser Zeit tapferer als sonst zeigen und aus seiner Panzerung hervortreten. Diesem Menschen ist anzuraten, sich nicht länger selbst zu beschränken, sondern sich auf emotional authentische Weise zum Ausdruck zu bringen und mit größerer Spontanität Kontakte zu schließen.

Mond/Jupiter-Aspekte im Solar

☽ ♃

Mit dem Mond im Aspekt zu Jupiter geht eine Zeit der expansiven Emotionen einher. Du willst nun ein Gefühl der Freiheit und des Wachstums spüren, und du möchtest neue emotionale Erfahrungen machen, die dich größer werden lassen. Du steckst voller Optimismus und Hoffnungen und hast ein Gespür dafür, was die Zukunft dir bringen kann.

Vielleicht hegst du gigantische Pläne oder neigst zu bombastischen und übertriebenen Vorstellungen. Es kann auch die Tendenz bestehen, in körperlicher Hinsicht zu «wachsen» – achte auf dein Gewicht, wenn du nicht gerade zunehmen willst! Gib Obacht, daß du dich vom «süßen Leben» nicht vereinnahmen läßt! Auch Extravaganz könnte eine Gefahr darstellen. Es besteht jetzt ganz allgemein die Möglichkeit, daß es zu einer Überspannung kommt, mit einem anschließenden Zustand der völligen Erschöpfung. Auch extreme Rastlosigkeit oder eine Verkennung der Gegebenheiten sind mögliche Entsprechungen. Es kann sein, daß du dich jetzt zu großzügig zeigst und mehr versprichst, als du halten kannst.

In positiverer Hinsicht verfügst du nun über einen besonderen Beistand – eine Art Schutzengel. Vielleicht hast du besonderes Glück; deinen inneren Ahnungen solltest du jedenfalls Folge leisten. Wenn Mond und Jupiter im kritischen Aspekt zueinander stehen, darfst du deiner Intuition allerdings nicht blindlings trauen. Aber auch hier kann dir dein inneres Selbstvertrauen und dein Glaube helfen, Fortschritte zu erzielen.

Mond/Saturn-Aspekte im Solar

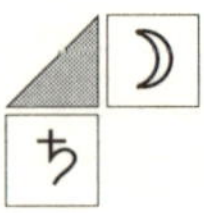

In diesem Zeitraum fühlst du dich wahrscheinlich in emotionaler Hinsicht eingeschränkt, auf irgendeine Art unsicher und auf dich selbst zurückgeworfen. Vielleicht schaffst du es nicht, dich in einer neuen Situation locker zu präsentieren, oder es bereitet dir Ängste, eine Beziehung zu beginnen. Freundschaften, die du jetzt eingehst, werden aller Voraussicht nach tief und wichtig sein und lange Zeit dauern – ihr werdet gewissermaßen nicht voneinander loskommen. Möglicherweise aber fühlst du dich in diesem Jahr einsam und nur mit dir selbst beschäftigt. Vielleicht ist es dir auch zu beschwerlich, Kontakte einzugehen, so daß du es vorziehst, für dich allein zu bleiben.

Jetzt mußt du deine beruflichen Pflichten mit deinen persönlichen Bedürfnissen in Übereinstimmung bringen. Beides braucht genügend Platz in deinem Leben – besteht ein Ungleichgewicht, mußt du einen Ausgleich vornehmen, damit du wieder zu einem gesteigerten Wohlbefinden kommen kannst. In manchen Fällen könnte das bedeuten, daß du bestehende Freundschaften im Hinblick darauf überprüfen mußt, ob sie dir und deinen Bedürfnissen noch gerecht werden – vielleicht sind sie schal geworden oder stecken in ausgefahrenen Gleisen fest. Wenn Freundschaften jetzt zu Ende gehen, solltest du nicht den Versuch machen, sie am Leben zu erhalten. Etwas Besseres wird sich bald ergeben – eine Beziehung mit jemand Neuem oder vielleicht auch eine andere Art der Verbindung mit der Person aus der alten Beziehung. Wenn du für gewöhnlich viel für andere gibst, könnte es jetzt sein, daß du dich nun zurückhältst und deine Energie für dich selbst aufbewahrst. Vielleicht ziehst du dich für eine Zeitlang zurück, denkst über die Dinge nach und setzt neue Prioritäten.

Mond/Uranus-Aspekte im Solar

Mit diesem Aspekt ist eine Zeit des emotionalen Erwachens verbunden. *Wozu* du erwachst, hängt davon ab, in welchem Haus dein Solar-Mond steht und was bezüglich deines Geburts-Mondes zu sagen ist. Zum Erwachen kommt es oft, wenn bestimmte äußerliche Ereignisse eintreten. Der Mond legt nahe, daß sich dies auf etwas Alltägliches und Gewohnheitsmäßiges beziehen wird. Vielleicht ist es notwendig, daß du aufgerüttelt wirst – vielleicht bist du auf verschiedenen Gebieten zu selbstzufrieden geworden. Wie dem auch sei – es wird sich um eine bewegte Zeit handeln, die von unvorsehbaren Vorfällen gekennzeichnet ist. Dies gilt insbesondere im Hinblick auf Beziehungen und das Alltagsleben.

In diesem Jahr könnte es zu ungewöhnlichen Freundschaften mit Menschen kommen, mit denen du normalerweise keinen Umgang hast. Du bist jetzt darauf eingestellt, Dinge eher impulsiv anzugehen – plötzlich springst du auf, um irgend etwas zu tun. Wahrscheinlich handelt es sich um ein ereignisreiches Jahr mit vielen wechselhaften Ereignissen und Überraschungen. Wenn diese Phase vorüber ist, wirst du dich verändert haben.

Probleme im Zusammenhang mit der persönlichen Freiheit oder mit den Geschlechterrollen sind denkbar. Wenn du dich nicht bereits mit dem Feminismus oder dem Kampf gegen gesellschaftliche Unterdrückung beschäftigst, könntest du jetzt hierfür tätig werden.

Es ist durchaus vorstellbar, daß du nun weniger schläfst als sonst. Deine Energie ist jetzt nach außen gerichtet und so groß wie sonst nie. Uranus geht oft mit einer Aufsplitterung einher, was zur Folge haben kann, daß du in emotionaler Hinsicht nicht mehr ausreichend geerdet bist. Ebenfalls möglich wäre es, daß du dich an einen früheren Zustand erinnerst, in dem dich eine derartige Aufsplitterung oder Erstarrung ergriffen hat. Das könnte mit einem schmerzvollen Prozeß verbunden sein, welcher dich aber letztlich zu größerer Ganzheit und Tiefe führen und dich mehr Vertrauen in dein eigenes Leben setzen lassen kann.

Mond/Neptun-Aspekte im Solar

Ein Mond/Neptun-Aspekt im Solar bedeutet in etwa eine Grundstimmung, wie sie mit dem Mond in den Fischen oder im 12. Haus gegeben ist. Deine Sensibilität und deine Vorstellungskraft sind betont, und du hast wahrscheinlich für andere viel Sympathie, Einfühlungsvermögen und Freundlichkeit übrig.

Oftmals ist diese Stellung von unklaren oder konfusen Gefühlen begleitet: Alles scheint möglich, Grenzen werden nirgends gesehen. Es besteht der starke Wunsch, sich mit anderen zu verbinden. Auf der höchsten Ebene handelt es sich um das spirituelle Bedürfnis, mit dem Göttlichen eins zu sein; im allgemeinen bedeutet es Verwirrung und Richtungslosigkeit oder daß sich der Mensch verliert. Du suchst nach dem Magischen, nach dem, was nicht von dieser Welt ist, und du unternimmst große Anstrengungen, um zumindest etwas davon in deinen Alltag zu integrieren. Wenn dir das in manchen Augenblicken gelingt, erlebst du Momente der höchsten Seligkeit.

Es handelt sich hier um mystische Erfahrungen, und für eine mystische oder spirituelle Interpretation des Lebens bist du jetzt aufgeschlossen. In deiner Suche nach einem Ideal befindest du dich allerdings in der Gefahr, dich von einem Wunschdenken oder Illusionen täuschen zu lassen. Du könntest dann meinen, das Leben brächte dir nur Desillusionierung und Frustration. Du bist jetzt verletzlich wie sonst nie.

Wenn du auf künstlerischem beziehungsweise kreativem Gebiet tätig bist, könnte es sich um eine produktive Zeit handeln. Deine künstlerischen Fähigkeiten sind jetzt besonders stark ausgeprägt, und die Welt der Phantasie und der Träume steht dir nun offen. Es kann dir Befriedigung verschaffen, wenn du selbst schöpferisch tätig wirst oder Kunstwerke betrachtest.

Mond/Pluto-Aspekte im Solar

Mit dem Mond im Aspekt zu Pluto im Solarhoroskop ist ein Zeitraum von tiefer Emotionalität gegeben. Es bestehen Parallelen zu dem Mond im 8. Haus oder im Skorpion.

Pluto beherrscht das Unbewußte, das Verborgene und Unzugängliche. In Verbindung mit dem Mond können frühkindliche Erfahrungen, die verdrängt worden sind, auf vielleicht eruptive Weise an die Oberfläche gelangen. Während dieses Jahres mag es manchmal den Anschein haben, als ob dein Leben von Ereignislosigkeit und Stagnation gekennzeichnet ist – wenn nichts geschieht und du dich depressiv und wie tot fühlst. Hier kristallisiert sich aber eine neue Lebensphase heraus, die von einer größeren Bewußtheit gekennzeichnet ist.

Eine mögliche Auswirkung wäre es, wenn du nun in einen Machtkampf mit einer Frau gerätst. Als Resultat daraus könntest du in Kontakt mit deinem Unbewußten kommen.

Jetzt beginnt vielleicht eine neue, auf irgendeine Weise komplizierte Beziehung. Durch die damit in Verbindung stehenden Gefühle erhältst du die Gelegenheit, dein Inneres besser kennenzulernen. Möglicherweise ergibt sich aber auch – wiederum mit der Gelegenheit für dich, Einblick in deine Gefühlswelt zu erhalten – innerhalb einer bereits bestehenden Partnerschaft eine problematische Zeit. Die Aspekte – insbesondere die kritischen – von Mond und Pluto gehen oft mit Extremen einher. Du könntest in eine intensive und leidenschaftliche Affäre verwickelt, genausogut aber isoliert und allein sein. In beiden Fällen wirst du Genaueres über dich und deine inneren Bedürfnisse erfahren.

In dieser Zeit wirst du aller Wahrscheinlichkeit nach radikale Veränderungen vornehmen. Alles, was in deinem alltäglichen und persönlichen Leben nicht optimal für dich läuft, bringt dich jetzt auf. Die Veränderungen, die du unternimmst, sind umfassend und werden weitreichende Folgen haben. Bei einer Frau ist mit dieser Planetenverbindung auch angesprochen, wie sie sich selbst sieht und womit sie sich identifiziert. In jedem Falle gilt: Unbefriedigtsein führt zu Veränderungen, welche von Gefühlen der Verzweiflung und der Depression begleitet sein können. Aus diesen eher dunklen Abschnitten geht aber schließlich neues Leben hervor. Je mehr du dich der Veränderung widersetzt und an überkommenen und unbefriedigenden Situationen festhältst, desto schmerzhafter wird diese Zeit beziehungsweise der Versuch, Neues zu verhindern, für dich sein. Etwas muß sterben, damit dann etwas Neues geboren werden kann.

5

Andere Überlegungen bei der Interpretation von Solaren

In diesem Kapitel werden wir uns damit beschäftigen, wie man die verschiedenen Faktoren des Solarhoroskops gegeneinander aufwiegt und in eine Synthese bringt sowie damit, wie man die Aspekte zwischen dem Solarhoroskop und dem Geburtshoroskop interpretiert. Zunächst aber werden wir die Bedeutung der anderen persönlichen Planeten – Merkur, Venus und Mars – im Solar studieren.

Merkur im Solar

Merkur symbolisiert die Art und Weise, wie du denkst und lernst, wie du die Dinge wahrnimmst und wie du kommunizierst. Im Solarhoroskop müssen wir in Betracht ziehen, in welchem Zeichen und in welchem Haus er steht und an welchen Aspekten er beteiligt ist.

Das **Zeichen** verdeutlicht die Art, wie du denkst und lernst und wie du an die Dinge herangehst, die damit in Zusammenhang stehen. Merkur wird sich im Solar häufig in dem Zeichen befinden, in dem er auch zum Zeitpunkt der Geburt stand. Das ist von großer Bedeutung – es heißt, daß du in mentaler Hinsicht in diesen Jahren auf vertraute Art und Weise «funktionierst». Ist eine andere Stellung gegeben, heißt das, daß die Merkur-Funktion auf eine dir nicht vertraute Weise in Erscheinung tritt, was gewisse Schwierigkeiten mit sich bringen kann. Wenn Merkur in deinem Sonnen-Zeichen steht, heißt das vielleicht, daß du in erster Linie damit beschäftigt bist, etwas über dich selbst zu lernen.

Das **Haus**, in dem Merkur steht, zeigt, in welchem Bereich des Lebens du lernst, womit dein Geist beschäftigt und was deine Motivation zu lernen ist. Wenn zum Beispiel Merkur im 8. Haus steht, könnte es sein, daß das Lernen deine Sexualität – auf welche Weise auch immer – stimuliert oder daß Sexualität ein Anreiz für dich ist zu lernen.

Aspekte zum Merkur im Solarhoroskop können auf die gleiche Weise wie die Aspekte im Geburtshoroskop interpretiert werden – wobei wir nicht vergessen dürfen, daß erstere nur für ein Jahr gelten und keine schwerwiegenden Probleme verursachen. Im großen und ganzen wirken sich diese Aspekte auf positive Weise aus – wenn nicht andere Faktoren Probleme bedeuten. In den meisten Fällen stehen Konjunktionen, Quadrate und Oppositionen mit etwas Konkretem in Zusammenhang, das in diesem Jahr offensichtlich von Wichtigkeit ist. Diese sind aber nicht so problematisch, wie Aspekte im Geburtshoroskop es sein können.

Venus im Solar

♀

Die Venus im Solar bringt durch ihre Stellung in einem **Zeichen** zum Ausdruck, wie wir Verbindungen herstellen – wie wir unser Bedürfnis zeigen, mit anderen in Kontakt zu kommen. Diese Stellung zeigt, was wir in diesem Jahr von unseren Beziehungen erwarten – vielleicht in Zusammenhang damit, daß wir uns eines Mangels bewußt geworden sind. Mit der Venus im Krebs ist beispielsweise das Bedürfnis gegeben, mit Menschen zusammenzusein, mit denen man etwas gemeinsam hat oder mit denen man sich auch ohne viel Worte versteht. In diesem Fall besteht der Wunsch nach einem «einfachen» Beisammensein – zum Beispiel eine Tasse Tee zu trinken, ohne daß viele Worte gemacht werden müßten. In Abhängigkeit davon, ob du solche Kontakte hast oder nicht, wird sich dieses Jahr als befriedigend und erfüllend oder als belastend und einsam herausstellen. Wenn du nicht über genügend Verbindungen verfügst, wirst du in diesem Jahr die Situation zu verbessern suchen. Die Aspekte, die zur Venus bestehen, bringen zum Ausdruck, wie einfach oder schwierig dieser Prozeß sein wird.

Wie Merkur steht auch die Venus im Solar häufig im gleichen Zeichen wie im Geburtshoroskop. In diesem Falle ist sie ebenfalls «zuhause» – das Venus-Prinzip kommt dann auf vertraute Art und Weise zum Ausdruck. Das kennzeichnet angenehme Phasen im Lauf der Jahre. Steht die Venus in einem anderen Zeichen, kommt es beim Ausdruck dieses Prinzips zu gewissen Problemen. Befindet sie sich im Sonnen-Zeichen, werden Liebe und Beziehungen mit der Realisierung und dem Ausdruck deiner Individualität verknüpft sein. Oder die Liebe wird Probleme bezüglich deiner Identität lösen helfen.

Das **Haus**, in dem sich die Venus befindet, zeigt, welcher Lebensbereich dir am meisten Freude und Glück bringen wird. Mit der Venus im 5. Haus zum Beispiel wirst du das Bedürfnis haben, dich zu vergnügen und gerne auf Partys gehen und flirten.

Aspekte im Solarhoroskop zur Venus sollten – wie die zum Merkur – nicht überinterpretiert werden. Zum Beispiel kann eine Venus/Saturn-Konjunktion bedeuten, daß in einer Beziehung eine Verpflichtung eingegangen wird – daß Liebe jetzt gewissermaßen auch Pflichten mit sich bringt. Eher problematische Auswirkungen bezüglich des Venus/Saturn-Prinzips können aber nicht aus dem Solarhoroskop allein abgeleitet werden.

Mars im Solar

♂

Mars im Solar zeigt durch sein **Zeichen**, wie du dich deiner selbst versicherst – die Art und Weise, wie du an die Dinge herangehst. Die **Haus**stellung verdeutlicht, in welchem Lebensbereich du dich deiner selbst versichern wirst; sie zeigt, wo du aktiv bist. Der vom Haus symbolisierte Lebensbereich macht deutlich, wo deine Energie in erster Linie zum Ausdruck kommt – wobei es sich um einen Bereich von Konflikten handeln kann.

Die **Aspekte** modifizieren den Ausdruck des Mars-Prinzips. Sie färben die Art und Weise, wie Mars in Erscheinung tritt. Ein Beispiel: Eine Konjunktion von Mars und Neptun im Steinbock im 2. Haus könnte jemanden kennzeichnen, der viel Arbeit und Energie dafür aufbringt, einen Traum in die Wirklichkeit umzusetzen. Der betreffende Zeitraum ist vielleicht geprägt von einer besonderen Inspiration, die für etwas Großes eingesetzt wird, wobei auf innere Talente zurückgegriffen und vielleicht auch viel Geld verdient werden kann. Der Erfolg führt möglicherweise zu einem gesteigerten Selbstbewußtsein und zum Gewahrwerden der eigenen inneren Quellen.

Die Fallstudien in Kapitel 8, 9 und 10 zeigen, wie bei der Interpretation von Solarhoroskopen vorzugehen ist.

Aspekte zwischen den Planeten des Solar- und des Geburtshoroskops

Aspekte, die zwischen den Planeten des Solars und den Planeten und den Eckpunkten des Geburtshoroskops bestehen, sind von großer Bedeutung. Das gilt insbesondere dann, wenn Aspektmuster des Geburtshoroskops angesprochen werden. Wir empfehlen, nur einen kleinen Orbis – höchstens drei Grad – zuzulassen. Unser Augenmerk gilt vor allem der Konjunktion, dem Quadrat und der Opposition. Bei der Interpretation des Solars muß man die wichtigsten Themen des Geburtshoroskops im Kopf haben – auf diesen muß die Analyse beruhen. Je genauer du abschätzen kannst, wie sich das Geburtshoroskop auswirkt, desto klarer wird das Bild sein, das du vom kommenden Jahr entwirfst. Das Solarhoroskop basiert auf einer ähnlichen Technik wie der Synastry-Vergleich.* Allerdings geht es beim Solar darum, die kosmischen Einflüsse für ein bestimmtes Jahr in Beziehung zu einer bestimmten Person zu setzen. Wenn du diesen Vergleich anstellst, mußt du dir viele Gedanken über die Ausgangssituation der Person – mit anderen Worten: über das Geburtshoroskop – machen.

Wir werden einige mögliche Auswirkungen von Aspekten zwischen dem Solar und dem Geburtshoroskop erläutern. Die damit verbundenen Effekte sind mitunter von eher subtilem Einfluß und treten erst auf den zweiten Blick hervor; sie wirken unter der Oberfläche und stützen die augenfälligeren Momente. Unsere Interpretationen müssen immer im Zusammenhang mit der Person beziehungsweise dem Geburtshoroskop gesehen werden. Wir hoffen, daß das, was wir sagen, dein Denken stimulieren kann.

Im *Solarhoroskop* zeigt ein Planet, auf welche Art und Weise das betreffende Prinzip in dem betreffenden Jahr zum Ausdruck kommt; am *Geburtshoroskop* ist abzulesen, vor welchem Hintergrund der Solar-Planet zu interpretieren ist.

* Die Synastrie-Technik basiert auf dem sogenannten Partnerschaftsvergleich, bei dem zwei Horoskope in Beziehung zueinander gesetzt werden – wenn zum Beispiel die Geburts-Venus aus einem Horoskop im Quadrat zum Geburts-Mars eines anderen steht.

Aspekte vom Solarhoroskop zum Geburts-Mond

Wenn ein Solar-Planet auf den Mond des Geburtshoroskops fällt, wird er hintergründig von dem beeinflußt, was der Mond symbolisiert. Das würde heißen, daß deine Gefühlswelt und deine spontanen Reaktionen die Quelle bilden, von der aus der Planet des Solars seinen Ausdruck nimmt.

Ein Aspekt zwischen dem Solar und dem Geburts-Mond ist in hohem Maße aussagekräftig. Er zeigt ein Jahr an, in dem Sicherheit und Wohlergehen für dich besonders wichtig sind. Ob du dich wirklich irgendwo «zuhause» fühlst und in dir selbst ausgeglichen bist, wird sich jetzt herausstellen. In Abhängigkeit davon, wie weit du deinen Bedürfnissen gerecht werden kannst – was auch heißt, wie weit du dich selbst akzeptierst –, wird diese Zeit entweder Belohnungen und Glück bringen oder dir Lektionen in bezug darauf erteilen, dich selbst anzunehmen.

Wenn der **Solar-Merkur** den Geburts-Mond aspektiert, hast du vielleicht den Wunsch, über deine Gefühle, Gewohnheiten und spontanen Reaktionen zu reden oder nachzudenken. Deine Gedanken sind in dieser Phase wahrscheinlich sehr subjektiv. Wenn du etwas schreibst, tust du dies auf sehr imaginative Weise.

Aspekte zwischen der **Solar-Venus** und dem Geburts-Mond zeigen, daß für dich in deinen Beziehungen jetzt Sicherheit das Wichtigste ist. Freundschaften werden im Hinblick darauf, ob sie deinen emotionalen Bedürfnissen gerecht werden, beurteilt. Du selbst machst jetzt auf andere einen sympathischen und anteilnehmenden Eindruck.

Steht der **Solar-Mars** in Verbindung mit dem Geburts-Mond, kann das heißen, daß du zu emotionalen Ausbrüchen neigst. Die impulsive Mars-Energie ist jetzt mit dem Mond-Prinzip verknüpft, das mit den Instinkten, den Gewohnheiten und dem Bedürfnis nach Sicherheit zusammenhängt. Es wäre denkbar, daß du nun dazu tendierst, dich zu Hause (Mond) deiner selbst zu vergewissern

(Mars). Du verfügst jetzt in stärkerem Maße als sonst über die Fähigkeit, das einzufordern, was du brauchst – die Dinge, die auf dein Selbstgefühl und dein inneres Wohlbefinden einen fördernden Einfluß ausüben.

Der Mars symbolisiert auch die sexuelle Energie. Das heißt, daß dein Bedürfnis nach emotionaler Sicherheit und Geborgenheit die Quelle darstellt, von der dein sexuelles Verlangen ausgeht. Deine Sexualität und deine Gefühlsnatur stehen jetzt in Verbindung zueinander. Wenn sie normalerweise nichts miteinander zu tun haben, könnte das bedeuten, daß du dich in diesem Jahr in sexueller Hinsicht gefühlvoller und verletzlicher als sonst zeigst.

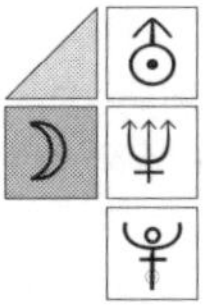

Wenn einer der **äußeren Planeten** des Solars im Aspekt zum Geburts-Mond steht, handelt es sich um einen Transit zum Mond, der auf herkömmliche Weise interpretiert werden kann. Das Solarhaus beziehungsweise die Solarhäuser, in denen der Aspekt zum Tragen kommt, bringt beziehungsweise bringen zum Ausdruck, in welchem Lebensbereich sich der Aspekt manifestieren wird.

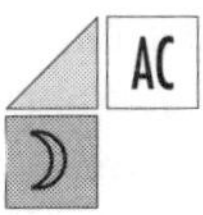

Wenn der **Solar-Aszendent** auf dem Geburts-Mond steht, reagierst du mit großer Spontanität auf das, was um dich herum vorgeht. Man wird dir anmerken, was dich beschäftigt – manchmal wirst du dich wie auf einem Präsentierteller fühlen. Auch dürftest du jetzt von außerordentlich großer Verletzlichkeit sein. Jetzt ist eine gute Zeit, Kontakte zu anderen herzustellen, denen es ähnlich geht. Du zeigst in hohem Maße Mitleid und Sympathie, und als Antwort darauf werden deine Mitmenschen dir in gleicher Weise begegnen.

Mit dem **Solar-IC** auf dem Geburts-Mond ist dir dein inneres Sicherheitsbedürfnis von vorrangiger Wichtigkeit. Du zeigst dich jetzt unzugänglich und in höchstem Maße auf dich selbst konzentriert – an deinem Inneren läßt du nur die teilhaben, bei denen du dich sicher fühlst. Jetzt handelt es sich um eine Zeit, in der du über die Vergangenheit und die frühere familiäre Situation nachdenken kannst.

Der **Solar-Deszendent** in Konjunktion zum Geburts-Mond kann ein gesteigertes Bedürfnis nach Geselligkeit sowie die Gefahr der Abhängigkeit bedeuten. Du bist in deinen Beziehungen jetzt sensibler als sonst, und der gefühlsmäßige Kontakt zu deinen Freunden ist dir sehr wichtig. Für diejenigen, die eine öffentliche Funktion bekleiden, kann diese Stellung in bezug auf ihr Ansehen günstig sein.

Das **Solar-MC** auf dem Geburts-Mond ist eine außerordentlich gute Stellung für geschäftlichen Erfolg und für öffentliches Auftreten. Auf persönlicherer Ebene befinden sich vor allem die berufliche Laufbahn sowie die allgemeinen Lebensziele im Blickpunkt.

Aspekte vom Solarhoroskop zum Geburts-Merkur

Fällt ein Planet des Solarhoroskops auf den Merkur des Geburtshoroskops, wird er gefärbt durch das Bedürfnis zu kommunizieren und zu analysieren.

Wenn der **Solar-Mond** im Aspekt zu deinem Geburts-Merkur steht, präsentierst du deine Ideen, Meinungen und Überzeugungen mit Nachdruck. In einem Ausmaß wie zu keiner anderen Zeit wird das, was du sagt, von anderen angenommen. Das hängt damit zusammen, daß du auch für das, was andere sagen, empfänglich bist – und die anderen wiederum helfen dir, deine Äußerungen in angemessener Form vorzubringen. Eine gute Zeit für kreative Auseinandersetzungen jeder Art – besonders hilfreich für diejenigen, die dies beruflich nutzen können. Alle Verbindungen zwischen Mond und Merkur begünstigen das imaginative Schreiben.

Wenn der **Solar-Merkur** im Kontakt zum Geburts-Merkur steht, kannst du deine Ideen mit Leichtigkeit zum Ausdruck bringen. Dein Verstand arbeitet gut und du bist gerüstet, deine Ziele in Angriff zu nehmen und deine Projekte voranzutreiben.

Steht die **Solar-Venus** im Aspekt zum Geburts-Merkur, erhoffst du dir Zufriedenheit und Glück, wenn du das Merkur-Prinzip, wie es in deinem Geburtshoroskop angelegt ist, zum Ausdruck bringst. Vielleicht macht es dir jetzt besondere Freude zu schreiben, nachzudenken, zu reden oder einen Ideenaustausch zu betreiben. Du fühlst dich zufrieden, wenn du deinen Verstand gebrauchen und mit Hilfe von Ideen Verbindungen herstellen kannst.

Der **Solar-Mars** im Aspekt zum Geburts-Merkur bedeutet für gewöhnlich, daß du dich deiner selbst durch deine Meinungen vergewissern willst. Eine gute Zeit, um Fortschritte zu erzielen, die auf deinen Überzeugungen beruhen, und um den Leuten zu sagen, was du wirklich denkst. Jetzt kommunizierst du auf kraftvolle und dynamische Weise. Taktvoll oder diplomatisch gehst du nicht vor – du bist impulsiver und ungeduldiger als sonst. Du könntest jetzt gut an Diskussionsrunden oder Wettkämpfen teilnehmen. In Situationen, die ein schnelles Handeln erfordern, findest du dich gut zurecht.

Mit dem **Solar-Aszendenten** auf deinem Geburts-Merkur identifizierst du dich mit deinen Ideen und Meinungen. Mit dieser Stellung ist es für dich wichtiger denn je zu sagen, was du denkst. Vielleicht schreibst du, um deine Ideen zum Ausdruck zu bringen.

Wenn das **Solar-IC** auf deinen Geburts-Merkur fällt, bedeutet das eine innere Reflektion der Vergangenheit – vielleicht in der Form, daß du nachforschst, wer deine Ahnen gewesen sind. Du wirst dazu neigen, deine Gedanken und deine Ansichten für dich zu behalten. Möglicherweise schreibst du in dieser Zeit viel zuhause.

Der **Solar-Deszendent** auf deinem Geburts-Merkur bringt zum Ausdruck, daß der Meinungsaustausch mit Freunden und Partnern von besonderer Wichtigkeit ist. Kommunikation – in welcher Form auch immer – steht nun im Vordergrund. Wer beruflich mit ihr zu tun hat, erlebt eine Zeit, in der die Geschäftspartner zuhören und in der Fortschritte erzielt werden können.

Mit dem **Solar-MC** in Konjunktion zum Geburts-Merkur bist du wahrscheinlich auf irgendeine Art damit beschäftigt, mit der Welt zu kommunizieren. Das könnte durch Literatur, öffentliches Reden oder eine Lehrtätigkeit geschehen. Jetzt ist es von besonderer Bedeutung, Verbindungen herzustellen und einen Austausch zu begründen. Eine mögliche Entsprechung wäre es, Reisen in der näheren Umgebung zu machen oder Handel zu treiben.

Aspekte vom Solarhoroskop zur Geburts-Venus

Die Verbindung zwischen der Geburts-Venus und einem Planeten des Solars bedeutet eine hintergründige Färbung in bezug auf Charme, Vergnügungen, Muße, Beziehungen, Anerkennung und Werturteile.

Ist ein Aspekt zwischen dem **Solar-Mond** und der Geburts-Venus vorhanden, steht der Wunsch nach Glück, Frieden, Erfüllung und harmonischen Beziehungen im Vordergrund. Charmante und liebevolle Menschen ziehen dich jetzt an – umgekehrt strahlst du ähnliche Eigenschaften aus. Du fühlst dich mit dir selbst jetzt glücklicher.

Stehen der **Solar-Merkur** und die Geburts-Venus in Verbindung miteinander, lernst du dich im Laufe des betreffenden Jahres im Hinblick auf die Liebe besser kennen. Wahrscheinlich sprichst du jetzt aus, was du willst und was dir wichtig ist. Mit anderen trittst du auf angenehme und harmonische Weise in Beziehung. Es könnte sich um eine Zeit handeln, in der du dich auf künstlerische Art zum Ausdruck bringst.

Wenn die **Solar-Venus** deine Geburts-Venus aspektiert, wirst du auf eine dir vertraute Weise Kontakte herstellen. Als Resultat zeigst du dich von anziehenderem und selbstsichererem Wesen denn je. Dich mit anderen zu verbinden und Geselligkeit zu genießen ist dir jetzt ein Herzensbedürfnis. In dieser Zeit fühlst du dich ganz als liebendes Wesen, und Freundschaften und Beziehungen bedeuten dir jetzt alles. Wenn du dazu neigst, dich mit dem Konkreten und Materiellen auseinanderzusetzen, erfährt diese Beschäftigung in diesem Jahr eine Verstärkung.

Mit dem **Solar-Mars** im Kontakt zur Geburts-Venus könnte die schöne Gabe verbunden sein, dich mit Charme und einer diplomatischen, gewinnenden Art zu zeigen. In dieser Phase wirst du große sexuelle Anziehungskraft besitzen und ein strahlendes Charisma entfalten. Ein Jahr, das Popularität mit sich bringen kann – insbesondere bei all denen, die dich sexuell anziehend finden.

Fällt der **Solar-Aszendent** auf deine Geburts-Venus, präsentierst du dich von deiner angenehmsten und gefälligsten Seite. Das Leben läuft jetzt glatt und harmonisch, und dein Augenmerk gilt insbesondere deinen Beziehungen.

Mit dem **Solar-IC** auf deiner Geburts-Venus bist du in harmonischer Weise mit dir selbst und deinem häuslichen Leben beschäftigt. Du schätzt die angenehme und vertraute Atmosphäre deines Heimes, und vielleicht neigst du mehr als sonst zu Unterhaltung und Amüsement.

Wenn der **Solar-Deszendent** in Konjunktion zur Geburts-Venus steht, sind alle Verbindungen und Freundschaften von besonderer Wichtigkeit. Du möchtest jetzt mit anderen eine harmonische und vergnügliche Zeit erleben, und du zeigst dich möglicherweise von außerordentlich geselligem Wesen. In Abhängigkeit davon, wie es um deine Beziehungen bestellt ist, könnten sich Veränderungen ergeben. In einer Liebesbeziehung glücklich zu sein hat in diesem Jahr für dich Priorität.

Das **Solar-MC** auf deiner Geburts-Venus bedeutet ein Jahr, in dem du die Welt wunderschön findest und Glück und Zufriedenheit ausstrahlst. Glück könntest du auch im Hinblick auf materielle Dinge haben. Für diejenigen, die berufsbedingt mit Kunst und Kreativität zu tun haben, handelt es sich um eine sehr angenehme Zeit, die Belohnungen und Anerkennung mit sich bringt.

Aspekte vom Solarhoroskop zum Geburts-Mars

Fällt ein Planet des Solars auf den Mars des Geburtshoroskops, verleiht dies einen hintergründigen Einfluß von Selbstbehauptung, Willen, Antriebskraft und sexueller Energie. In diesem Fall kommt der Planet auf dynamischere und aktivere Weise zum Ausdruck. Auch Konkurrenzdenken und Ungeduld sind möglich.

Wenn der **Solar-Mond** in Verbindung mit dem Geburts-Mars steht, kannst du dich auf emotionale Ausbrüche und Stimmungsschwankungen einstellen. Deine Gefühlsnatur ist jetzt mit einer starken Dynamik beladen – deine Gefühle und Emotionen sind leidenschaftlicher denn je. Was persönliche Bedürfnisse angeht, zeigst du dich von unverblümter Offenheit – du sprichst aus, was du denkst.

Mit einem Aspekt zwischen dem **Solar-Merkur** und dem Geburts-Mars lernst du besser zu verstehen, was dich ärgerlich macht. Du kannst jetzt erkennen, was hinter deinen Reaktionen steckt. In größerem Ausmaß als sonst bist du fähig, darüber zu diskutieren, was dich frustriert, und dich deiner selbst zu vergewissern.

Mit der **Solar-Venus** im Aspekt zum Geburts-Mars könnte ein Jahr mit starkem sexuellem Verlangen beziehungsweise ein leidenschaftliches Interesse an Liebe verbunden sein. Du wirst fordern (Mars), akzeptiert zu werden (Venus), einen aggressiven (Mars) Charme (Venus) ausstrahlen oder Zuneigung (Venus) gewinnen (Mars). Deine wettbewerbsorientierte Seite verbirgt sich jetzt hinter einer akzeptierten und angenehmen Fassade, was dir mancherlei Erfolge ermöglicht, weil die anderen sich nicht von dir herausgefordert fühlen.

Wenn der **Solar-Mars** mit dem Geburts-Mars im Aspekt steht, erfährt die Art und Weise, wie du dich normalerweise zum Ausdruck bringst und an die Dinge herangehst, eine besondere Betonung. In Abhängigkeit davon, um welchen Aspekt es sich handelt, wirst du neue und riskante Aktivitäten unternehmen – um deinen Mut auf die Probe zu stellen, oder aus einem Gefühl des gesteigerten Selbstbewußtseins und Selbstvertrauens heraus. In jedem Fall ist dein Energiepegel jetzt außerordentlich hoch.

AC ♂

Der **Solar-Aszendent** auf dem Geburts-Mars zeigt an, daß du in hohem Maße auf Wettbewerb und Konkurrenz eingestellt bist. Auf welchem Gebiet du in Wettbewerb trittst, hängt von den anderen Faktoren ab. Du machst jetzt von dir reden und erregst Aufsehen. Eine Zeit, in der du von Selbstsicherheit erfüllt bist und du dich vorwärtskatapultierst. Es macht dir jetzt Spaß, Risiken einzugehen – du genießt die Herausforderung.

IC ♂

Mit dem **Solar-IC** in Konjunktion zum Geburts-Mars ist deine Fähigkeit, dich zu behaupten, eher nach innen gerichtet. Wenn dich jetzt etwas langweilt oder aufregt, machst du das in deinem Inneren ab, ohne daß andere davon etwas merken. Du neigst nun zu subversiven Handlungen und bevorzugst es, auf indirekte und hintergründige Weise vorzugehen. Die Zeit eignet sich gut dafür, in psychologischer Hinsicht Risiken auf dich zu nehmen und in emotionalen Situationen entschieden zu handeln. Das Schlagwort dieser Phase könnte lauten: Selbstbestätigung im Zuhause.

DC ♂

Der **Solar-Deszendent** auf dem Geburts-Mars bedeutet temperamentvolle und leidenschaftliche Kontakte – auch auf sexuellem Gebiet. Du möchtest, daß deine Freunde deine Eigenheiten akzeptieren, was zu gewissen Problemen führen könnte. Jetzt kannst du – sowohl in körperlicher als auch in geistiger Hinsicht – gut mit anderen in Wettstreit treten. Tennis oder Squash wären nun ideale Betätigungen für dich.

MC ♂

Das **Solar-MC** auf dem Geburts-Mars bringt ein Jahr, das von Selbstbehauptung in der Welt gekennzeichnet ist. Du hinterläßt nun deine Spuren. Jetzt kannst du in deinem Beruf Risiken eingehen – du bist mutig und wagemutig wie nie zuvor. Alle Veränderungen und Unternehmungen, die du in Angriff nimmst, haben eine gute Chance auf Erfolg.

Aspekte vom Solarhoroskop zum Geburts-Jupiter

Wenn ein Planet des Solarhoroskops in Verbindung mit dem Jupiter des Geburtshoroskops steht, erfährt der Ausdruck des ersteren eine Intensivierung – was Wachstum oder auch Übertreibung beziehungsweise eine Art Inflation der Persönlichkeit bedeuten kann. Es besteht jetzt die Gelegenheit für dich, etwas Neues zu entwickeln. Vielleicht kommt es zu einem größeren philosophischen oder religiösen Verständnis oder überhaupt zu einer gesteigerten Wahrnehmung. Das hängt davon ab, wie sich Jupiter für gewöhnlich in deinem Leben auswirkt, und welcher Planet des Solars nun in Verbindung zu ihm steht. Deine Intuition kann dir wertvolle Dienste leisten. Wenn du deinen Ahnungen traust, kann dir das Glück und Zufriedenheit bringen.

Steht der **Solar-Mond** in Verbindung zu dem Geburts-Jupiter, kann das eine Art von Schutz bedeuten. Der Ausdruck deiner Gefühle dürfte dir in diesem Jahr, das von emotionalem Reichtum und Überfluß gekennzeichnet ist, leichtfallen. Du zeigst dich großzügig und warmherzig und stellst fest, daß andere dir auf gleiche Weise entgegenkommen.

Der **Solar-Merkur** im Aspekt zum Geburts-Jupiter zeigt, daß dein Geist wach und neugierig ist und das geistige Anregung dir in diesem Zeitraum viel bedeutet. Dein Denken kann jetzt eine philosophische Ausrichtung annehmen. Vielleicht fühlst du dich jetzt rastlos. Du brauchst in dieser Phase viel Bewegung – in diesem Zusammenhang ist an körperliche Aktivitäten wie Tanz oder Tai Chi oder an Reisen zu interessanten Orten zu denken.

Mit Aspekten zwischen der **Solar-Venus** und dem Geburts-Jupiter erlebst du eine gesteigerte Liebesfähigkeit. Du hast jetzt die Möglichkeit, viel Glück – woraus dieses auch resultieren mag – in deinem persönlichen Leben zu erfahren. Auf der anderen Seite kann sich ein Gefühl der Unzufriedenheit in dir ausbreiten, was vielleicht zu einem rastlosen Streben führt, dein Liebesleben zu verbessern. Es handelt sich um eine Zeit, in der du viel mit anderen zusammenbist.

Mit einer Venus/Jupiter-Verbindung besteht ein besonderes Gefühl des Wohlbefindens. Wahrscheinlich fühlst du dich jetzt – mit einer Tendenz, die Dinge zu übertreiben – entspannter als sonst. Betont der Aspekt die Erdzeichen, ist eine Gewichtszunahme möglich. Wenn du das nicht beabsichtigst, solltest du hier Vorsicht walten lassen. Was Geld angeht, kann sich diese Verbindung als positiv herausstellen – vielleicht bedeutet sie gesteigerte Einnahmen. Allerdings neigst du auch dazu, mehr auszugeben und auf luxuriösere Weise als sonst zu leben. Du könntest jetzt mehr Geld ausgeben als du verdienst.

Steht der **Solar-Mars** im Aspekt zum Geburts-Jupiter, nimmst du – in psychischer oder physischer Hinsicht – viele Risiken auf dich. Du trittst allen Hindernissen auf deinem Weg aufrecht entgegen und stellst dich in jeder Beziehung den Herausforderungen des Lebens. Das Glück könnte auf deiner Seite sein – riskiere also etwas! Wenn du Wagnisse eingehst, verspürst du einen Nervenkitzel. Aller Wahrscheinlichkeit nach hast du jetzt keine Geduld – in Situationen, in denen diese erforderlich wäre, fühlst du dich unwohl. Du zeigst dich in dieser Lebensphase temperamentvoll und begeisterungsfähig. In Situationen, die ein entsprechendes Vorgehen erfordern, kannst du dich auszeichnen.

Wenn der **Solar-Aszendent** auf den Geburts-Jupiter fällt, bedeutet das, daß die Art und Weise, wie Jupiter für gewöhnlich in deinem Leben wirkt, nach außen hin sichtbar wird. Das heißt, daß du dich wahrscheinlich in höchstem Maße optimistisch und expansiv zeigen und auf andere einen positiven und selbstzufriedenen Eindruck machen wirst. Vielleicht sieht man dich in diesem Jahr als Philosoph. Ebenfalls denkbar wäre, daß dich ein Gefühl der Rastlosigkeit erfüllt. Dieses könnte dir neue Ziele aufzeigen – zum Beispiel eine Reise ins Ungewisse oder die Beschäftigung mit etwas vollständig Neuem.

Mit dem **Solar-IC** auf dem Geburts-Jupiter willst du Wachstum und Expansion für dich allein und in dir selbst vollziehen. Dies könnte im wahrsten Sinne des Wortes bedeuten, daß du in ein größeres Haus ziehst oder das Bedürfnis verspürst, unter weiten Horizonten herumzustreifen. Eine weitere Entsprechung wäre das Vordringen auf unerforschtes Gebiet innerhalb deiner Psyche. In diesem Fall würde dein innerer Raum (das IC) eine Erweiterung (Jupiter) erfahren.

Der **Solar-Deszendent** in Konjunktion zum Geburts-Jupiter bedeutet Glück im Kontakt mit anderen. Du zeigst dich großzügig und ziehst die Großzügigkeit der anderen an. Vielleicht begegnest du jemandem, der dich etwas Wichtiges lehrt, oder du lehrst andere etwas. Du magst eine Person aus einem anderen Kulturkreis treffen oder dich von einer anderen Kultur angezogen fühlen, was eine wichtige Lektion für dich bedeuten kann.

Wenn das **Solar-MC** auf deinen Geburts-Jupiter fällt, wird der Verlauf des Jahres von jupiterhafter Art sein. Dies ist ein Anzeichen dafür, daß etwas Neues beginnt, was die Richtung deines Lebens beeinflussen wird. Es könnte sich dabei um berufliche Entwicklungen handeln oder darum, daß sich deine Lebensziele verändern. Möglicherweise verfolgst du in diesem Jahr mehrere Ziele. Es ist anzunehmen, daß du jetzt eine Phase der Zufriedenheit erlebst und daß sich jetzt günstige Gelegenheiten ergeben, die du für dauerhafte Entwicklungen nutzen mußt. Sonst besteht die Gefahr, daß es bei einem Strohfeuer bleibt.

Aspekte vom Solarhoroskop zum Geburts-Saturn

Wenn ein Planet des Solars zu dem Saturn des Geburtshoroskops im Aspekt steht, wird die Energie des ersteren strukturiert und konsolidiert.

Das mit dem Solar-Planeten verbundene Prinzip wird auf ernste und konzentrierte Weise zum Ausdruck gebracht, womit ein Gefühl des Eingeschränktseins oder der Begrenzung einhergehen kann. Dein Sinn für Verantwortung und für Pflichten prägt den Ausdruck des Solar-Planeten. Du hast den Wunsch, den hiermit in Verbindung stehenden Bereich zu kontrollieren und zu beherrschen. Um das zu erreichen, bist du bereit, dich einzuschränken und hart und diszipliniert zu arbeiten. Du verspürst den Wunsch und den Ehrgeiz, es zu etwas zu bringen.

In Verbindung mit dem Planeten, der im Aspekt zum Geburts-Saturn steht, können jetzt Angelegenheiten der Vergangenheit aufsteigen. Handelt es sich um den Mond, wird die Kindheit wieder zum Thema werden, bei Venus sind es alte Liebschaften usw. Hier geht es darum, über die Vergangenheit noch einmal nachzudenken.

Jetzt mußt du dich der Arbeit stellen. Es ist erforderlich, daß du die Art und Weise, wie der betreffende Planet in deinem Leben zum Ausdruck kommt, überdenkst und Konsequenzen ergreifst. Du mußt Bilanz ziehen und dann diesen Ausdruck so gestalten, daß er dir besser entspricht.

☽ ♄

Mit einem Aspekt zwischen dem **Solar-Mond** und dem Geburts-Saturn ist der Ausdruck deiner Emotionen wahrscheinlich gehemmt – du zeigst dich möglicherweise schüchtern und im sozialen Umgang unbeholfen. Du hast das Bedürfnis, Zeit für dich allein zu verbringen und deinen Blick auf dich selbst zu richten. Oberflächliche Kontakte sind dir jetzt ein Greuel – sie geben dir die Empfindung, einsam und ohne jede Verbindung zu sein. In dieser Zeit sehnst du dich nach innerer Sicherheit und Wohlbefinden. Deine Kontakte müssen tief und intensiv sein, um dich zu befriedigen.

☿ ♄

Wenn der **Solar-Merkur** und der Geburts-Saturn im Aspekt zueinander stehen, bist du zu großer geistiger Ausdauer fähig. In dieser Zeit kannst du dich gut auf Prüfungen vorbereiten. Dein Denken ist diszipliniert, ernsthaft, logisch und tiefgründig. Es besteht die Möglichkeit, zu tiefen Einsichten zu gelangen.

♀ ♄

Die **Solar-Venus** im Aspekt zum Geburts-Saturn könnte das Eingehen einer Verpflichtung in einer Beziehung bedeuten. Vielleicht bist du jetzt auch, was Freundschaften angeht, von größerer Verletzlichkeit und mehr auf dich selbst konzentriert als sonst. Liebe ist jetzt etwas Ernsthaftes für dich, und du fühlst das Bestreben, deine Verbindungen auch formell sichtbar werden zu lassen. Eine Phase, die von tiefen Gefühlen, Loyalität und gegenseitiger Verpflichtung gekennzeichnet ist.

♂ ♄

Ein Aspekt zwischen dem **Solar-Mars** und dem Geburts-Saturn wird deine Motive in den Brennpunkt bringen. Du erkennst deutlicher, wer du bist und was du willst und und legst eine ausgeprägte Entschlossenheit an den Tag, deine Ziele zu erreichen. Du bist zwar nicht auf schnelle, aber auf ungemein zielgerichtete und beharrliche Weise aktiv, was heißt, daß du lange und unter Entbehrungen arbeiten kannst.

AC ♄

Der **Solar-Aszendent** in Konjunktion zum Geburts-Saturn zeigt, daß du der Welt jetzt deine ernsthafte und nachdenkliche Seite präsentierst. Weil deine inneren Ängste nun an die Oberfläche kommen und von anderen wahrgenommen werden, hast du vielleicht das Gefühl, nackt und verletzlich zu sein. Du glaubst, daß jeder sehen müßte, wie unwohl du dich in manchen Situationen fühlst, und du siehst dich immer wieder mit den Dingen konfrontiert, denen du um alles in der Welt ausweichen wolltest. Dabei wirst du in diesen Situationen durchaus bestehen können. Es kommt jetzt für dich darauf an, ein Gefühl deiner inneren Stärke und Selbstsicherheit zu gewinnen, indem du eine realistische Einschätzung deiner Fähigkeiten vornimmst.

IC ♄

Das **Solar-IC** auf dem Geburts-Saturn zeigt eine intensive Phase der Innenschau, in der du viel für dich allein sein willst. Wenn in dir ein Gefühl der Unsicherheit besteht, empfindest du das jetzt sehr deutlich. Zu dieser Zeit kannst du Schritte unternehmen, um eine tragfähige Grundlage zu errichten. In äußerlicher Hinsicht könnte dies in Form eines Haus- oder Landkaufs geschehen oder dergestalt, daß in deiner Wohnung Reparaturen vorgenommen werden müssen.

Mit dem **Solar-Deszendenten** in Konjunktion zum Geburts-Saturn schaust du mit prüfendem Blick auf deine Freundschaften und Beziehungen, um festzustellen, ob sie dich wirklich befriedigen. Ist dies nicht der Fall, könntest du sie jetzt beenden. Du möchtest, daß alles läuft, und bringst klare Kriterien zur Anwendung. Man kann hier ähnliche Auswirkungen beobachten wie bei der Verbindung der Solar-Venus mit dem Geburts-Saturn. Probleme im Zusammenhang mit Pflichten und Verantwortung stehen jetzt im Mittelpunkt.

Fällt das **Solar-MC** auf den Geburts-Saturn, mußt du viel berufliche Verantwortung auf deine Schultern laden. Du mußt in dieser Zeit hart arbeiten, kannst dabei aber viel erreichen. Hast du auch zuvor schon intensiv gearbeitet, kannst du in dieser Phase für deine früheren Aktivitäten Lob und Anerkennung ernten. Wenn du aber im allgemeinen Herausforderungen aus dem Wege gehst, könnte dies eine harte Zeit für dich sein. In diesem Fall wird dir Anerkennung verwehrt bleiben, und Ausflüchte fruchten jetzt nichts mehr.

Aspekte vom Solarhoroskop zum Geburts-Uranus

Wenn ein Solar-Planet vom Geburts-Uranus aspektiert wird, manifestieren sich die mit ersterem in Verbindung stehenden Prinzipien auf eher äußerlicher Weise. Uranus ist der Planet der Erkenntnis sowie der der Überraschungen. Man kann nie sagen, was er hervorbringt – ob Anregung oder Störung, Angenehmes oder Alarmierendes. Oder vielleicht auch alles auf einmal.

Mit dem **Solar-Mond** im Aspekt zum Geburts-Uranus kannst du dich darauf einstellen, daß deine emotionalen Reaktionen unvorsehbar sein und gewissermaßen unter Strom stehen werden. Dein Verhalten ist jetzt von zutiefst individualistischer Art; du bist von dem Wunsch erfüllt, deine Einzigartigkeit zum Ausdruck zu bringen. Du willst deutlich machen, was dich von anderen unterscheidet. In gewisser Weise bist du ständig in Alarmbereitschaft – du harrst der nächsten Überraschung, die da kommen wird. Jetzt kannst du lernen, in emotionaler Hinsicht Risiken einzugehen und einen flexibleren Lebensstil zu führen. Vielleicht ziehst du in dieser Phase um oder nimmst in deinem Zuhause Veränderungen vor.

Mit einem Aspekt zwischen dem **Solar-Merkur** und dem Geburts-Uranus ist dein Denken originell und inspiriert. Dein Geist ist wach wie nie zuvor, und vielleicht entwickelst du jetzt neue Interessen. Dein Verstand ist jedenfalls für neue Ideen und neue Perspektiven offen. Möglicherweise hast du in irgendeiner Form mit neuen Technologien oder mit technischem Spielzeug zu tun. Wenn du jemals daran gedacht hast, einen Computer oder elektronische Textverarbeitung zu benutzen – jetzt ist die Zeit gekommen, diese Idee zu verwirklichen.

Wenn die **Solar-Venus** im Aspekt zum Geburts-Uranus steht, verspürst du den Wunsch nach mehr Freiraum und Unabhängigkeit in Beziehungen. Vielleicht verliebst du dich jetzt Hals über Kopf. Dein Liebesleben muß dir nun Spannung und Anregung bieten. Auch in bezug auf Geld geht dir deine Freiheit jetzt über alles – vor jeder Verpflichtung schreckst du zurück. Dabei macht es dir im Hinblick auf materielle Dinge nichts aus, loszulassen. In diesem Zeitraum könntest du dein Geld auf unkonventionelle Weise verdienen. Es wäre auch denkbar, daß du ungewöhnliche Objekte sammelst. Für Künstler kann diese Zeit von einer außerordentlich großen Inspiration und Schaffensfreude gekennzeichnet sein.

Der Aspekt zwischen dem **Solar-Mars** und dem Geburts-Uranus bringt einen starken Drang nach persönlicher Unabhängigkeit mit sich. Dein Verhalten ist geprägt von Bestimmtheit, Furchtlosigkeit und dem Wunsch nach Freiheit. Du sehnst dich nach spannenden Erlebnissen und möchtest Risiken eingehen – im übertragenen Sinne: auf dem Drahtseil balancieren.

Stehen der **Solar-Jupiter** und der Geburts-Uranus im Aspekt zueinander, zeigst du dich im Hinblick auf neue Verfahrensweisen und Pläne äußerst einfallsreich. Dieser Aspekt bedeutet ein vorwärtsgerichtetes Denken – du orientierst dich auf die Zukunft hin und auf die Chancen, die sie bietet. Dein Geist ist abenteuerlustig, und du verspürst den Wunsch, etwas zu lernen, was dich wachsen läßt. Du willst erreichen, was du dir vornimmst – und zwar schnell. Fremde Kulturen interessieren dich jetzt besonders stark. Auch Reisen an Orte, die nicht im Blickpunkt der Öffentlichkeit stehen, üben einen großen Reiz auf dich aus.

Steht der **Solar-Aszendent** auf dem Geburts-Uranus, verrät dein Verhalten den Wunsch nach Unabhängigkeit, und dein Bedürfnis nach Freiheit und Autonomie wird deutlich zu erkennen sein. Du bringst deine Individualität und Einzigartigkeit in deiner Einstellung der Welt gegenüber zum Ausdruck. Das könnte heißen, daß du dich auf eine völlig neue Art und Weise darstellst – zum Beispiel, indem du dich ganz anders als zuvor kleidest oder einen neuen Haarschnitt trägst. In jedem Falle möchtest du den Eindruck vermitteln, daß du anders als all die anderen bist.

Mit der Konjunktion zwischen dem **Solar-IC** und dem Geburts-Uranus hast du den Wunsch, daß bezüglich deines Zuhauses etwas passiert, vielleicht in Form eines Umzugs, vielleicht aber auch in Form von Aufregung und Überraschung. Es könnte auch sein, daß Probleme im Hinblick auf dein Sicherheitsgefühl aufsteigen oder sich Schwierigkeiten in deinem Privatleben ergeben.

Wenn der **Solar-Deszendent** auf den Geburts-Uranus fällt, ist Freiheit innerhalb der Beziehung für dich wichtig. Du scheust vor jedem Hindernis, das dein Partner dir in den Weg stellt, und bekommst schnell das Gefühl, gefangen zu sein. Zu gleicher Zeit hast du vielleicht Angst, verlassen zu werden, oder fürchtest Zurückweisung, wenn du deine Abhängigkeit erkennen läßt. In diesem Zeitraum mußt du dich mit dem Problem zwischen Freiraum beziehungsweise Autonomie und Nähe und Abhängigkeit in der Beziehung auseinandersetzen und für dich diesbezüglich eine Lösung finden. In allgemeinerer Hinsicht schließt du vielleicht mit unkonventionellen Leuten – mit denen du normalerweise keinen Kontakt hast – Freundschaft, was deinem Leben eine gewisse Spannung und Andersartigkeit verleihen kann.

Fällt das **Solar-MC** auf den Geburts-Uranus, wird sich etwas im Beruf ereignen, was es dir erlaubt, mehr du selbst zu sein und deine Individualität zum Ausdruck zu bringen. Erweisen sich die bestehenden Strukturen als zu starr, kündigst du vielleicht plötzlich – möglicherweise erscheint es dir unerträglich, weiterhin Kompromisse einzugehen. Es wäre auch denkbar, daß du dich auf eine Weise verhältst, die zur Folge hat, daß man dir kündigt. Du willst die Unabhängigkeit, so zu handeln, wie du es *jetzt* für richtig hältst. Eine günstige Zeit, mehr Verantwortung auf dich zu nehmen.

Aspekte vom Solarhoroskop zum Geburts-Neptun

Ein neptunischer Einfluß ist immer von unweltlicher Art.

Wenn der **Solar-Mond** im Aspekt zum Geburts-Neptun steht, ist der Wunsch gegeben, mit anderen zu verschmelzen. Deine Gefühle sind jetzt von besonderer Intensität; sie bergen die Gefahr in sich, daß du einer Illusion erliegst oder dich in einem Traum verirrst. Eine Zeit, in der du in dein Inneres schaust, in der du deine Gefühle deutlich wie sonst nie erkennst und in der du die Möglichkeit hast, tiefe psychische oder auch mystische Erfahrungen zu machen.

Mit einer Verbindung zwischen dem **Solar-Merkur** und dem Geburts-Neptun geht eine Phase einher, in der deine Vorstellungskraft angeregt ist. Du hast nun eine besondere Empfänglichkeit für Menschen und Situationen und nimmst bis in die feinsten Nuancen hin wahr, was sich abspielt. Diese Zeit eignet sich gut dafür, um auf kreative Weise nachzudenken. Dein Geist zeichnet sich jetzt durch Empfänglichkeit und Intuition aus. Allerdings besteht die Gefahr, undifferenziert zu denken oder in einen Zustand der Konfusion zu geraten. Du bist jetzt vielleicht vergeßlich oder unfähig, das zu tun, was als nächstes getan werden muß – weil dein Geist an einem anderen Ort ist. Das wird insbesondere dann der Fall sein, wenn dich das, worauf du dich konzentrieren sollst, nicht inspiriert. Wie dem auch sei – während dieser Phase brauchst du viel Zeit, um Tagträumen nachzuhängen.

Die **Solar-Venus** im Aspekt zum Geburts-Neptun bringt die Sehnsucht nach dem Vollkommenen und der idealen Liebesbeziehung mit sich, was zu Desillusionierung und Enttäuschung führen kann. Du neigst jetzt dazu, enttäuscht zu werden beziehungsweise dich selbst zu enttäuschen, und du glaubst das, was du glauben möchtest. Das Romantische übt jetzt eine außerordentlich große Faszination auf dich aus. Für Künstler oder diejenigen, die in einem Bereich arbeiten, der mit Kunst zu tun hat, ist diese Phase von Inspiration und einem auf das Höchste entwickelten Sinn für Ästhetik geprägt. Im künstlerischen Bereich herrscht eine perfekte Empfänglichkeit für das, was das Publikum wünscht. Aber auch in kommerzieller Beziehung könnte es sich für dich um eine erfolgreiche Zeit handeln.

Mit einem Aspekt zwischen dem **Solar-Mars** und dem Geburts-Neptun ist deine Energie auf irgendeine Art diffus; du wirst Schwierigkeiten haben, sie auf etwas Bestimmtes zu lenken. Das steht damit in Zusammenhang, daß du nicht weißt, für welche der unzähligen Möglichkeiten du dich entscheiden sollst. Insofern eignet sich die Zeit nicht dafür, entschieden in Aktion zu treten. Vielleicht besteht ein Mangel an Willenskraft und Energie, der möglicherweise einfach dadurch behoben werden kann, daß du dir mehr Schlaf gönnst. In diesem Zeitraum würde es sich auch anbieten, eine Kampfsportart mit spirituellem Hintergrund zu betreiben. Es wäre denkbar, daß du jetzt Gefühle der Schuld oder der Minderwertigkeit empfindest. Du hast nun das Problem, daß du nicht weißt, wo deine Grenzen sind; deine Vorstellungen über das, was du willst, und das, was du nicht willst, sind unklar. Es könnte sein, daß du jetzt sexuellen Verführungen erliegst und untreu wirst – wobei nicht gesagt ist, ob du die aktive oder passive Rolle spielst. Jedenfalls gibst du dich den Ereignissen hin, was eventuell zu Enttäuschungen führt.

Der **Solar-Jupiter** im Aspekt zum Geburts-Neptun zeigt eine angenehme Zeit mit viel Sympathie und Wohlwollen. Deine Empfänglichkeit anderen gegenüber ist stärker als sonst – aller Wahrscheinlichkeit nach bietest du Hilfe und Unterstützung an und erfährst diese selbst. Vielleicht machst du weite Reisen in exotische Länder, die die Form einer religiösen oder spirituellen Pilgerschaft annehmen.

Wenn ein ***Eckpunkt des Solarhoroskops auf den Geburts-Neptun*** *fällt, besteht das Bedürfnis nach einer Vereinigung in Form einer nicht am Konkreten orientierten, möglicherweise etwas konfusen Dimension. Das, womit Neptun im Geburtshoroskop in Verbindung steht, wird sich nun in dem Lebensbereich abspielen, welchen die Konjunktion betont.*

Der **Solar-Aszendent** in Konjunktion mit dem Geburts-Neptun bedeutet ein Jahr, in dem du die Welt durch eine rosarote Brille siehst. Die harten Realitäten des Lebens sind dir – zumindest in ihrer Gesamtheit – in deiner jetzigen sensiblen Stimmung zuviel; du unternimmst nun vielleicht Anstrengungen, um ihnen zu entfliehen. Einfach nicht die Zeitung lesen, könnte für dich jetzt eine Lösung sein. Du neigst zu Tagträumereien, und andere mögen meinen, du seiest nicht von dieser Welt. Deine Träume bedeuten dir jetzt alles, und die Ahnungen, die du von der höheren Ordnung hast, sind dir Inspiration.

Fällt das **Solar-IC** auf den Geburts-Neptun, besteht ein Wunsch nach Vollkommenheit bezüglich des häuslichen Lebens und der innersten Sphäre. Am liebsten würdest du jetzt dein Zuhause zu einem Tempel machen. Du hast ein genaues Gespür für untergründige Strömungen. Es besteht die Möglichkeit – nicht die Garantie! –, dein erträumtes Zuhause zu finden; wenn du aber den Bereich deines Hauses verläßt, stößt du auf Ungewißheit und Verwirrung. In diesem Zeitraum versenkst du dich in die Tiefen deiner Psyche und in deine familiäre Vergangenheit. Deine Seele ist jetzt auf der Suche.

Der **Solar-Deszendent** in Konjunktion zum Geburts-Neptun markiert einen Zeitabschnitt, der von der Sehnsucht nach dem vollkommenen Partner beherrscht wird. Das dürfte bedeuten, daß du entweder im Hinblick auf eine bestehende Partnerschaft unzufrieden bist oder dich in jemanden verliebst, den du für vollkommen hältst, der aber überhaupt nicht zu dir paßt. Es besteht tatsächlich die Chance, die ideale Liebe zu finden – auf höchster Ebene in der Spiritualität, die von dir verlangt, daß du dich dem Göttlichen öffnest. In der überwiegenden Anzahl der Fälle dürfte dieses Jahr aber von einem großen Ausmaß an Verwirrung und Unklarheit in bezug auf Freundschaften und Beziehungen geprägt sein, in der es schwerfällt, der Realität ins Auge zu sehen.

Wenn das **Solar-MC** auf den Geburts-Neptun fällt, kann man die Tendenz des betreffenden Jahres als weltentrückt oder auch ätherisch bezeichnen. Deine Ziele und das, wonach du strebst, sind nun von einer höheren, spirituellen Dimension. Es kann sich um eine sehr unproduktive Zeit handeln – vielleicht lehnst du es ab, konkret tätig zu werden, weil du das für Zeitverschwendung hältst und der Meinung bist, daß das zu nichts führt. Möglicherweise hast du den Wunsch, der Welt zu entfliehen. Auch denkbar wäre, daß jetzt etwas Skandalträchtiges – etwas, was du dich niemanden zu erzählen getraut hast – ans Licht kommt. Jetzt solltest du eine Neubewertung deiner Ziele vornehmen, um sicherzustellen, daß sie deinen höheren Idealen gerecht werden. Für diejenigen, die als Künstler, beim Film, für die Medien, im Modebereich oder für etwas arbeiten, was mit Ruhm oder Glanz zu tun hat, könnte dies ein Jahr sein, in dem Träume wahr werden und die Kreativität Anerkennung findet.

Aspekte vom Solarhoroskop zum Geburts-Pluto

Wenn Aspekte zu Pluto vorhanden sind, heißt das, daß der in Verbindung stehende Planet eher auf unbewußte, leidenschaftliche und vielleicht zwanghafte Weise in Erscheinung tritt. Im Hinblick auf den Planeten des Solarhoroskops sind umfassende psychische Veränderungen möglich, welche auch von äußeren Ereignissen begleitet sein können.

Ein Aspekt zwischen dem **Solar-Mond** und dem Geburts-Pluto bedeutet, daß tief ins Unbewußte verdrängte Erinnerungen aufsteigen. Was lange in uns geruht hat, wird jetzt wieder zum Vorschein kommen. Vielleicht ereignen sich im Zusammenhang mit Emotionen und dcn verdrängten Gefühle kathartische Freisetzungen mit gewaltigen Ausbrüchen, was dir eine neue Sichtweise deiner selbst eröffnen und dich erkennen lassen könnte, warum du die betreffenden Gefühle unterdrückt hast. Geschehnisse in deinem Leben rufen in dir jetzt außerordentlich starke Reaktionen hervor.

Mit einem Aspekt zwischen dem **Solar-Merkur** und dem Geburts-Pluto bringst du deine Ideen und Meinungen auf außerordentlich kraftvolle Art und Weise zum Ausdruck – mit der Gefahr, daß du des Guten manchmal zuviel tust. Du neigst zu einem gewissen Fanatismus und dazu, anderen deine Meinung aufzudrängen. Eine günstige Zeit für Redner, für Verkäufer und für Politiker – weil jetzt die Überzeugungskraft stärker denn je ist.

Die **Solar-Venus** im Aspekt zum Geburts-Pluto bedeutet, daß du über eine charismatische Anziehungskraft verfügst und vielleicht eine intensive Affäre beginnst. Eine Liebesbeziehung kann jetzt für dich eine unergründliche und sogar schmerzhafte Qualität haben und dabei möglicherweise von destruktivem Charakter sein. Elemente von Besessenheit oder Leidenschaft sind ebenfalls denkbar. Es ist eine Zeit, in der tiefe unbewußte Aspekte deiner selbst im Rahmen einer Beziehung an die Oberfläche kommen, was dich dazu bringt, dich selbst besser kennenzulernen. Es könnte sein, daß du jetzt allein, ohne Beziehung, bist, und daß dich dies zutiefst beschäftigt und deine Gefühle beherrscht. Wenn du künstlerisch tätig bist, beginnst du jetzt vielleicht ernsthafter und intensiver zu arbeiten. In einer wörtlichen Entsprechung ist es denkbar, daß du jetzt mit dunklen Farben malst. Im übertragenen Sinne gilt dies auch für andere Ausdrucksmittel. Dein Werk wird nun eine große psychologische Tiefe aufweisen und sich mit den «letzten Dingen» beschäftigen.

Besteht ein Aspekt zwischen dem **Solar-Mars** und dem Geburts-Pluto, ist das Jahr wahrscheinlich vom enthusiastischen Verfolgen eines großen Zieles geprägt. Du kannst jetzt wie besessen arbeiten, bis sich der Erfolg einstellt. Du verfügst über die Fähigkeit, zu deinen innersten Quellen vorzustoßen, die dir Kraft geben. In negativerer Ausprägung besteht die Möglichkeit, daß es zu einem Ausbruch von Gewalt kommt. Wenn sich die Gewalt gegen dich richtet, heißt das, daß du Schwierigkeiten hast, die entsprechenden Prinzipien auf konstruktive Weise zum Ausdruck zu bringen. Wenn die Mars/Pluto-Energie in dir selbst zum Ausbruch kommt beziehungsweise gewissermaßen implodiert, hat das Gefühle von Hoffnungslosigkeit, Machtlosigkeit und Verzweiflung zur Folge – du bist dann energielos, träge und lethargisch. Wenn das auf dich zutrifft, mußt du dich um Hilfe bemühen, damit du zumindest einen Teil deiner unterdrückten Energie freizusetzen lernst. Alles, was den Ausdruck deiner Energie fördert, ist in diesem Fall gut für dich. Im allgemeinen besteht hier Angst vor der eigenen Wut.

Mit einem Aspekt zwischen dem **Solar-Jupiter** und dem Geburts-Pluto geht wahrscheinlich ein Jahr einher, das von einem Extrem gekennzeichnet ist. Jetzt ist die Zeit, große Risiken und Anstrengungen einzugehen. Du kannst reich werden – in spirituellem oder in materiellem Sinn. Finanzielle Verluste sind aber gleichfalls in diesem Zeitraum denkbar. Du kannst bis an den Rand einer finanziellen Katastrophe geraten, aber noch im letzten Moment die Rettung erfahren.

*Wenn es zu **Konjunktionen zwischen den Eckpunkten des Solarhoroskops und dem Geburts-Pluto** kommt, stellen sich tiefgreifende Veränderungen in dem betreffenden Lebensbereich ein.*

Mit dem **Solar-Aszendenten** auf dem Geburts-Pluto handelt es sich um ein Jahr, das von einer starken Intensität geprägt ist. Du reagierst auf Menschen und auf Situationen auf kraftvolle Weise, und aller Wahrscheinlichkeit nach setzt du in anderen ebenfalls starke Reaktionen frei. Vielleicht markiert dieses Jahr einen wichtigen Wendepunkt in deinem Leben bezüglich der «letzten Dinge» – möglicherweise gewinnst du jetzt eine tiefe und umfassende Einsicht.

Wenn das **Solar-IC** auf den Geburts-Pluto fällt, stehen das innerliche und das häusliche Leben im Brennpunkt. Es handelt sich um eine Zeit des tiefgreifenden psychischen Wandels, was sich als Veränderung der häuslichen Situation manifestieren könnte. Vielleicht reißt du dein Haus bis auf die Grundfesten ab, um es dann vollkommen neu aufzubauen.

Der **Solar-Deszendent** in Konjunktion mit dem Geburts-Pluto kennzeichnet hintergründige Entwicklungen in Freundschaften und Beziehungen. Es kommt dir so vor, als ob du keine Kontrolle über das hast was in deinen Beziehungen geschieht, was du unbedingt ändern willst. Du triffst vielleicht auf jemanden, der für dich in irgendeiner Weise als Katalysator wirkt und Änderungen in dein Leben bringt. Es ist ebenfalls denkbar, daß du im Leben eines anderen als Katalysator in Erscheinung trittst. Vielleicht wirst du auch in einen Machtkampf verwickelt, der dich erkennen läßt, wie du auf andere wirkst und welche Reaktionen du – ohne dir darüber im klaren zu sein – bei anderen hervorrufst. Das Thema dieses Jahres ist Intensität in Beziehungen.

Mit dem **Solar-MC** auf dem Geburts-Pluto ist es wahrscheinlich, daß du eine Position der Macht bekleidest oder anstrebst. Du möchtest andere beeinflussen oder verändern und suchst eine berufliche Position, die dir dies ermöglicht.

Du hast viele Ideen, wie man die Welt verbessern könnte. Du mußt mit deiner Macht und deinem Einfluß für diese Ideen arbeiten – Eigennutz darf nicht dein Motiv sein. Wenn du deine Macht mißbrauchst und dich auf irgendeine Weise korrupt zeigst, könnte es das Jahr deines Sturzes werden.

Die Interpretation des Solarhoroskops

Wir wollen dir hier zeigen, wie du bei der Interpretation des Solarhoroskops vorgehen kannst. Zunächst mußt du die Einzelfaktoren in ihrer Bedeutung erfassen, um dann alles zu einer Synthese zu bringen. Wenn du zu schnell zur Synthese kommst, kannst du keine tiefen und keine detaillierten Aussagen machen. Die *wichtigsten* Themen des Horoskops fallen sogleich ins Auge – man muß aber *alle* Faktoren in Betracht ziehen, um ein komplexes Bild zu erhalten. Wenn die folgende Vorgehensweise auf den ersten Blick auch etwas mühsam zu sein scheint, hoffen wir mit ihr doch vor allem denjenigen zu helfen, die sich noch keinen persönlichen Ansatz zur Horoskop-Interpretation erarbeitet haben. Zuverlässig ist diese Methode jedenfalls.

Wenn du alle aufgeführten Faktoren untersucht hast, beginnt die Kunst der Synthese. Du wirst die Feststellung machen, daß die wichtigen Themen mindestens dreimal in Erscheinung treten, wobei jedesmal bestimmte Informationen für das Gesamtbild geliefert werden. Eigentlich ist die Synthese die eingehende Interpretation dieser Hauptthemen. Im folgenden geben wir eine Liste der Faktoren, die in ihrer Gesamtheit ein Bild des betreffenden Jahres liefern, abgestuft im Hinblick auf ihre Wichtigkeit. Dabei werden sowohl allgemeine als auch detaillierte Informationen gegeben. Des weiteren zeigen die Fallstudien in den Kapiteln 8, 9 und 10, wie bei der Synthese vorzugehen ist.

1. Das Haus und die Aspekte der Sonne im Solar.

Dies ist der wichtigste Punkt, der dir sogleich zeigt, welcher Lebensbereich in dem betreffenden Jahr im Vordergrund steht. Lies noch einmal in den Kapiteln 1 und 2 nach, um dich bei der Interpretation dieser Faktoren leiten zu lassen.

2. Solar-Aszendent und Solar-MC.

Planeten – sowohl des Solar- als auch des Geburtshoroskops – in Konjunktion zu diesen. Das Zeichen, das Haus von und Aspekte zu den Herrschern von Aszendent und MC. Hierzu finden sich Informationen im 3. und in diesem Kapitel.

3. Der Solar-Mond: sein Zeichen, sein Haus und seine Aspekte.

Die Aspekte, die zwischen dem Solar-Mond und dem Geburtshoroskop bestehen. Informationen dazu im 4. und in diesem Kapitel.

4. Die Betonung der Häuser.

Steht die Mehrzahl der Planeten in Eck-, in fixen oder in veränderlichen Häusern? Das kann die Aussage, die auf der Interpretation von Aszendent und Himmelsmitte beruht, stützen oder ihr widersprechen, wodurch sich ein modifizierteres Bild für das betreffende Jahr ergibt.

Besteht eine Betonung der **Eckhäuser**, kannst du dich auf ein Jahr mit vielerlei Aktivitäten einstellen, in dem es zu neuen Beziehungen und Projekten kommt und in dem du viel Aufmerksamkeit erfährst. Es handelt sich um eine Zeit der *Aktion*.

Wenn die **fixen Häuser** betont sind, stehen deine Wertvorstellungen im Vordergrund. Dieses Jahr ist von Verantwortung und einer Reifung des Charakters gekennzeichnet. Du wirst dich in einer gewissen Situation bewähren oder eine noch nicht beendete Arbeit aus der Vergangenheit zu einem Abschluß bringen müssen. Eine Zeit der *Prüfung*.

Wenn die **veränderlichen Häuser** betont sind, ist es ein Jahr der *Vorbereitung*, der *Anpassung* und der *Erprobung*. Geistige Aktivitäten und Veränderungen stehen im Vordergrund sowie das Erwägen von Alternativen.

5. Aspektmuster des Solars.

Blicke jetzt auch auf die Planeten des Solarhoroskops, die du bislang nicht beachtet hast. Der erste Teil dieses Kapitels sowie die Fallstudien in den Kapiteln 8, 9 und 10 werden dir diesbezüglich Anleitungen geben.

6. Planeten, die sowohl im Solar als auch im Geburtshoroskop einen Aspekt zueinander bilden.

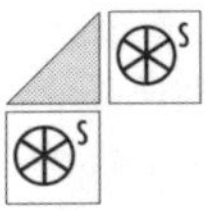

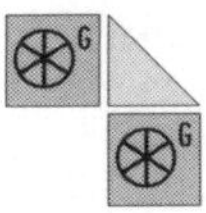

Ein Beispiel: Zwischen der Sonne und dem Saturn findet sich im Solar ein Trigon, im Geburtshoroskop ein Quadrat. In diesem Falle können wir davon ausgehen, daß jetzt das, was normalerweise Anstrengung und Mühsal bedeutet, zu einem Vergnügen wird. Der Motivation, etwas zu erreichen und Erfolg zu haben, dürfte jetzt mit Freude nachgegangen werden. Umgekehrt kann ein harmonischer Geburts-Aspekt wie zum Beispiel das Trigon als etwas Selbstverständliches angesehen werden, als etwas, was du nicht weiter entwickeln mußt.

Wenn dann in einem Solar zwischen diesen Planeten ein Quadrat besteht, kann dich dies dazu zwingen, aktiv zu werden und latente Fähigkeiten zur Ausbildung zu bringen. Wenn Planeten, die im Geburtshoroskop im Aspekt zueinander stehen, auch im Solar miteinander verbunden sind, ist die Gelegenheit gegeben, etwas Bedeutungsvolles im Hinblick auf die beteiligten planetarischen Prinzipien zur Entwicklung zu bringen. Die Fallstudien in den Kapiteln 8, 9 und 10 werden dir dazu Interpretationshilfen geben.

7. Aspekt zwischen Planeten des Solar- und des Geburtshoroskops.

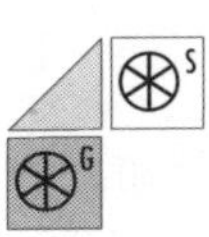

Wenn zum Beispiel der Solar-Mond im Trigon zum Geburts-Mond steht, wird dies eine Leichtigkeit im Ausdruck deiner emotionalen Bedürfnisse beziehungsweise eine Art vertraute Gefühlswelt zur Folge haben. Der Mond ist dann «zuhause» in dem Element, in dem er bei der Geburt stand. Der Solar-Mond im Quadrat zum Geburts-Mond hat weniger angenehme Folgen. Im Hinblick auf die Qualität des Zeichens erfährst du zwar die vertraute Auswirkung, welche aber in einem Widerspruch dazu steht, wie du normalerweise bist. Das heißt, daß du auf eine andere Art und Weise reagieren mußt. Insofern bist du buchstäblich nicht mehr in deinem Element.

Prüfe in diesem Zusammenhang, ob Merkur und Venus in den gleichen Zeichen wie bei der Geburt stehen. Ist dies nicht der Fall, bedeutet dies eine Herausforderung für dich, die zu einem – möglicherweise mit Spannungen verbundenen – Wachstum im Hinblick auf ihren Ausdruck führen kann. Ist das Zeichen das gleiche, sind auch sie «zuhause», was wiederum eine Leichtigkeit des Ausdrucks und das Potential zur maximalen Entfaltung ihrer Prinzipien bedeutet.

8. Aspekte zwischen den Eckpunkten bzw. den Planeten des Solars und den Eckpunkten bzw. den Planeten des Geburtshoroskops.

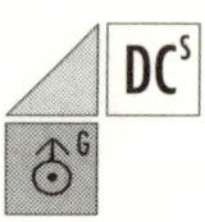

Zum Beispiel: Eine Konjunktion zwischen Solar-Deszendent und dem Geburts-Uranus. Auch zu diesen höchst bedeutsamen Verbindungen finden sich in diesem Kapitel weitere Informationen.

6

Das Lunarhoroskop

Ein Lunarhoroskop wird für den Augenblick erstellt, in dem der Mond wieder die Stellung erreicht, die er bei der Geburt innehatte. Das ereignet sich alle 27,32 Tage, was ein *siderischer Monat* genannt wird. In jedem Jahr kommt es dreizehnmal – manchmal auch vierzehnmal – zur lunaren Wiederkehr.

Das Lunarhoroskop gibt ein «lunares» Bild des bevorstehenden Monats. Wir können ihm entnehmen, was in emotionaler Hinsicht in diesem Zeitraum von Belang sein wird. Es beschreibt die Stimmung und den Hintergrund der kommenden vier Wochen; es bringt zum Ausdruck, wie es um die alltägliche Verfassung bestellt ist. Lunare zeigen im allgemeinen keine markanten Ereignisse; sie bedeuten meistens nur sanfte Schwankungen, eine Art Echo. Eine Ausnahme besteht dann, wenn sie Themen enthalten, die auch schon im Geburtshoroskop oder im Solar betont sind. Bei einer derartigen Betonung wirken sie als Auslöser – sie zeigen dann, in welchem Monat das Thema des Geburtshoroskops oder des Solars am stärksten in Erscheinung treten wird.

Bei der Interpretation von Lunaren müssen verschiedene wichtige Faktoren beachtet werden. Der Aszendent und die Himmelsmitte bilden in jedem Horoskop den – zeitlichen beziehungsweise räumlichen – Rahmen, in dem die planetarischen Prinzipien zum Ausdruck kommen – sie sind bei der Interpretation des Horoskops immer von herausragender Bedeutung. Beim Lunar symbolisiert die Himmelsmitte, was du in emotionaler Hinsicht willst – was du gefühlsmäßig willst und wie du im Zusammenhang mit deiner Gefühlswelt gesehen werden möchtest. Es geht darum, wie du dich nach außen hin darstellen willst.

Mit einem Widder-MC zum Beispiel bist du bestrebt, deinen eigenen Weg zu gehen, wobei du vielleicht als Führungspersönlichkeit angesehen werden möchtest. Steht das MC in der Waage, sind möglicherweise Beziehungsprobleme von besonderer Bedeutung, oder vielleicht auch die Einschätzung, daß man dich als fair und gerecht ansieht. Für dich haben die Ziele in diesem Monat mit dem Waage-Prinzip zu tun.

Ein Monat mit einem Schütze-MC ist vom Streben nach persönlicher Freiheit und Unabhängigkeit geprägt. Wenn dann beispielsweise der Mond im 6. Haus steht, könnte das bedeuten, daß dich äußere Zwänge einschränken, gegen die du in deinem Inneren rebellierst: Das Freiheitsstreben kollidiert mit den alltäglichen Pflichten.

Der Lunar-Aszendent zeigt, wie du deine emotionalen Bedürfnisse zum Ausdruck bringst und wie du vorgehst, um diese zu befriedigen. Mit einem Schütze-Aszendenten beispielsweise handelt es sich um einen Monat, in dem du die Freiheit brauchst, das zu tun, was du willst. Wenn dabei der Mond im 6. Haus steht, mußt du dich wahrscheinlich damit auseinandersetzen, wie du deine Bedürfnisse nach Freiheit mit deinen Pflichten in Übereinstimmung bringen kannst. Du willst dann unbedingt Freiheit und Unabhängigkeit – die Lasten, die dein Alltagsleben mit sich bringt, geben dir das Gefühl zu ersticken.

Das Wichtigste in einem Lunarhoroskop ist, in welchem Haus der Mond steht. Dadurch wird angezeigt, welcher Lebensbereich im Hinblick auf die tägliche Routine von besonderer Bedeutung im betreffenden Monat ist. Diese Stellung bringt zum Ausdruck, wo du nach emotionaler Befriedigung und nach dem suchst, was dich gefühlsmäßig am meisten anspricht und was dir Kraft gibt. Der Mond in den Lunar-Häusern wird im weiteren Verlauf dieses Kapitels eingehend beschrieben.

Planeten, die an einem Eckpunkt des Lunars stehen, sind ebenfalls von herausragender Wichtigkeit (wobei wir von einem Orbis ausgehen, der fünf Grad nicht überschreiten sollte). Derartige Konjunktionen machen die Tönung des betreffenden Monats aus. Sie beschreiben das Problem, das gerade die Aufmerksamkeit erfordert, auf eine sehr konkrete und unmittelbare Weise. In manchen Fällen hat es den Anschein, als seien diese Konjunktionen von größerer Bedeutung als die Stellung des Mondes selbst, welche sich in diesen Monaten eher im Hintergrund auf subtile Weise bemerkbar macht. Betrachte die Lunare für die vor dir liegenden Monate – diejenigen, bei denen ein Planet in Konjunktion zu einer Ecke steht, sind von übergeordneter Wichtigkeit. Dies gilt insbesondere dann, wenn es sich bei dem Planeten um die Sonne oder um den Mond handelt. Ein Planet in Konjunktion zur Himmelsmitte des Lunars beschreibt, welches emotionale Ziel in diesem Monat besteht. Ein Planet in Konjunktion mit dem

Lunar-Aszendenten bringt zum Ausdruck, welcher Art die emotionalen Bedürfnisse in diesem Zeitraum sind. In diesem Kapitel finden sich detaillierte Angaben zu den Planeten in Konjunktion zu allen Eckpunkten des Lunars.

Das Haus, in dem sich die Sonne befindet, ist ebenfalls bedeutsam. Monate mit einem Sonne/Mond-Aspekt markieren einen im Hinblick auf Wachstum oder Herausforderungen – in Abhängigkeit der Art des Aspektes – wichtigen Zeitabschnitt. Besonders betroffen sind dabei die von dem Sonnen- und dem Mond-Haus symbolisierten Lebensbereiche. Es wird Phasen geben, in denen von Lunar zu Lunar immer wieder neue Sonne/Mond-Aspekte auftreten. Dabei handelt es sich dann um einen Zeitraum, in dem du viel erreichen und viele Probleme zu einer Lösung bringen kannst.

Des weiteren ist wichtig, was für ein Aspektmuster das Lunar aufweist. Von übergeordneter Bedeutung sind Aspekte zum Mond. Sie deuten an, welche Prinzipien in dem betreffenden Zeitabschnitt mit deinem Alltag verknüpft sind. Wenn sich im Lunar ein Aspektmuster beziehungsweise ein Thema des Solars oder des Geburtshoroskops wiederholt, wird dieses den betreffenden Zeitraum dominieren.

Schließlich solltest du dein Augenmerk auch auf die Aspekte richten, die zwischen dem Lunar und dem Geburtshoroskop bestehen (insbesondere dann, wenn das Lunar die Eckpunkte des Geburtshoroskops betont). Bei aller Flexibilität empfehlen wir hier, keinen zu großen Orbis zuzulassen – zwei oder drei Grad sind unserer Meinung nach die Grenze. Auch Aspekte zwischen dem Lunar- und dem Solarhoroskop können von – allerdings untergeordnetem – Interesse sein. Man sollte sie dann beachten, wenn wichtige Themen aus dem Geburtshoroskop angesprochen sind.

Das Haus des Lunarhoroskops, in dem der Herrscher deines Geburtshoroskops steht, ist es unserer Meinung nach ebenfalls wert, daß du ihm besondere Aufmerksamkeit widmest. Es scheint einen zweiten Lebensbereich von herausragender Wichtigkeit zu zeigen.

Bei der Interpretation eines Lunarhoroskops ist von entscheidender Bedeutung, daß du ein genaues Bild davon hast, was mit dem Geburts-Mond der betreffenden Person verbunden ist. Wer, einhergehend mit kritischen Mond-Aspekten, Schwierigkeiten damit hat, das lunare Prinzip zum Ausdruck zu bringen, wird die entsprechenden Probleme lange mit sich herumtragen. Jedes neue Lunar und jedes emotionale Auf und Ab im Leben muß dann im Zusammenhang mit diesen lange währenden inneren Schwierigkeiten gesehen werden.

In jedem Horoskop erscheinen die wichtigsten Themen wiederholt – sie kommen mehrfach zum Ausdruck. Das gilt auch für das Lunar. Das, was in dem betreffenden Monat von herausragender Bedeutung für dich sein wird, zeigt sich mehr als nur einmal, so daß du keine Angst zu haben brauchst, es zu übersehen.

Die folgenden Ausführungen über den Lunar-Mond in den Häusern und über Lunar-Planeten in Konjunktion zu den Eckpunkten sind gedacht als Anregung für dein Denken. Sie sollen *einige* der möglichen Interpretationen aufzeigen. In den Kapiteln 8, 9 und 10 geben wir dann ausführliche mit den Geburts- und anderen Horoskopen verbundene Deutungen des Lunarhoroskops.

Der Lunar-Mond in den Häusern

Der Mond im 1. Haus des Lunars

Steht der Lunar-Mond im 1. Haus, zeigst du dich besonders verletzlich und emotional beeindruckbar. Du bist jetzt offener für Kontakte und möglicherweise aktiv darum bemüht, Verbindungen herzustellen. Es hängt jetzt viel davon ab, wie du das lunare Prinzip zum Ausdruck bringst und wieweit du deine emotionalen Bedürfnisse akzeptierst. Informationen hierzu mußt du dem Geburtshoroskop entnehmen. Wenn du mehr oder weniger im Frieden mit dir selbst bist, kann dir diese Zeit viele Anregungen geben und bewirken, daß Schranken zwischen dir und den anderen fallen. Für diejenigen, deren Geburts-Mond Probleme bedeutet, können die Blicke der anderen eine Folter sein und nur zu schmerzhaft zeigen, welche Schwierigkeiten mit der eigenen Person bestehen.

Der Mond im 2. Haus des Lunars

Ein Monat, in dem möglicherweise Probleme im Zusammenhang mit Geld und Hilfsmitteln im Vordergrund stehen. Wenn es dir finanziell schlechtgeht, machst du dir jetzt vielleicht viele Gedanken dazu, wie du an Geld kommen könntest. In allgemeinerer Hinsicht setzt du dich möglicherweise mit deinen Hilfsmitteln – innerlicher oder äußerlicher Art – auseinander. Vielleicht gerätst du in eine Situation, die dich dazu zwingt, dir über deine inneren Reserven oder deine emotionalen Stärken klarzuwerden. Die Feststellung, daß du über keine oder nur wenig innere Stärke verfügst, kann dich verunsichern. Jetzt sind für dich Themen im Zusammenhang mit Sicherheit von besonderer Bedeutung: das, was dich emotionale Geborgenheit erfahren läßt oder deine inneren Fähigkeiten, auf denen du aufbauen kannst.

Der Mond im 3. Haus des Lunars

Eine Zeit, in der du mit Kommunikation – in welcher Form auch immer – zu tun hast. Dein Anknüpfungspunkt ist jetzt das geschriebene oder das gesprochene Wort. Das könnte heißen, daß du Briefe oder Artikel schreibst oder auf irgendeine andere Weise Informationen verbreitest. Vielleicht redest du vor vielen Leuten oder nimmst an lokalen Aktivitäten teil. Eine gute Entsprechung für den Mond im 3. Lunar-Haus ist die Person, die in einer Bürgerinitiative gegen die Einrichtung eines Einbahnstraßensystems in ihrem Stadtteil arbeitete. Hier wurde ein Kontakt zu vielen Menschen aus der Nachbarschaft hergestellt und durch die Berichterstattung der Presse das öffentliche Interesse geweckt. Die Informationen wurden dabei sowohl auf Versammlungen als auch in schriftlicher Form (durch die Zeitung) gegeben. Wie es nun auch in deinem Fall sein mag – in diesem Monat ist eine stärkere Anteilnahme an lokalen Vorkommnissen zu erwarten. Was allerdings nicht heißen muß, daß du nun pausenlos aktiv bist. Vielleicht registrierst du jetzt einfach auch nur genau, was um dich herum geschieht.

Eine andere Auswirkung dieser Stellung betrifft das Lernen. Vielleicht setzt du dich mit dem, was du gerade aufnimmst, innerlich aktiv auseinander – weil der Stoff dich emotional beschäftigt oder weil das Lernen als solches dir viele Anregungen gibt.

Des weiteren sind Auswirkungen bezüglich eines Bruders oder einer Schwester vorstellbar. Hier kann es zu einem Ereignis kommen, das Zeit und emotionale Anteilnahme von dir verlangt. Wenn du mit deinem Bruder oder deiner Schwester nicht viel zu tun hast, besteht jetzt die Chance, diesen Zustand zu ändern. Zumindest könntest du dir darüber klarwerden, warum sich die Dinge so entwickelt haben.

Der Mond im 4. Haus des Lunars

☽ 4

Dein Inneres und deine persönliche Welt sind in diesem Monat das Wichtigste für dich. Diese Zeit eignet sich zur Innenschau; du beschäftigst dich mit deiner inneren Sicherheit und richtest deine Aufmerksamkeit darauf, ob du dich wirklich zuhause fühlst. Die Beschäftigung mit deinem Zuhause und deiner Familie kann auf der emotionalen beziehungsweise psychischen oder auf der konkreten äußerlichen Ebene erfolgen. Veränderungen, die sich zu dieser Zeit in deinem Zuhause ergeben, reflektieren im allgemeinen deine emotionalen Bedürfnisse nach Sicherheit. Das Gefühl, wohin du eigentlich gehörst, ist in dieser Zeit stärker als sonst entwickelt. Du suchst jetzt nach innerem Frieden.

Der Mond im 5. Haus des Lunars

☽ 5

Ein Monat der Extraversion. Wenn das Leben zuvor eher träge verlaufen ist, wird es nun aller Wahrscheinlichkeit nach Aufregung bringen und Aktivitäten erfordern. Alle Formen von Unterhaltung stehen jetzt im Vordergrund. Du bist nun viel in Gesellschaft – vielleicht gehst du auf Partys, ins Theater, ins Ballett oder ins Konzert. Alles, woran du jetzt teilnimmst, stimuliert deine Energie und verleiht dir neuen Schwung. Vor diesem Monat hattest du vielleicht das Gefühl, daß das Leben an dir vorbeigeht – jetzt findest du dich mitten im Strom der Ereignisse wieder. Vielleicht regt dich die Persönlichkeit eines anderen Menschen an, deiner Kreativität Ausdruck zu verleihen. Wie dem auch sein mag – du wirst dich lebendiger fühlen und wieder mehr du selbst sein.

Der Mond im 6. Haus des Lunars

Wahrscheinlich bist du in diesem Monat insbesondere mit deiner Arbeit und vielleicht auch mit deiner Gesundheit beschäftigt. Du mußt deine Aufmerksamkeit nun auf die alltägliche und manchmal fade Routine richten. Es ist denkbar, daß du jetzt hart arbeitest und Freude und emotionale Befriedigung aus deiner Tätigkeit schöpfst. Du leitest etwas von deiner Arbeit ab, was dir in emotionaler Hinsicht wichtig ist und was dich stärkt. Vielleicht ist es das Geldverdienen, was dir Befriedigung bringt (was insbesondere bei Selbständigen zutreffen könnte). Wahrscheinlich liegt dem aber etwas Tieferes zugrunde. Im Zusammenhang mit der Arbeit könnten auch emotionale Konflikte – in Abhängigkeit zu der Stellung und den Aspekten des Geburts-Mondes – bestehen.

Vielleicht bist du jetzt auch sehr um deine Gesundheit besorgt. Ein Beispiel dafür: Eine Frau verbrachte ihren Urlaub, in dem der Lunar-Mond im 6. Haus im Krebs stand, überwiegend damit, Bäder und Saunen zu besuchen, was eine ungemein beruhigende und heilende Wirkung auf sie hatte.- Nicht jeder wird eine derart angenehme Auswirkung erfahren – allerdings stehen das physische und das geistige Wohlbefinden jetzt im Vordergrund. Es geht nun darum, wie es in deinem Leben um den Zusammenhang von Arbeit und Gesundheit bestellt ist. Hast du genügend körperliche Bewegung und Entspannung, bist du oft an der frischen Luft, gönnst du dir in ausreichendem Maß Schlaf?

Der Mond im 7. Haus des Lunars

Eine Phase, in der Beziehungen von besonderer Bedeutung sind. Wenn du nicht mit jemandem fest zusammenbist, wird dir das in dieser Zeit als ein Mangel in deinem Leben bewußt werden. Vielleicht unternimmst du Versuche, jemanden zu finden, indem du mehr aus dir herausgehst und dich geselliger zeigst. Eine wichtige neue Beziehung könnte jetzt beginnen – genauso gut ist es aber möglich, daß du allein bleibst. In letzterem Fall hast du nun aber die Gelegenheit, dich mit dir selbst zu versöhnen und eine andere

Einstellung zu Freundschaften zu gewinnen. Vielleicht erkennst du die Ambivalenz deiner Gefühle und verstehst, warum es zu keiner Bindung kommt.

Wenn du eine feste Beziehung hast, wird diese jetzt wahrscheinlich viel Zeit und Energie erfordern. Du mußt nun untersuchen, ob diese dich wirklich befriedigt – was aber wahrscheinlich zutrifft.

Dieser Monat ist dadurch gekennzeichnet, daß du für alle Arten von Partnerschaften – nicht nur für *die* Beziehung – offener und empfänglicher bist. Jetzt solltest du dir Gedanken machen über die Dynamik, die zwischen dir und den anderen auf allen Ebenen herrscht. Du kannst nun erkennen, was du willst und was du brauchst und wie befriedigend dieser Lebensbereich für dich wirklich ist.

Der Mond im 7. Lunar-Haus könnte auch einen Zeitabschnitt bedeuten, in dem Kontakte mit der Öffentlichkeit von herausragender Wichtigkeit sind. Wenn auch die Aspekte im einzelnen untersucht werden müssen, kann man doch davon ausgehen, daß es sich um eine angenehme Zeit handelt, in der du «gut drauf» bist und in der du andere dazu bringst, gut auf dich zu reagieren.

Der Mond im 8. Haus des Lunars

☽ 8

In dieser Zeit stehen die inneren Gefühle im Vordergrund. Vielleicht kommt es jetzt – ohne daß du schon Genaueres wüßtest – zu einem emotionalen Wendepunkt. Es zeichnet sich ab, daß sich nun etwas Neues zu entwickeln beginnt. Der Wendepunkt kann sich auf eine Partnerschaft beziehen, in der es möglicherweise zu mehr Nähe und Intimität kommt. Wahrscheinlich beschäftigst du dich jetzt mehr als sonst mit Problemen, die mit Beziehungen zu tun haben, wobei du von einer psychologischen Perspektive ausgehst.

Der Mond im 8. Lunarhaus kann eine Krise (welcher Art diese auch sein mag) anzeigen, die dich intensiver mit deinen tieferen Emotionen in Kontakt kommen läßt. Möglicherweise spielt Geld eine Rolle. Vielleicht «investiert» auch jemand etwas in dich.

Der Mond im 9. Haus des Lunars

Möglicherweise bist du in diesem Monat von deinem Gefühl her mit einer weiten Reise oder einem Studium beschäftigt. Vielleicht fährst du tatsächlich weg oder triffst Vorbereitungen dazu. Wenn du dich in Form eines Studiums mit etwas auseinandersetzt, ist es denkbar, daß es zu einer größeren Intimität kommt und daß sich vielleicht emotionale Verwicklungen ergeben (zum Beispiel, wenn du dich in den Leiter deiner Arbeitsgruppe verliebst). Vorstellbar wäre auch, daß du jetzt stärker in den Schul- oder Universitätsbetrieb eingebunden wirst – vielleicht, indem du als Tutor arbeitest oder man dich zum Sprecher deiner Gruppe wählt. Dies könnte auch ein starkes emotionales Engagement zur Folge haben. Möglicherweise verlangt auch die Vorbereitung eines Vortrages oder eines Artikels deine ganze emotionale Energie.

Auf die eine oder andere Art haben deine Gefühle mit dem 9. Haus zu tun – mit Reisen, mit dem Studium oder mit dem Lehren. Du wirst während dieses Monats ein Stück emotionale Freiheit gewinnen; irgend etwas, was dich emotional befreit, wird sich ereignen.

Der Mond im 10. Haus des Lunars

In dieser Zeit sind deine Emotionen aller Wahrscheinlichkeit nach auf deinen beruflichen Status und auf deine Stellung in der Welt gerichtet. Vielleicht steigt in dir das Gefühl auf, daß du es «geschafft» hast – daß du da bist, wo du hinwolltest, was dich eine tiefe Befriedigung verspüren lassen kann. Oder du erkennst schlagartig, daß du weit entfernt von deinem Ziel bist. Dieser Monat dürfte eine Folge von Ereignissen mit sich bringen, die deine Stellung reflektiert. Du kannst jetzt in dem Bereich, der dir wichtig ist, Anerkennung erfahren, und Dinge tun, die deine Leistungen noch mehr in den Vordergrund rücken. Vielleicht wirbst du auf irgendeine Weise für das, was du getan hast, um deine Wichtigkeit zu demonstrieren – zum Beispiel, indem du ein großes Fest veranstaltest. Du möchtest, daß jeder um deine Stellung und Bedeutung weiß. Wie du dabei vorgehst, hängt von dem Zeichen ab, in dem der Mond bei deiner Geburt stand.

Der Mond im 11. Haus des Solars

11 Ein Monat, in dem das Soziale von übergeordneter Wichtigkeit ist. Du bist geselliger als sonst, und die Aktivitäten deines Freundeskreises rufen in dir einen starken emotionalen Widerhall hervor. Vielleicht beschäftigst du dich jetzt damit, deine Position in der Gruppe zu festigen – möglicherweise gibt dies dir ein Gefühl der Sicherheit. Du willst jetzt spüren, daß du dazugehörst und daß du gebraucht wirst. Dieser Prozeß könnte sich selbst in den Gruppen abspielen, die von eher lockerer Struktur sind. Möglicherweise wird dir jetzt deutlich, wie sehr dein Wohlbefinden von deiner Gruppe abhängt. Vielleicht machst du aber auch die Entdeckung, daß die Gruppe zuviel von dir verlangt, mit der Folge, daß du dich gegen den Druck stemmst oder aussteigst. Unter Umständen könnte ein solches Vorgehen dann wieder deine Position stärken.

Für denjenigen, der in Gruppen oder auf politischem Gebiet arbeitet, dürfte es sich um eine günstige Zeit handeln. Allerdings müssen die Aspekte zum Mond berücksichtigt werden. Diese bringen zum Ausdruck, ob jemand auf die Bedürfnisse der Gruppe oder auch der Öffentlichkeit eingestimmt ist.

Eine weitere Auswirkung ist, daß du dich intensiver als sonst mit deinen Idealen und Überzeugungen identifizierst und dir Gedanken dazu machst, wie diese mit deinem Leben im allgemeinen und deinem Wohlbefinden im besonderen zusammenhängen.

Der Mond im 12. Haus des Lunars

12 Eine Zeit des Rückzugs. Du hast jetzt vielleicht den Eindruck, daß die Welt kalt und ungemütlich ist, und möglicherweise grenzt du dich von ihr ab, um dich in der Zurückgezogenheit in dein Inneres zu versenken. Du willst jetzt mit deinen innersten Gedanken und Gefühlen in Kontakt kommen. Es handelt sich um eine Zeit des Übergangs,

in der du Gefühle der Konfusion erfahren könntest. Jetzt deuten sich Veränderungen an, und du mußt Entscheidungen treffen über Dinge, die sich noch nicht klar abzeichnen. Vielleicht bist du gezwungen, dich mit unangenehmen Empfindungen auseinanderzusetzen – mit Dingen, denen du bisher aus dem Wege gegangen bist.
Möglicherweise spielen sich nun komplexe und ungreifbare Geschehnisse ab. Insbesondere in den Beziehungen zu Frauen kann dies der Fall sein. Du könntest den Eindruck gewinnen, daß deine Freundinnen unzuverlässig sind und dich manipulieren wollen. Dabei handelt es sich aber um eine Widerspiegelung deiner eigenen Gefühlsverwirrung. Diese Einschätzung wird sich legen, wenn du später wieder mit freiem Blick auf dein persönliches Leben schauen kannst.
Jetzt hast du die Gelegenheit, dich einmal in aller Ruhe mit dir selbst zu beschäftigen. Dabei bleibt es dir überlassen, in welcher Form du das tust. Die übergeordneten Schlagworte für dein Leben sind: Meditation, Kontemplation und Innenschau.

Lunar-Planeten in Konjunktion zu den Eckpunkten

In diesem Abschnitt wollen wir unsere Aufmerksamkeit darauf richten, was Planeten in Konjunktion zu einem der Eckpunkte im Lunar bedeuten. Wenn wir uns hier auch auf das Lunar beschränken, möchten wir doch darauf hinweisen, daß Lunar-Planeten, die in Beziehung zum *Geburtshoroskop* stehen – mit anderen Worten: im Transit zu diesem – immer von besonderer Bedeutung sind. Das Lunar bringt zum Ausdruck, wie die Planeten-Prinzipien in dem betreffenden Monat zum Ausdruck kommen. Stehen Geburts-Planeten in Konjunktion zu den Ecken des Lunarhoroskops, sagt das ebenfalls viel aus. Der Geburts-Planet zeigt den hintergründigen Einfluß, der durch das Lunar modifiziert wird.

Die folgenden Beschreibungen sind als Anregungen für dich gedacht. Zu wissen, wie die verschiedenen Planetenprinzipien in dir und in deinem Leben wirken, kann ungemein nützlich sein – du kannst mit ihrer Hilfe erkennen, worauf du dich einstellen mußt. Bei der Interpretation solltest du zunächst untersuchen, wie die planetarischen Prinzipien des *Geburtshoroskops* in Erscheinung treten. Erst auf dieser Basis kannst du erkennen, was das Lunarhoroskop bedeutet

.Die Lunar-Sonne an einem Eckpunkt

Die Sonne am Aszendenten, am Deszendenten oder an der Himmelsmitte bringt es mit sich, daß du nicht zu übersehen bist. Auf die eine oder andere Art stehst du mit dieser Stellung im Rampenlicht.

Mit der Lunar-Sonne **am Aszendenten** erregst du mit an Sicherheit grenzender Wahrscheinlichkeit Aufsehen – einfach dadurch, daß du dich zeigst, wie du bist. Die Menschen um dich herum nehmen jetzt Notiz von dir. Du gehst an die Aufgabe, deine Bedürfnisse zu befriedigen, mit Selbstvertrauen heran, und hast das Bestreben, Aufmerksamkeit und Anerkennung zu erregen.

Mit der Lunar-Sonne **am IC** bist du in erster Linie mit dir selbst beschäftigt. Dies ist eine Zeit der Innenschau – vielleicht schöpfst du jetzt neue Kraft, indem du dich um deine Familie, dein Zuhause oder um deine persönliche Welt kümmerst. Möglicherweise wirst du jetzt sogar dafür gelobt, daß du dich nicht in den Vordergrund gestellt hast.

Wenn die Lunar-Sonne **am Deszendenten** steht, machst du auf andere einen zufriedenen Eindruck. Du wirst dich in mancher Beziehung als «Star» fühlen und Anerkennung erfahren. In Abhängigkeit davon, was du normalerweise tust, findest du dich jetzt vielleicht im Scheinwerferlicht der Öffentlichkeit wieder. Du kannst jetzt viele Kontakte knüpfen, und wahrscheinlich wird man auf dich aufmerksam werden.

Mit der Lunar-Sonne **am MC** forderst du Aufmerksamkeit – dein wichtigstes Anliegen ist es jetzt, daß man dich beachtet. In dem Ausmaß, wie dein Leben auf die Öffentlichkeit ausgerichtet ist, wirst du nun Aufmerksamkeit und Anerkennung erfahren.

Der Lunar-Mond an einem Eckpunkt

Die Stellung des Mondes an einer Ecke im Lunar ist das Wichtigste, was es in dieser Art von Horoskop gibt. Einige der Auswirkungen ähneln denen eben angeführten der Lunar-Sonne. Hinzugefügt werden muß, daß mit dem Mond eine größere emotionale Anteilnahme an den Geschehnissen verbunden ist.

Wenn der Lunar-Mond **am Aszendenten** steht, bist du offen für Kontakte und teilst deine innersten Gefühle anderen mit. Wahrscheinlich bringen dir nun diejenigen, mit denen du Umgang hast, die gleiche Offenheit entgegen, was zu einer Vertiefung von Beziehungen führen kann. Wenn es dir Schwierigkeiten bereitet, dich anderen zu öffnen, könnte dieser Prozeß mehr oder weniger schmerzhaft für dich sein. Die angeführten Beschreibungen für den Lunar-Mond im 1. Haus finden auch hier Anwendung.

Mit dem Lunar-Mond **am IC** beschäftigst du dich vorwiegend mit deinem Zuhause, deiner Familie und deinem Innenleben. Wahrscheinlich sind dir deine Gefühle in dieser Zeit das Wichtigste, was heißen könnte, daß du dich für eine Weile von der Welt zurückziehst. Dies eröffnet dir die Möglichkeit, dir eine solide Basis zu schaffen, von der du ausgehen kannst. Vielleicht erhebt sich in diesem Zeitabschnitt für dich die Frage, wohin du gehörst und was ein Zuhause für dich bedeutet. Die Beschreibungen für den Mond im 4. Lunarhaus gelten auch hier.

Mit dem Lunar-Mond **am Deszendenten** erkennst du deutlicher als sonst, wie es um deine Bedürfnisse und deren Befriedigung sowie um deine persönlichen Beziehungen bestellt ist. In diesem Monat bist du für die Belange der anderen sehr sensibel, und wahrscheinlich gehst du auf diese Wünsche ein. Kontakte mit der Öffentlichkeit stehen nun unter einem günstigen Stern – höchstwahrscheinlich nimmt man dich und das, was du sagst, gut auf. Lies noch einmal nach, was wir zum Lunar-Mond im 7. Haus geschrieben haben!

Wenn im Lunar der Mond **am MC** steht, ist dein inneres Leben eng mit deinen Zielen und deinem Ehrgeiz verbunden. In dem einen oder anderen Sinn trittst du in diesem Monat ins Rampenlicht. Es könnte sein, daß für dich jetzt deine emotionalen Bedürfnisse Vorrang haben und daß du viel Energie auf dein inneres Leben richtest. Genausogut denkbar wäre aber, daß du nun viel Aufmerksamkeit und Anerkennung erfährst, was dir in emotionaler Hinsicht wichtig ist und dich stärkt. Schlag noch einmal die Beschreibung für den Mond im 10. Lunar-Haus auf!

Der Lunar-Merkur an einem Eckpunkt

Wenn im Lunar Merkur in Konjunktion zu einem Eckpunkt steht, bedeutet das für dich die Notwendigkeit, dich mit deinen Bedürfnissen auseinanderzusetzen.

Steht der Lunar-Merkur **am Aszendenten**, ist anzunehmen, daß du in deinem Alltag viel redest. Mit dieser Stellung ist es dir wichtig, deine Bedürfnisse und Gefühle in Worte zu kleiden und zum Ausdruck zu bringen.

Der Lunar-Merkur **am IC** bedeutet, daß deine Aufmerksamkeit auf dein Inneres gerichtet ist. Vielleicht beschäftigst du dich jetzt eingehend mit deiner Vergangenheit oder mit der Geschichte deiner Familie. Andere Entsprechungen wären, daß du viel zuhause schreibst oder einfach intensiv über deine Familie und über persönliche Dinge nachdenkst.

Der Lunar-Merkur **am Deszendenten** heißt im allgemeinen: Kommunikation mit anderen. Auch hier könnte es dazu kommen, daß du in der Öffentlichkeit Reden hältst. Was du jetzt sagst, wird gehört werden. In diesem Monat ist jede Form der persönlichen Kommunikation betont.

Auch mit dem Lunar-Merkur **am MC** spielt Kommunikation die herausragende Rolle. Vielleicht macht sich dies in dem Moment bemerkbar, wenn du deine persönlichen Ziele bekanntgibst, oder dann, wenn du öffentlich sprichst.

Für deine Ideen erfährst du jetzt Anerkennung – was auf dein Wohlbefinden einen stärkenden Einfluß hat.

Die Lunar-Venus an einem Eckpunkt

Wenn Venus im Lunar an einer Ecke steht, ist der Monat vom Wunsch nach Geselligkeit und Vergnügen gekennzeichnet.

Die Lunar-Venus **am Aszendenten** bedeutet, daß du auf taktvolle und diplomatische Art deine Bedürfnisse zu befriedigen suchst. Du denkst mehr als sonst darüber nach, wie du nach außen wirkst. Vielleicht legst du dir jetzt neue Kleider oder eine neue Frisur zu. Beziehungen sind dir jetzt besonders wichtig – du genießt es, mit anderen zusammenzusein.

Die Lunar-Venus **am IC** hat zur Folge, daß du dich mit deiner familiären Situation und mit dir selbst beschäftigt bist. Es könnte sich um eine Zeit handeln, in der du dich daheim außerordentlich wohlfühlst. Vielleicht spielt sich die Geselligkeit in deiner Wohnung ab – wenn Freunde vorbeikommen oder du ein Fest gibst. Möglicherweise schmückst du dein Heim aus (was allerdings im Hinblick auf das Venus-Prinzip etwas zu viel Energie verlangen könnte), vielleicht faulenzt du einfach und gibst dich harmlosen Ausschweifungen hin.

Wenn im Lunar die Venus **am Deszendenten** steht, verbringst du möglicherweise in gesellschaftlicher Hinsicht einen angenehmen Monat. Wahrscheinlich erfreust du dich jetzt eines besonderen Wohlwollens von anderen und erhältst Einladungen zu gemeinschaftlichen Vergnügungen. Vielleicht ergibt sich eine Liebesaffäre. Auf jeden Fall aber erlebst du jetzt eine aufregende und schöne Zeit.

Die Lunar-Venus **am MC** kann eine Zeit bedeuten, in der du mit Charme, Eleganz und dadurch, daß du mit anderen zusammenbist, deine Karriere vorantreibst. Vielleicht ergeben sich Chancen, wenn du unter Beweis stellst, daß du über ein sicheres Auftreten verfügst und in den richtigen Kreisen verkehrst. Es könnte sich um eine Phase handeln, in der du dich dem Genuß hingibst. Wahrscheinlich macht es dir jetzt Spaß, eingeladen zu werden und dich auf gesellschaftlichem Parkett zu bewegen – insbesondere dann, wenn diese Kontakte deinen Status reflektieren. Ebenfalls möglich wäre es, daß ein Freund oder die Person, die du liebst, deine Karriere fördert. In finanzieller Hinsicht dürfte die Zeit günstig sein – wenngleich die Gefahr der Extravaganz besteht.

Der Lunar-Mars an einem Eckpunkt

Mars an einer Ecke des Lunarhoroskops bedeutet einen Monat, der im Hinblick auf lunare Belange von Aktivität und Handlungsdrang geprägt ist. Mit Mars in dieser Stellung kannst du dir sicher sein, daß etwas geschieht.

Mit dem Lunar-Mars **am Aszendenten** fühlst du dich großartig und strotzt nur so vor Kraft. Du verfügst über viel Energie, Dinge in Angriff zu nehmen und das zu erlangen, was du möchtest. Es könnte sich um eine stürmische Zeit handeln.

Wenn Mars im Lunar **am IC** steht, zeigt das an, daß die Aktivität auf das Zuhause oder auch auf psychologische Vorgänge gerichtet ist. Vielleicht bist du in dieser Phase in emotionaler Hinsicht frustriert und erlebst von Zeit zu Zeit Ausbrüche angestauter Energie. Die Zeit eignet sich gut dafür, noch nicht bereinigte Mißstände auszuräumen. Möglicherweise verschönerst du jetzt dein Heim.

Mit dem Lunar-Mars **am Deszendenten** wirkt sich deine Aktivität auf deine Beziehungen zu anderen aus. Vielleicht handelt es sich um eine Zeit, in der es zu verstärkter sexueller Aktivität kommt. Wettbewerbsorientierte Handlungen, Auseinandersetzungen oder andere Formen des energetischen Austausches sind ebenfalls möglich.

Wenn der Lunar-Mars **am MC** steht, richtest du deine Aktivität auf die Außenwelt, was dein Vorankommen auf all den Gebieten fördern kann, welche Konkurrenzdenken und Wagemut erfordern. Es ist davon auszugehen, daß du jetzt viel Energie dafür verwendest, deine persönlichen Ziele zu erreichen. Um das zu erlangen, was du anstrebst, nimmst du viele Risiken auf dich.

Der Lunar-Jupiter an einem Eckpunkt

Jupiter an einem Eckpunkt im Lunarhoroskop gibt eine optimistische, manchmal exzessive Einstellung, welche die Gefahr beinhaltet, zuviel zu erwarten. In jedem Falle aber wirst du dich wohlfühlen, auch dann, wenn sich nicht alle deine Hoffnungen erfüllen.

Steht der Lunar-Jupiter **am Aszendenten,** verfolgst du deine Ziele mit Zuversicht und Selbstvertrauen. Diese positive Einstellung läßt dich erreichen, was du anstrebst. Und falls der Erfolg ausbleiben sollte, machst du einfach weiter – in diesem Monat kann dich nichts erschüttern. Du wirst auf die eine oder andere Weise in deinen Kontakten Neuland erschließen.

Jupiter **am IC** im Lunar bedeutet Zufriedenheit und Wohlbefinden auf der häuslichen und inneren Ebene. Eine gute Gelegenheit, Gäste in deinem Zuhause zu beherbergen! Vielleicht hast du auch den Plan, eine Erweiterung durchzuführen – in konkretem oder in übertragenem Sinn. Du brauchst in geistiger Hinsicht jetzt viel Freiraum und Unabhängigkeit. Wenn du auf dem Land lebst, eignet sich die Zeit für lange Streifzüge durch die Umgebung.

Steht der Lunar-Jupiter **am Deszendenten,** setzt du großen Glauben in andere und triffst vielleicht Menschen, die dich inspirieren. Jetzt verschaffen dir deine Kontakte tiefe Befriedigung. Die einzige Schwierigkeit könnte darin bestehen, daß du zu große Erwartungen hegst.

Mit dem Lunar-Jupiter **am MC** sind Glück und Zufriedenheit in Verbindung mit deiner Karriere oder deinen persönlichen Zielen möglich. Auf diesen Gebieten kannst du jetzt auf inspirierte Art Fortschritte erzielen. Du solltest deiner Intuition, was als nächstes zu tun ist, unbedingt Folge leisten. Deine Ziele sind hochgesteckt – mit deinem Optimismus kannst du dich jetzt auf den langen Weg machen, sie in die Wirklichkeit umzusetzen.

Der Lunar-Saturn an einem Eckpunkt

Diese Saturn-Stellung bringt eine ernste Zeit mit sich, in der du hart arbeiten und dich mit Beschränkungen und Schwierigkeiten auseinandersetzen mußt. Vielleicht handelt es sich dabei aber – aufgrund der verstärkten Anstrengungen, die du unternehmen mußt – um eine ungemein produktive Phase. Vielleicht fühlst du dich aber auch deprimiert und mutlos.

Steht **im Lunar Saturn am Aszendenten**, ist die Art und Weise, wie du in Erscheinung trittst und wie du deine Bedürfnisse zu erfüllen suchst, von Ernsthaftigkeit und manchmal auch von Pessimismus geprägt. Die pessimistische Haltung scheint dir jetzt in mancher Hinsicht die realistischere zu sein. Von dieser Einstellung ausgehend, kannst du mancherlei erreichen, was dich zufrieden macht. Du bist dir darüber im klaren, was für dich brauchst, und widmest dich den konkreten Aufgaben, die anstehen. Du verspürst jetzt das Bedürfnis, hart zu arbeiten und Verantwortung zu übernehmen. Die Gefahr besteht darin, daß du dazu neigst, dir zuviele Gedanken zu machen.

Mit dem **Lunar-Saturn am IC** könntest du dich einsam und von anderen isoliert fühlen. Vielleicht triffst du die Entscheidung, dich zurückzuziehen, weil dir in deiner augenblicklichen Geistesverfassung deine Kontakte nicht ernsthaft und tief genug sind. In äußerlicher Hinsicht nimmst du jetzt möglicherweise Veränderungen in deinem Heim vor. Vielleicht mußt du dich mit Störungen und Hindernissen auseinandersetzen, die deine Geduld auf die Probe stellen.

Steht der Lunar-Saturn **am Deszendenten**, ist im Hinblick auf Partnerschaften eine Zeit der Prüfung gegeben. In Beziehungen kommt es jetzt wahrscheinlich dazu, daß Verpflichtungen eingegangen werden müssen. Hast du keine Beziehung, wirst du dich nun einsam fühlen. Oberflächlichkeit stößt dich jetzt ab – du willst Verbindungen zu anderen, die wirklich bedeutungsvoll sind, oder gar keine.

Mit dem Lunar-Saturn **am MC** ist ein Monat verbunden, in dem du deine Ziele ernstnimmst und wahrscheinlich hart arbeitest. Vielleicht verschafft dir das Hinarbeiten auf ein Ziel große emotionale Befriedigung. Es könnte sich dabei um etwas Berufliches oder um etwas Persönliches handeln – etwas, das du dir zu erfüllen auferlegt hast, um einer Verpflichtung gerechtzuwerden.

Der Lunar-Uranus an einem Eckpunkt

Wenn Uranus an einem Eckpunkt im Lunar steht, mußt du dich darauf einstellen, daß du dich auf nichts einstellen kannst und unvorhersehbare Ereignisse eintreffen werden. Im Lunarhoroskop, das mit dem alltäglichen und an der Routine orientierten Leben zu tun hat, werden die mit Uranus verbundenen Höhen und Tiefen vielleicht nicht so dramatisch wie sonst in Erscheinung treten. Nichtsdestoweniger mußt du dich auf allerlei Überraschungen und kleine Ärgernisse gefaßt machen. Uranus bringt das, womit du am wenigsten rechnest!

Wenn der Lunar-Uranus **am Aszendenten** steht, bist du es selbst, der für die Überraschungen in deinem Leben sorgt. Daran solltest du denken, wenn du das Bedürfnis hast, dich auf eine wilde Art und Weise zum Ausdruck zu bringen! Überlege es dir gut, wenn du den Wunsch verspürst, deine Haare schneiden oder färben oder dir eine Dauerwelle machen zu lassen! Und überlege es dir zweimal, dir irgendwelche Kleidungsstücke zu kaufen, die du im nächsten Monat nicht mehr tragen kannst! Um das zu bekommen, was du möchtest, verhältst du dich jetzt vielleicht auf eine Weise, die du sonst selbst als schockierend bezeichnen würdest.

Uranus **am IC** bedeutet, daß sich Überraschungen im Hinblick auf dein Zuhause und dein inneres Leben ergeben werden. Die Dinge werden sich nicht nach Plan entwickeln und insofern Anpassungsfähigkeit verlangen. Je flexibler du dich zeigst, desto befriedigender kann diese Zeit für dich sein.

Steht im Lunar der **Uranus am Deszendenten**, kommt es in deinen Beziehungen zu Überraschungen. Entweder du oder dein Partner verspürt den Wunsch nach mehr Unabhängigkeit und Freiheit. Irgendjemand wird sich auf eine unvorsehbare Weise verhalten. Vielleicht stellt sich auch derjenige, dem du dein Vertrauen schenken möchtest, als unzuverlässig heraus. Denkbar wäre auch, daß du jemanden kennenlernst, der außerhalb deines normalen Freundeskreises steht und der auf irgendeine Weise anders als deine sonstigen Bekannten ist. In dieser Phase könnte dich jemand mit seinem Verhalten – in welcher Form auch immer – zutiefst schockieren. Du verspürst jetzt Wünsche in dir, von deren Existenz du bis zu diesem Zeitpunkt nichts geahnt hast.

Der Lunar-Uranus am MC ist von Überraschungen im Zusammenhang mit deinem Beruf oder deinen persönlichen Zielen begleitet. Vielleicht handelst du jetzt auf unvermittelte Weise oder siehst dich unerwarteten Gelegenheiten gegenüber. Es ist anzunehmen, daß die Vorgänge in deiner Umgebung einen überraschenden Verlauf nehmen. Es handelt sich um eine gute Zeit, um deinen eigenen Weg zu gehen – kompromißbereit bist du jetzt nicht.

Der Lunar-Neptun an einem Eckpunkt

Neptun an einem Eckpunkt kann bezüglich des betreffenden Lebensbereiches Verwirrung und Ängstlichkeit bedeuten. Ein neptunischer Einfluß ist nicht am Konkreten ausgerichtet; er zeigt die Sehnsucht nach dem Vollkommenen.

Neptun **am Aszendenten** im Lunar bringt es mit sich, daß du an das Leben und die Dinge, die du erreichen willst, mit einer idealistischen und vielleicht auch naiven Einstellung herangehst. Du neigst dazu, von jedem nur das Beste zu glauben, was vielleicht dazu führt, daß tatsächlich die besseren Eigenschaften in Erscheinung treten. Genausogut möglich wäre aber, daß du Enttäuschung und Entmutigung erfährst. Du dürftest jetzt ein zerstreutes Verhalten zeigen – deine Aufmerksamkeit ist auf andere, fernab liegende Dinge gerichtet. Eine gute Phase für uneigennützige und geistige Aktivitäten!

Steht im Lunar Neptun **am IC**, könntest du deine Zeit damit verbringen, in deiner Wohnung Tagträumen nachzuhängen. Es handelt sich um eine Phase, in der dir Meditation und Innenschau viel Gewinn bringen. Vielleicht möchtest du nun deine Wohnung zu einem Buddha-Tempel machen, zu einer Quelle von Frieden und Ruhe, die dich neue Kräfte schöpfen läßt.

Neptun am Lunar-**Deszendenten** kann Verwirrung oder Idealismus, Enttäuschung oder den Wunsch, Vollkommenheit in der Beziehung mit anderen zu erleben, bedeuten. Jede einzelne oder auch alle dieser Entsprechungen sind möglich. Du neigst zu Selbsttäuschungen, wenn du das zu analysieren versuchst, was zwischen dir und einem anderen vorgeht. Wie dem auch sei: In diesem Monat – über dem ein Zauber liegt – können sich göttliche Dinge ereignen.

Mit Neptun **am MC** im Lunar basieren deine Wünsche auf der Sehnsucht, das Vollkommene zu erfahren. Dies bezieht sich möglicherweise auf ein persönliches Ziel mit einer außerordentlichen Anziehungskraft, welches dich intensiv darüber nachdenken läßt, wie du es erreichen könntest. Vielleicht machst du dir aber auch – insbesondere dann, wenn dich die bestehende Situation nicht befriedigt – Gedanken über berufliche Alternativen. Möglicherweise beschäftigst du dich jetzt eingehend mit spirituellen Zielen, womit das Gefühl verbunden sein könnte, daß der Weg, den du gewählt hast, der richtige ist.

Der Lunar-Pluto an einem Eckpunkt

Pluto bedeutet Transformation – die im allgemeinen mit Schmerzen verbunden ist. Die plutonische Transformation tritt aber im Lunar nicht so stark wie in den anderen Horoskopen hervor – es sei denn, ein Thema des Geburtshoroskops wird aufgegriffen.

Mit dem Lunar-Pluto **am Aszendenten** bist du es mit deiner Erscheinung und deiner Einstellung, der Wandlungen unterliegt. Es könnte sich um eine Zeit handeln, die von einer tiefen Intensität erfüllt ist. Was du jetzt in Angriff nimmst, ist von einem neugewonnenen Sinn für das Abgründige durchdrungen.

Steht im Lunar Pluto **am IC**, unterliegt dein häusliches und dein privates Leben Veränderungen. Eine intensive psychische Auseinandersetzung findet nun statt, in der verdrängte Erinnerungen aufsteigen und vielleicht in einem neuen Licht gesehen werden. Auf der äußerlicheren Ebene könnten sich Veränderungen in deinem Zuhause – vielleicht im Keller? – ergeben. Möglicherweise muß etwas niedergerissen werden, damit etwas Neues entsteht.

Mit dem Lunar-Pluto **am Deszendenten** sind deine Verbindungen zu den Mitmenschen von einer tiefen Intensität erfüllt. Deine Gefühle anderen gegenüber dürften jetzt tiefer als sonst sein, was vielleicht im Zusammenhang mit einer bestimmten Person steht. Diese Phase eignet sich gut für einen therapeutischen Austausch. Es ist denkbar, daß es im Kontakt zu anderen jetzt zu unergründlichen Ereignissen kommt. Wenn du eine öffentliche Funktion hast, bist du nun möglicherweise in der Lage, ein Publikum in deinen Bann zu schlagen. Diese Fähigkeit könnte sich auch in den alltäglichen Kontakten bemerkbar machen.

Mit Pluto am **Lunar-MC** verfolgst du deine persönlichen Ziele auf eine rastlose Weise. Vielleicht handelst du dabei wie unter einem Zwang – als ob du jetzt tätig werden oder untergehen mußt. Ebenfalls möglich wäre es, daß es im Beruf zu einer Machtprobe kommt. Es ist wichtig, daß du jetzt Moral beweist – jede Verfehlung wird Probleme nach sich ziehen.

7

Die Wiederkehr von Merkur, Venus und Mars

Bei der Wiederkehr von Merkur, Venus und Mars handelt es sich wie bei dem Solar und dem Lunar um ein Horoskop, das für den Moment berechnet wird, in dem der Planet wieder die Stelle erreicht, die er bei der Geburt innehatte. Bei Merkur und der Venus ereignet sich das etwa einmal im Jahr, bei Mars etwa alle zwei Jahre einmal.

Die drei Planeten, um die es hier geht, können allerdings rückläufig werden, was die Erstellung des Horoskops komplizieren kann. Wenn einer dieser Planeten kurz hinter der Geburtsstellung rückläufig wird, wird er diese noch zwei weitere Male berühren. In diesem Fall ist es der *letzte* Transit, der das Bild entwirft, das der Zukunft entspricht – die beiden anderen Transite erhellen die dazwischenliegenden Intervalle. Mit anderen Worten: Ein Wiederkehr-Horoskop gilt solange, bis sich die nächste Wiederkehr ereignet – selbst wenn das schon nach zwei Wochen der Fall sein sollte. Ohne Zweifel können auch diese zwei Wochen von außerordentlicher Bedeutung sein – es ist deshalb anzuraten, *alle* Horoskope zu berücksichtigen. Ein Sonderfall ist gegeben, wenn ein Planet auf der Geburtsstellung stationär wird.* In diesem Fall kann kein genaues Horoskop berechnet werden. Wenn du auch durch die Aspekte zum Wiederkehr-Planeten einige Informationen erhalten kannst, so ist der Wert dieses Horoskops doch von begrenztem Wert.

* Man bezeichnet einen Planeten als stationär, wenn er über eine gewisse Zeit hinweg im Tierkreis stillzustehen scheint. Zu dieser Erscheinung kommt es zwischen den Phasen der Rück- und der Direktläufigkeit. Begründet ist sie darin, daß die Erde nicht der Mittelpunkt des Sonnensystems ist.

Die Informationen, die das auf die Wiederkehr von Merkur, Venus oder Mars gegründete Horoskop liefert, zeigen äußerst detailliert, wie der Planet in dem betreffenden Zeitraum zum Ausdruck kommt. Es handelt sich um die Geschichte des Jahres oder der Jahre aus der Sicht des jeweiligen Planeten. Die *Haus*stellung drückt aus, auf welchem Lebensgebiet du die Energie des betreffenden Planeten zum Einsatz bringen wirst und wie die Erfahrungen und Lektionen beschaffen sein werden, die dir bevorstehen. Anhand der Horoskop-Häuser kannst du sehen, was du in dieser Zeit lernen mußt, um die betreffende Planeten-Energie zur Entwicklung zu bringen und bestmöglich zu nutzen. Die *Aspekte* verdeutlichen, welche anderen Energien einbezogen sind und wie einfach oder schwer dir dieser ganze Prozeß fallen wird.

Um ein vollständiges Bild zu erhalten, mußt du – wie beim Geburtshoroskop – *alle* Faktoren in Betracht ziehen. Jede Einzelheit sagt etwas aus über die Art und Weise, wie der Planet zum Ausdruck kommt und darüber, wie du das Beste aus den Gelegenheiten und den Erfahrungen machen kannst, die sich in diesem Zusammenhang ergeben.

Die Eckpunkte im Wiederkehr-Horoskop sind von großer Wichtigkeit. Dies gilt um so mehr, wenn sie mit denen des Geburtshoroskops zusammenfallen oder in Konjunktion zu Geburts-Planeten stehen. Der *Aszendent* zeigt, auf welche Weise du die betreffende Planeten-Energie zum Ausdruck bringen beziehungsweise benutzen wirst. Das *MC* enthüllt, was du mit dem Planeten zu erreichen versuchst und welchen Ausdruck der planetarischen Energie du der Welt zeigen möchtest.

Planeten, die in dem Wiederkehr-Horoskop an einer Ecke stehen, sind von besonderer Bedeutung. Diese Stellung gibt Informationen darüber, welche Qualitäten du im Zusammenhang mit dem betreffenden Planeten zusätzlich zum Ausdruck bringen willst. Wenn zum Beispiel bei einer Mars-Wiederkehr der Mond am MC steht, möchtest du als jemand angesehen werden, der auf anteilnehmende und fürsorgliche Weise reagiert und dessen mit Mars verbundene Ziele emotionaler Natur sind. In diesem Fall ist das Ziel, aktiv zu werden im Rahmen emotional befriedigender Tätigkeiten.

Wenn der Wiederkehr-Planet in Konjunktion zur Sonne steht, handelt es sich ebenfalls um eine sehr wichtige Zeit. In dieser Phase wirst du bestrebt sein, die Energie des jeweiligen Planeten umfassender als zuvor in deine Identität aufzunehmen, was dir helfen kann zu bestimmen, wer du eigentlich bist. Indem du den Wiederkehr-Planeten zum Ausdruck bringst, entwickelst du deine kreative Energie, was dir ein sichereres Selbstgefühl und eine genauere Erkenntnis deines Lebenszieles vermitteln kann.

Wenn du die anderen Planeten des Wiederkehr-Horoskops betrachtest, mußt du dir immer bewußt sein, daß sie jeweils nur im Hinblick auf den Wiederkehr-Planeten zu interpretieren sind. So beleuchtet beispielsweise die Venus bei der Merkur-Wiederkehr die Art von Liebesbeziehungen, die eine anregende Wirkung auf deinen Geist und deine kommunikativen Fähigkeiten haben. Im Gegensatz dazu zeigt der Merkur bei der Venus-Wiederkehr, wie du zum jeweiligen Zeitpunkt über Liebe und Beziehungen denkst und wie du mit denen kommunizierst, die du liebst.

Du solltest die verschiedenen Wiederkehr-Horoskope im Zusammenhang zueinander betrachten und auch das Solar dabei einbeziehen. Wiederholen sich bestimmte Themen? Wirklich wichtige Themen treten in jedem Horoskop in Erscheinung – sie stehen oft mit Problemen in Verbindung, die aus dem Geburtshoroskop herrühren. Ein Beispiel: Im Geburtshoroskop ist ein schwieriger Venus/Pluto-Aspekt enthalten, und über die Jahre hinweg zeigen sich in den Wiederkehr-Horoskopen Venus/Pluto-Beziehungen (in Form von Aspekten oder der Stellung der Venus im 8. Haus oder im Skorpion). In diesem Fall handelt es sich um einen Zeitraum, in dem du mit etwas Tiefem in Kontakt kommst, was dir diese kraftvolle transformierende Planeten-Energie bewußt werden läßt.

Am Schluß möchten wir noch einmal darauf hinweisen, daß du bei der Interpretation immer das Geburtshoroskop im Blick behalten mußt. Dies gilt vor allem bezüglich des Planeten, auf den das Wiederkehr-Horoskop berechnet ist. Das Wiederkehr-Horoskop zeigt, wie du an die Aufgabe herangehst, die betreffende planetarische Energie zur Entwicklung zu bringen und wie dein spezielles planetarisches Muster in einem bestimmten Zeitraum zum Ausdruck kommt. Es macht deutlich, welche Lektionen du lernen mußt und wie du mit dem Energiefluß arbeiten kannst, um dein Potential zu verwirklichen.

Die Merkur-Wiederkehr

Bevor du deine Aufmerksamkeit auf das Horoskop richtest, das auf den Moment der Wiederkehr von Merkur berechnet ist, solltest du dich mit dem Merkur-Prinzip im allgemeinen beschäftigen. Die Merkur-Funktion ist das Herstellen von Verbindungen – sie bedeutet das Netzwerk, das zwischen den verschiedenen Einheiten besteht und welches diese zusammenbringt. Die Merkur-Stellung im Geburtshoroskop zeigt, auf welche Weise wir kommunizieren und wie wir Verbindungen herstellen. Die Fähigkeiten, die wir diesbezüglich haben, bestimmen, wie gut wir mit anderen zurechtkommen.

Hier geht es um den Bereich, in dem wir unsere Bilder, unsere Gefühle und unsere Erfahrungen in Worte umsetzen, um sie anderen mitzuteilen. Es geht darum, wie wir die Informationen, die wir erhalten, verarbeiten. Merkur bringt die Menschen zusammen – er ermöglicht den Austausch, betont aber damit zugleich die Unterschiede sowie die Einzigartigkeit des einzelnen.

Die Merkur-Wiederkehr bringt zum Ausdruck, wie du in dem betreffenden Zeitabschnitt lernst und wie du das Gelernte verarbeitest. Sie zeigt, worauf dein Geist konzentriert ist und wie du auf den Prozeß des Erwerbens und Verarbeitens von Wissen eingestellt bist.

☿

Das **Haus**, in dem Merkur bei seiner Wiederkehr steht, zeigt den Bereich, auf den deine Aufmerksamkeit gerichtet ist. Es verdeutlicht, was dich im besonderen interessiert, worüber du nachdenkst und redest, was du lernen mußt – wie du mit all dem, was damit in Beziehung steht, während des Zeitraums der Wiederkehr umgehst.

Die **Aspekte** bringen zum Ausdruck, welche anderen Fähigkeiten in diesen Prozeß einfließen und ob dir dieser leicht- oder schwerfällt; sie prägen deine geistige Einstellung dieser Zeit. Die beteiligten Planeten zeigen, welche Lektionen du zu lernen hast. Wenn zum Beispiel Merkur in Konjunktion zu Jupiter steht, lernst du, auf freiere und offenere Weise zu kommunizieren – du erhältst den Anstoß, deinen Geist zu öffnen und auf eine wagemutigere Art zu denken. Du verspürst während des betreffenden Zeitraums sowohl das Bedürfnis als auch die Herausforderung, deinen Geist auszuweiten. Im Gegensatz dazu mußt du mit einer Verbindung von Merkur und Saturn lernen, dich zu konzentrieren und deinen Geist zu disziplinieren. In diesem Falle käme es für dich darauf an, auf eine strukturiertere und methodischere Weise zu denken und zu kommunizieren.

Der **Aszendent** bei der Merkur-Wiederkehr stellt dar, auf welche Art du deine Ideen zum Ausdruck bringen möchtest – wie du dich mit der Welt verbinden und dich anderen präsentieren willst. Wenn der Aszendent zum Beispiel im Krebs steht, stellst du auf eine emotionale Weise Verbindungen mit dem her, was dich interessiert. Um dein Interesse zu wecken, müssen die Dinge dich auch gefühlsmäßig ansprechen – du wünschst, daß deine mentalen Aktivitäten auch einen emotionalen Bestandteil haben. Mit einem Krebs-Aszendenten wirst du dich auf sanfte und empfängliche Weise zum Ausdruck bringen; es widerstrebt dir, deine Ideen in den Vordergrund zu stellen.

Das **MC** bei der Merkur-Wiederkehr sagt aus, welches Bild du im Hinblick auf deine kommunikativen Fähigkeiten abgeben möchtest und welche Anstrengungen du in diesem Zusammenhang unternimmst. Es zeigt, wie deine Geisteshaltung gegenüber dem ist, was du im Leben erreichen willst und wonach du strebst. Wenn zum Beispiel Widder am MC steht, denkst du auf eine gradlinige Weise über deine Ziele nach und hast das Bedürfnis, dich als unabhängiger und schneller Denker darzustellen. Diese Phase würde davon geprägt sein, daß du viele Pläne machst und zahlreiche Anstrengungen unternimmst, diese in die Realität umzusetzen. Es handelte sich in diesem Fall um eine Zeit des Beginns und der Entscheidung.

Merkur bei seiner Wiederkehr im 1. Haus

☿ I

Wenn Merkur bei seiner Wiederkehr im 1. Haus steht, zeigst du dich sehr kommunikativ. Du lernst dich jetzt genauer kennen – die Art, wie du redest, zuhörst und wie du Verbindungen herstellst. Du bist jetzt in der Geistesverfassung, mit jedem ein Gespräch zu führen – weil du merkst, daß jeder dir etwas zu sagen hat. Du bist an allem und jedem interessiert und von einer unstillbaren Neugier.

Merkur bei seiner Wiederkehr im 2. Haus

Während der Dauer dieses Wiederkehr-Horoskops ist dein Geist mit praktischen Dingen beschäftigt. Es ist sehr gut möglich, daß du vielerlei Ideen hast, wie du Geld verdienen kannst. Es wäre denkbar, daß du voller Pläne bist, deine finanzielle Situation zu verbessern – möglicherweise nehmen dich die Gedanken, wie du zu Geld kommen könntest, vollständig in Beschlag.

Du könntest jetzt auch über die Werte, die du vertrittst, nachdenken und entscheiden, was dir wirklich wichtig ist. Das heißt, daß du vielleicht von einigen deiner Wertvorstellungen Abschied nehmen mußt. Du bist jetzt aber flexibel und offen für neue Überlegungen.

Es handelt sich um eine Zeit, in der dein Verstand auf das Praktische und Konkrete ausgerichtet ist. Du beschäftigst dich jetzt mit Ideen, die du in zählbaren Erfolg umsetzen kannst – nicht mit Träumen oder abgehobenen Konzepten.

Merkur bei seiner Wiederkehr im 3. Haus

Mit dem Merkur im 3. Haus bei seiner Wiederkehr bist du in geistiger Hinsicht gewissermaßen hyperaktiv. In deinem Kopf schwirrt jetzt alles mögliche herum, und du verspürst einen Durst nach Wissen wie noch nie. Eine Zeit, in der du Informationen suchst und deine kommunikativen Fähigkeiten entwickeln möchtest. Du unternimmst nun die verschiedensten Aktivitäten und zeigst dich rastlos – weil du überall auf dem Laufenden sein willst. Du ziehst herum, redest mit Leuten und tauschst Ideen aus. Vielleicht schlägst du – auf der Suche nach dem Neuen und Interessanten – eine neue Studienrichtung ein oder beginnst einen Kurs, was deinen Ideen einen anderen Rahmen geben könnte. Möglicherweise entwickelst du jetzt eine neue Art zu denken.

Merkur bei seiner Wiederkehr im 4. Haus

☿ 4 Mit dem Merkur im 4. Haus – insbesondere in Konjunktion zum IC – handelt es sich um eine außerordentlich bedeutungsvolle Zeit. Du lernst jetzt vieles über dich selbst, indem du eine Reise unternimmst zu deinen tiefsten Gefühlen und Erinnerungen. Während dieser Phase überdenkst du die Erfahrungen, die du gemacht hast – du lernst sie in einem neuen Licht zu sehen und wirst dir der tiefsten Quellen deines Wesens bewußt. Es könnte sein, daß du jetzt ein angeborenes, bislang aber nicht bekanntes Talent entdeckst und entwickelst, was dir vielleicht hilft, deinen Ideen zu vertrauen. Du kannst mit größerem Abstand auf deine emotionalen Bedürfnisse blicken und erkennen, was du wirklich brauchst, um dich geborgen zu fühlen.

Merkur bei seiner Wiederkehr im 5. Haus

☿ 5 Eine möglicherweise ungemein kreative Zeit, in der du deiner Phantasie freien Lauf läßt. Du genießt es, mit Ideen zu spielen und diese auf lebhafte und kreative Weise zum Ausdruck zu bringen. Kunst und Unterhaltung stimulieren deinen Geist, und die Kreativität von anderen regt dein Denken an. Dein Verstand dürfte jetzt auf eine spielerischere Weise als sonst funktionieren. Vielleicht reizen dich jetzt Rätsel und Spiele in besonderem Maße. Es kann dir auch viel Vergnügen machen, mit Kindern zusammenzusein – weil du dich von ihrem Denken und ihrer Art, sich zum Ausdruck zu bringen, angesprochen fühlst.

Merkur bei seiner Wiederkehr im 6. Haus

☿ 6 Wenn Merkur bei seiner Wiederkehr im 6. Haus steht, machst du dir viele Gedanken über Arbeit, Pläne und anstehende Entscheidungen. Aller Wahrscheinlichkeit nach bist du geistig intensiv beschäftigt – zum Beispiel mit Schreiben, Lehren oder dem Erstellen von Arbeitsplänen. Jetzt mußt du deine Ideen auf praktische Weise umsetzen und mit dem Alltag in Übereinstimmung bringen. Angelegenheiten im Zusammenhang mit dem körperlichen Wohlbefinden dürften ebenfalls im Brennpunkt stehen – vielleicht beginnst du jetzt mit einer Therapie oder mit etwas, was einen Heilungsprozeß einleitet. Insbesondere Therapien, die den Geist und die Vorstellungskraft – wie zum Beispiel die kreative Imagination – ansprechen, ziehen dich an. Wenn dein Merkur in einem Erdzeichen steht, werden dir körperbetontere Methoden – wie die Massage – mehr zusagen.

Merkur bei seiner Wiederkehr im 7. Haus

7 Mit dieser Stellung weist du eine Geistesverfassung auf in der du deine Ideen deinen Mitmenschen mitteilen willst. Die Zeit eignet sich gut dafür, Differenzen auszuräumen – es fällt dir jetzt leichter als sonst, zuzuhören und andere Argumente aufzunehmen. Du fühlst das Bedürfnis, dich mit anderen auszutauschen, und du möchtest eine Resonanz auf deine Pläne verspüren. Jetzt steht Kommunikation im Mittelpunkt – lebhafte Debatten und Austausch in jeder Form. Möglicherweise stimulieren dich die Ausführungen von jemandem auf Äußerste. Mit anderen zusammenzuarbeiten verschafft dir viel Befriedigung und Spaß.

Merkur bei seiner Wiederkehr im 8. Haus

8 Mit dem Merkur im 8. Haus ist eine Zeit von intensiven Gedanken und tiefgründigen Interessen gegeben. Du möchtest die innersten Vorstellungen der Menschen um dich herum kennenlernen und anderen wirklich nah sein. Alles Oberflächliche stößt dich nun ab. Vielleicht üben jetzt die Themen Tod und Sexualität eine starke Anziehungskraft auf dich aus. Das könnte damit zusammenhängen, daß du auf der Suche nach den Mysterien des Lebens bist. Möglicherweise wird dein Denken nun radikal transformiert. Vielleicht ist es die Tiefe deiner Überlegungen, die dich dazu zwingt, alte Ideen loszulassen. Tief aus deinem Inneren steigt nun etwas Neues auf.

Merkur bei seiner Wiederkehr im 9. Haus

Wenn Merkur im 9. Haus steht, bist du vor allem damit beschäftigt, nach Wissen und Weisheit zu suchen. Du möchtest jetzt mehr über das Universum erfahren und darüber, welche Verbindung zwischen den Dingen besteht. Vielleicht fühlst du dich rastlos und machst in Gedanken weite Reisen zu ferngelegenen Plätzen. Du könntest jetzt mit einem Studium beginnen, das deinem Geist neue Vorstellungen erschließt. Du brennst darauf, deine Ansichten mit anderen zu diskutieren und möchtest so viele Meinungen wie möglich hören. Vielleicht führst du jetzt bis in die Nacht tiefschürfende philosophische Gespräche.

Merkur bei seiner Wiederkehr im 10. Haus

In einer Zeit mit Merkur im 10. Haus des Wiederkehr-Horoskops sind deine Gedanken insbesondere auf die Karriere und die langfristigen Ziele gerichtet. Vielleicht trittst du eine neue Stelle an, bei der du vor vielen Menschen reden mußt oder die mit Handel oder Verkauf oder mit einer Form von kreativem Schreiben zu tun hat. Du hast viele Ideen, was du im Leben tun willst, und vielleicht übst du jetzt verschiedene Tätigkeiten aus. Wenn du nun Erfolg hast, könnte das bedeuten, daß du dich selbst auf eine andere Weise zu sehen beginnst.

Du machst dir viele Gedanken über dein berufliches Fortkommen und absolvierst dazu vielleicht einen Kurs, der dir eine höhere Qualifikation einbringt. In diesem Zeitraum kannst du dich in der äußeren Welt außerordentlich gut «verkaufen» – du hast nun die Fähigkeit, deine Ansichten auf eine Weise zu präsentieren, die andere zutiefst beeindruckt und dir Anerkennung verschafft.

Merkur bei seiner Wiederkehr im 11. Haus

Mit Merkur im 11. Haus wirst du deine Träume und Hoffnungen einer kritischen Überprüfung unterziehen müssen. Bist du dir im klaren darüber, was du früher einmal gewollt hast? Hast du deine Träume aus dem Blick verloren?

Während dieses Zeitraums denkst du darüber nach, wohin du wirklich willst, was bedeuten kann, daß du jetzt eine neue Richtung einschlägst. Du hast eine Vision, wie die Zukunft deiner Meinung nach sein sollte – jetzt mußt du Pläne machen, damit diese einmal Wirklichkeit werden kann.

Während dieser Phase brauchst du Freunde und Gruppen, die deinen Geist stimulieren und die deinen Ideen und Idealen offen gegenüberstehen. In Gegenwart anderer Menschen fühlst du das Bedürfnis, über deine Hoffnungen und Pläne für die Zukunft zu sprechen. Die Zeit eignet sich auch gut dafür, an gemeinschaftlichen Projekten als Teil eines Teams mitzuarbeiten.

Merkur bei seiner Wiederkehr im 12. Haus

☿ 12

Mit dieser Stellung fühlst du das Verlangen, dich von jeglicher Kommunikation zurückzuziehen. Du verspürst den Wunsch, so viel wie möglich allein zu sein – damit du mit deinen Gedanken ins reine kommst. Es ist eine Zeit, in der du eine Reise in dein Inneres unternimmst, um deine Seele kennenzulernen. Bei diesem Vorgang steigen Erinnerungen, Gedanken und Gefühle der Vergangenheit in dir hoch. Du neigst jetzt zu Meditation und zu Träumereien, und du brauchst viel Zeit zum Nachdenken. Du solltest dir überlegen, ob du jetzt nicht ein Traumtagebuch führen willst – auf diese Art könntest du viel über dich herausfinden. In geistiger Hinsicht kann es sich um eine außerordentlich kreative Zeit handeln – unter der Voraussetzung, daß du deinen Gedanken umherzuschweifen erlaubst und mit ihnen auf eine spielerische Weise umgehst. Die Lösungen für Probleme werden sich nun oftmals wie von selbst einstellen, und zwar in den Momenten, in denen du es am wenigsten erwartest.

Die Venus-Wiederkehr

Die Venus im Geburtshoroskop zeigt, wie wir Liebesverbindungen herzustellen versuchen in dem Bestreben, vollständiger zu werden. Sie zeigt, was und wie wir lieben, wonach wir suchen, um glücklich zu werden, die Dinge und Menschen, die wir schätzen und was wir schön finden. Die Venus symbolisiert unser ästhetisches Empfinden. Sie bringt zum Ausdruck, was wir von anderen brauchen, um uns geliebt zu fühlen, und die Art, wie wir unsere Liebe zeigen.

Die Venus-Wiederkehr stellt dar, wie du in dem betreffenden Zeitraum an Beziehungen herangehst. Sie deutet an, was du dir von deinen Verbindungen erhoffst und was für Menschen anziehend auf dich wirken. Weiterhin symbolisiert sie, was dich glücklich macht und wie einfach oder schwierig es in dem betreffenden Zeitabschnitt für dich ist, glücklich zu sein.

♀

Wie bei allen Wiederkehr-Horoskopen ist das wichtigste Haus das, in dem der Wiederkehr-Planet steht. Das Venus-***Haus*** bringt zum Ausdruck, wonach du dich im Hinblick auf Liebe sehnst, was für Beziehungen du auf diesem Gebiet eingehen möchtest und in welchem Lebensbereich du im besonderen nach Glück suchst.

Die Venus-***Aspekte*** zeigen, auf welche Weise dies vor sich geht. Sie üben einen Einfluß aus auf das, was du willst, und darauf, wie du vorgehst, um Zufriedenheit und Glück zu erfahren. Wenn zum Beispiel die Venus im 5. Haus steht, suchst du Liebe durch Spaß und Vergnügung – mit einem Quadrat zu Saturn aber wird es dir schwerfallen, sie zu finden. Ergibt sich hier eine Verbindung, könnte diese von überaus ernster oder vielleicht sogar belastender Natur sein – was deinem Bedürfnis nach Amüsement vollkommen wiederspricht. Wenn zu der Venus keine Aspekte bestehen, kann es schwer für dich sein, Liebe in deinem Leben zu erfahren – vielleicht fühlst du dich isoliert und von anderen abgeschnitten und hast Probleme damit, Kontakte herzustellen.

Der **Aszendent** bei der Venus-Wiederkehr zeigt, inwiefern du dich durch Liebe zum Ausdruck bringen willst.

Wenn der Aszendent in Konjunktion zu einem Geburts-Planeten steht, wird die betreffende planetarische Energie einen großen Einfluß darauf haben, wie du in diesem Zeitraum mit anderen in Verbindung trittst. Das Potential, das in der Geburts-Stellung begründet ist, wirst du in dieser Phase durch deine Beziehungen weiter entwickeln.

Das **MC** der Venus-Wiederkehr verdeutlicht, welche bewußten Vorstellungen du hinsichtlich des Venus-Prinzips hast. Es enthüllt, wie du in dem betreffenden Zeitraum in Beziehungen gesehen werden willst. Die Himmelsmitte kann auch zeigen, welche Menschen dir bei deinem beruflichen Fortkommen von Nutzen sein können.

Sind die Achsen die gleichen wie im Geburtshoroskop, handelt es sich um einen herausragenden Zeitabschnitt im Hinblick auf deine Liebes- und Kontaktfähigkeit.

Venus bei ihrer Wiederkehr im 1. Haus

♀ 1

Wenn bei der Venus-Wiederkehr die Venus im 1. Haus steht, ist eine Zeit gegeben, in der du einige wichtige Dinge über deine Verbindung mit der Welt lernen mußt. Beziehungen stehen jetzt im Mittelpunkt deiner Aufmerksamkeit – du erlebst die Herausforderung, deine kommunikativen Fähigkeiten zu entwickeln. Eine Liebesaffäre könnte zur Folge haben, daß du dich selbst sowie das Leben überhaupt in einem anderen Licht siehst. In dieser Zeit lernst du, auch in Gegenwart anderer du selbst zu sein und deine Individualität zu bewahren. Zugleich kannst du die Qualität und Intensität deiner Verbindung zu deinen Mitmenschen steigern.

Venus bei ihrer Wiederkehr im 2. Haus

♀ 2

Mit der Venus im 2. Haus setzt du dich mit der konkreten und praktischen Seite des Lebens auseinander. Du hast Gefallen daran, für Dinge, die du magst und die deinem Geschmack entsprechen, Geld auszugeben. In dieser Zeit verdienst du möglicherweise viel Geld – es scheint dir jetzt nur so zuzuströmen. Aber auf der anderen Seite bist du wahrscheinlich auch extravaganter und verschwenderischer eingestellt als sonst, so daß du auch mehr Geld denn je ausgeben könntest. In dieser Phase solltest du dich bemühen, nicht über die Stränge zu schlagen, dich dir gegenüber aber doch großzügig zeigen – dir gönnen, was du brauchst.

Venus bei ihrer Wiederkehr im 3. Haus

♀ 3

Eine Phase, in der du Gefallen an Konversation und Gesellschaft findest und Lesen und Lernen dir Spaß macht. Eine mögliche Entsprechung wäre hier, daß du in der Abendschule oder bei anderen Bildungsaktivitäten neue Freunde kennenlernst. Du verspürst das Bedürfnis, deine Ideale mit anderen zu teilen, und fühlst dich von Menschen angezogen, die auf lebhafte Weise kommunizieren. Es handelt sich um eine ereignisreiche Zeit, die von den verschiedensten sozialen Aktivitäten gekennzeichnet ist. Mit der Person, die du liebst, willst du dich jetzt unbedingt auseinandersetzen, und vielleicht führst du eine Beziehung per Brief oder Telefon.

Venus bei ihrer Wiederkehr im 4. Haus

♀ 4

Aller Wahrscheinlichkeit nach ein ruhiger Zeitabschnitt, in dem du es genießt, bei deiner Familie oder in Gesellschaft von Leuten zu sein, deren Gegenwart dir ohne Einschränkung sympathisch ist. Du verspürst das Bedürfnis, Menschen wirklich nahezukommen, so daß sich bestehende Beziehungen jetzt möglicherweise vertiefen. Deine Verbindungen lassen Erinnerungen aus deiner frühen Kindheit aufsteigen. Insofern eignet sich dieser Zeitraum, um eine Therapie durchzuführen.

Venus bei ihrer Wiederkehr im 5. Haus

♀ 5

Jetzt neigst du dazu, in die Liebe verliebt zu sein. Du hast den Wunsch, eine besondere Persönlichkeit kennenzulernen, und du möchtest eine angenehme Zeit verleben – zum Beispiel, indem du künstlerische oder kulturelle Veranstaltungen besuchst (vorzugsweise in Begleitung der Person, die du liebst). Möglicherweise lernst du neue Freunde oder einen Liebhaber kennen, wenn du ins Kino oder ins Konzert gehst oder selber kreativ oder sportlich aktiv wirst. In dieser Periode solltest du dir eine angenehme Zeit machen und dich auf spielerische und genußvolle Weise am Leben erfreuen.

Venus bei ihrer Wiederkehr im 6. Haus

Mit der Venus im 6. Haus dreht sich dein gesellschaftliches Leben um die Arbeit. Du genießt es, Teamwork zu betreiben, und vielleicht verliebst du dich sogar in jemanden an deinem Arbeitsplatz. Freundschaften, die bei deiner Arbeit entstanden sind, erleben jetzt eine Blütezeit. Und es ist durchaus denkbar, daß eine berufliche Partnerschaft dir jetzt große Befriedigung gewährt.

Wahrscheinlich kümmerst du dich jetzt intensiv um dich selbst und um andere. In dieser Phase ist es dir eher eine Freude als eine Pflicht, dich gesund zu ernähren oder eine Ausbildung zu absolvieren. Die physische Seite der Liebe ist dir jetzt wichtiger als sonst – sie kann deinen körperlichen Zustand positiv beeinflussen.

Venus bei ihrer Wiederkehr im 7. Haus

Mit dieser Stellung sind Beziehungen für dich von herausragender Bedeutung. Sie bilden den Anlaß, dir weitreichende Gedanken zu machen. Wenn du in keiner engen Beziehung stehst, wirst du dir jetzt des Bedürfnisses, jemanden zu lieben und geliebt zu werden, deutlich bewußt. Bist du mit jemandem zusammmen, erkennst du in diesem Zeitraum, ob die Partnerschaft deinen Erwartungen wirklich gerecht wird. Dabei hast du den Anspruch, nichts weniger als die perfekte Beziehung zu führen. Das heißt, daß es ohne weiteres zum Ende einer Verbindung beziehungsweise zum Beginn einer neuen kommen kann. Du suchst Glück durch die Verbindung mit anderen Menschen, und du sehnst dich danach, mit deinem Partner in vollendeter Harmonie zu leben.

Venus bei ihrer Wiederkehr im 8. Haus

Eine Wiederkehr mit der Venus im 8. Haus symbolisiert eine Zeit, in der du dich nach vollständiger Transformation durch Liebe sehnst. Du willst an die Tiefen deines eigenen Wesen geführt werden und mit jemand anderem wirklichen Seelenkontakt erleben. Liebe kann für dich jetzt schmerzhaft sein, und vielleicht verliebst du dich auf zwanghafte Weise in jemanden, der von dir nichts wissen will. Aber selbst wenn es sich dabei für dich um eine traumatische Erfahrung handeln sollte: Die damit verbundene Intensität wird dir helfen, dich lebendiger zu fühlen. Sexuelles Verlangen und Leidenschaft sind dir jetzt sehr wichtig. Mit Halbheiten begnügst du dich nicht – du willst Liebe bis zur Grenze erfahren.

Venus bei ihrer Wiederkehr im 9. Haus

Eine Zeit, in der du auf der Suche nach jemandem bist, der außerhalb deines normalen Kreises steht. Du suchst nach Menschen, die dein Wissen vergrößern und die dir eine neue Perspektive der Welt vermitteln können. Du fühlst dich von denjenigen angezogen, die sich auf irgendeine Weise von dir unterscheiden – die vielleicht aus einer anderen Kultur oder einer anderen sozialen Schicht stammen.

Zu studieren bereitet dir in dieser Zeit viel Freude; es verschafft dir auch die Möglichkeit, neue Menschen kennenzulernen. Denkbar wäre weiterhin, daß du dich jetzt in einen Lehrer oder in eine Person verliebst, die aus einem anderen Land stammt. Während dieser Phase bist du eher am geistigen als am körperlichen Kontakt interessiert. Mehr als zu anderen Zeiten hast du das Bedürfnis, dich frei und unbeschränkt zu fühlen.

Venus bei ihrer Wiederkehr im 10. Haus

Wenn die Venus des Wiederkehr-Horoskops im 10. Haus steht, drehen sich deine Beziehungen um deine berufliche Laufbahn und um deine langfristigen Ziele. Du suchst Kontakte zu den «richtigen» Leuten – welche dir helfen können, bei der Arbeit voranzukommen. Du fühlst dich zu denjenigen hingezogen, die Erfolg haben. In beruflicher Hinsicht kommst du voran; vielleicht vollendest du jetzt das, woran du eine lange Zeit gearbeitet hast. Wenn sich der Erfolg einstellt, verspürst du Glück – und der Erfolg kann die Wunden heilen, die du im Hinblick auf dein Selbstwertgefühl erlitten hast. Du lernst jetzt, dich aufgrund dessen, was du erreicht hast, zu lieben.

Venus bei ihrer Wiederkehr im 11. Haus

♀ 11

Mit der Venus im 11. Haus haben Freundschaften einen Wert für dich, der alles andere übersteigt. Du genießt es von vollem Herzen, mit vielen Menschen zusammenzusein. Vielleicht trittst du in dem Bestreben, zu geistesverwandten Menschen Kontakt zu finden, einer Gruppe bei, die idealistische oder reformerische Ziele verfolgt. Durch Gruppenaktivitäten lernst du möglicherweise neue Freunde und Liebespartner kennen. Gemeinsame Ideale sind in diesem Zeitraum die Basis jeder neuen Beziehung.

Venus bei ihrer Wiederkehr im 12. Haus

♀ 12

Wenn diese Stellung gegeben ist, neigst du mehr als sonst dazu, dich zurückzuziehen. Dir erscheint es jetzt angenehmer, in Gedanken mit anderen verbunden zu sein statt in der Realität. Du träumst vielleicht von dem perfekten Liebhaber und hast Schwierigkeiten damit, dich mit etwas Geringerem zufriedenzugeben. Möglicherweise reicht dir deine Traumwelt vollkommen aus. In diesem Zeitraum kannst du Erfüllung dadurch erfahren, daß du mit selbstloser Dienstbereitschaft anderen hilfst. Vielleicht bist du auch herausgefordert, denen, die du liebst, Opfer zu bringen – was dich ebenfalls innerlich tief befriedigen kann. Das Glück anderer Menschen liegt dir in dieser Zeit mehr am Herzen als dein eigenes.

Die Mars-Wiederkehr

Bevor wir uns mit den Einzelheiten der Mars-Wiederkehr befassen, müssen wir uns vor Augen führen, wofür dieser Planet im Geburtshoroskop steht. Mars verkörpert in erster Linie die Art und Weise, wie wir uns unserer Individualität versichern wollen und wie wir vorgehen, um die Bedürfnisse zu befriedigen, die von der Sonne symbolisiert sind. Mars zeigt gewissermaßen unseren Kampf gegen den Konformitätsdruck – wie wir uns als Individuum und eigenständige Wesenheit zu behaupten versuchen. Er stellt dar, wie wir unsere Energie zum Ausdruck bringen, wie wir handeln und an die Dinge herangehen. Er zeigt ebenfalls, was (und wen) wir brauchen und wünschen und wie wir vorgehen, um diese Bedürfnisse zu befriedigen. Jemand mit einem Stier-Mars benötigt beispielsweise Sicherheit und Stabilität und das Gefühl, etwas Konkretes aufgebaut zu haben; seine Vorgehensweise wird von methodischer und zielgerichteter Art sein. Im Gegensatz dazu braucht die Person mit dem Schütze-Mars Freiraum und Unabhängigkeit; handeln wird sie auf auf impulsive, spontane und enthusiastische Art und Weise.

Die Mars-Wiederkehr hat zum Inhalt, wie es in dem betreffenden, etwa zwei Jahre dauernden Zeitabschnitt um die Energie bestellt ist, mit der du deine selbstgesetzten Ziele erreichen willst. Sie zeigt, was du brauchst, um dich lebendig und kräftig zu fühlen, und auf welche Art du am effektivsten handeln kannst. Des weiteren verdeutlicht sie, welche Menschen dich in sexueller Hinsicht in diesem Zeitraum anziehen. Dies steht in unmittelbarem Zusammenhang damit, was du jetzt brauchst, um deine Mars-Energie zu entwickeln. Die betreffenden Menschen können dir deutlich machen, ob du mit deiner Mars-Energie konstruktiv umgehst oder nicht.
Grob gesagt ist die Mars-Wiederkehr ähnlich zu interpretieren wie das Solar – mit der Einschränkung, daß es hier darum geht, auf welche Weise du aktiv wirst und wohin du deine Energie lenkst. Mars verkörpert Aktion und Handlung – die Mars-Wiederkehr ist immer etwas Klares und Konkretes. Im Vergleich zu den eher hintergründigen Einflüssen der Horoskope, die auf die Wiederkehr vom Mond oder von der Venus berechnet sind, läßt es sich einfach und unmittelbar interpretieren.

Das **Haus**, in dem Mars im Horoskop seiner Wiederkehr steht, zeigt den Bereich, auf den deine Energie vor allem gerichtet ist. Hier steckt das, was dich am stärksten anzieht, und hier erfährst du während des Zeitraums dieser Wiederkehr die Stimulierung deiner Energie. In diesem Bereich bist du gezwungen, aktiv zu werden – vielleicht mußt du hart kämpfen, um das zu erhalten, was du begehrst. Im Extremfall geht es hier um das nackte Überleben.

Das Mars-**Haus** zeigt, worauf du am direktesten deine Energie richten kannst und was du brauchst, um dich von Leben erfüllt zu fühlen. Wenn du merkst, daß du nicht in Übereinstimmung mit deiner Mars-Energie bist, solltest du deine Energie bewußt auf die Angelegenheiten richten, die von dem Wiederkehr-Haus symbolisiert sind. Das wird das Mars-Prinzip stimulieren und dich in engeren Kontakt mit ihm bringen.

Die **Aspekte**, die zu Mars bestehen, zeigen, welche Eigenschaften du mit der Mars-Energie in diesem Zeitraum verbinden mußt. Ist beispielsweise ein Mars/Uranus-Aspekt vorhanden, mußt du selbstbestimmt zu handeln lernen; du wirst dich von Menschen und Situationen angezogen fühlen, die dir dies erlauben. Die Art des Aspektes bringt dabei zum Ausdruck, ob dieser Prozeß einfach oder schwierig für dich sein wird.

Der **Aszendent** der Mars-Wiederkehr verkörpert die Art und Weise, wie du die Mars-Energie während des betreffenden Zeitraums nach außen bringst. Er stellt dar, wie du dich in neuen Situationen verhältst, wie du auf Herausforderungen reagierst und wie du an neue Aktivitäten herangehst. Mit einem Schütze-Aszendenten beispielsweise wirst du dazu neigen, mit Enthusiasmus und Wagemut nach Herausforderungen zu suchen; allem, was passiert, wirst du dich mit einer optimistischen und zuversichtlichen Haltung stellen. Du würdest dich dann am lebendigsten fühlen, wenn dir das, was du tust, auch Spaß macht. Mit dieser Stellung üben Sport, das Reisen oder auch ein Studium eine besondere Anziehungskraft aus. Daneben besteht ein grundsätzliches Bedürfnis nach viel Bewegungsfreiheit. Befindet sich der Aszendent dagegen im Skorpion, ist die Energie viel konzentrierter und eher nach innen gerichtet. Mit dem Skorpion-Aszendenten bei der Mars-Wiederkehr dürfest du sie zur Selbst-Transformation benutzen und den Wunsch haben, daß alle deine Handlungen wirklich dein Inneres wiederspiegeln. In diesem Falle wäre deine Energie ungemein konzentriert und durchdringend. Es könnte sich hier um eine Zeit handeln, in der du wie besessen an einem bestimmten Projekt arbeitest.

Das **MC** der Mars-Wiederkehr enthüllt, welche Ziele du in dem betreffenden Zeitabschnitt hast – was du mit deinen Aktivitäten erreichen willst und welche Vorgehensart du wählst. Sie zeigt auch das Bild deiner selbst, das du durch das Mars-Prinzip anderen vermitteln möchtest. Mit der Waage am MC könnte es beispielsweise dein Ziel sein, eine Beziehung aufzunehmen, wobei du vielleicht gar nicht genau weißt, wie du vorgehen sollst. Das Waage-Prinzip ist in sehr starkem Maße mit der Verbindung zu anderen beschäftigt – es läßt sich nicht ohne weiteres mit der marsischen Energie verknüpfen. In diesem Beispiel würde es dir schwerfallen, geradewegs auf das loszugehen, was du anstrebst; du würdest das Bild von jemandem abgeben, der überlegt und dabei auf diplomatische Weise aktiv wird. Ein anderes Beispiel: Mit dem Zeichen Löwe an der Himmelsmitte möchtest du als Individuum von dir reden machen und deine Ziele mit Tatkraft und Elan in Angriff nehmen. In diesem Fall wüßtest du genau, was du tun und wie du vorgehen mußt, und deine Aktivitäten würden einen Beiklang von Würde und Autorität haben.

Wenn die **Eckpunkte** der Mars-Wiederkehr die gleichen wie in deinem Geburtshoroskop sind, ist dieser Zeitraum in höchstem Maße bedeutungsvoll. Mars ist dann das Instrument, das das Potential der Achsen des Geburtshoroskop entwickeln hilft.

Der Mars an einem Eckpunkt im Horoskop seiner Wiederkehr ist ebenfalls von großer Wichtigkeit. Dabei steht dann aber die Entwicklung der Mars-Energie im Mittelpunkt. Wie sich das auswirken könnte, ist im Nachfolgenden näher beschrieben.

Die Mars-Wiederkehr im 1. Haus

♂ 1 Mit Mars im 1. Haus der Mars-Wiederkehr stürzt du dich Hals über Kopf in das Leben. Du willst dich gegenüber der Welt erproben – du erlegst dir viele Herausforderungen auf, um das volle Potential deiner Mars-Energie kennenzulernen. Vielleicht handelt es sich um eine Phase der Kämpfe und Konflikte, in der du Unabhängigkeit und Stärke entwickeln möchtest. Du lernst jetzt, dich zu behaupten, und du erkennst, was du vom Leben brauchst, um wirklich du selbst zu sein. Du bist es, der für dein Leben die Verantwortung trägt – gehe los und kümmere dich um das, was du willst!

Die Mars-Wiederkehr im 2. Haus

♂ 2 Mit dieser Stellung ist eine Phase gegeben, in der du deine Energie darauf richtest, die Dinge zu bekommen, die du möchtest. Deine Aktivitäten zielen darauf ab, etwas Festes und Dauerhaftes zu begründen, etwas, das wirklich von Wert ist. Geld und materielle Güter bedeuten dir jetzt viel – du kämpfst hart, um sie zu erwerben und zu behalten. Vielleicht bemerkst du, daß du in weitaus stärkerem Maße als sonst an irgendwelche Sachen denkst. Das liegt daran, daß du dich jetzt selbst darüber definierst, was du dein eigen nennst. Dein Eigentum bedeutet dir in dieser Phase sehr viel – du benutzt es als Maßstab deines Wertes. Du wirfst dich mit vollem Einsatz auf das Geldverdienen und arbeitest fortwährend daran, die Dinge zu erwerben, die du brauchst, um dich sicher und als – im wahrsten Sinne des Wortes – wertvoller Mensch zu fühlen.

Die Mars-Wiederkehr im 3. Haus

♂ 3 Eine Zeit, die von großer – körperlicher wie geistiger – Aktivität geprägt ist. Du fühlst dich rastlos und hast Schwierigkeiten damit, dich für längere Zeit auf eine Sache zu konzentrieren. Du hast nun vielerlei Interessen, und vielleicht fängst du jetzt verschiedene Sachen auf einmal an. Du fühlst das Bestreben, so viele Informationen wie nur möglich aufzunehmen – Beschäftigungen wie dem

Lernen, Schreiben oder Kommunizieren widmest du dich nun mit Hingabe. Für alles hast du jetzt Interesse, und je mehr du lernst, desto mehr Energie fühlst du in dir. Du brauchst nun geistige Anregung, um dich lebendig zu fühlen. Vielleicht diskutierst du mehr als sonst und führst hitzige Rededuelle, um deine Ansichten darzulegen.

Die Mars-Wiederkehr im 4. Haus

♂ 4

Mit dieser Stellung ist deine Energie auf dein Zuhause gerichtet, welches in emotionaler Hinsicht nun vielleicht etwas von einem Minenfeld hat. Es wäre denkbar, daß irgend etwas dein Zuhause oder deine Sicherheit zu bedrohen scheint und du das Gefühl hast, daß dir der Boden unter den Füßen weggezogen wird. Der Kampfplatz ist jetzt dein Zuhause. Möglicherweise siehst du dich auch mit einer Art emotionaler Erpressung oder Manipulation konfrontiert. Allerdings kann diese Zeit in therapeutischer Hinsicht durchaus von Nutzen sein – weil viel angestauter Ärger und Leidenschaft zutage tritt wird du wahrscheinlich neue Kraftreserven und Stärken entdeckst, wenn du auf Probleme stößt.

Die Mars-Wiederkehr im 5. Haus

♂ 5

Eine Zeit, in der du neue Kräfte schöpfst, indem du das tust, was dir Spaß macht. Jetzt setzt du deine Energien für Vergnügungen ein; vielleicht verleihst du auch deiner Kreativität mit neuem Schwung Ausdruck. Möglicherweise hast du schon einmal daran gedacht zu zeichnen, einer Theatergruppe beizutreten oder Sport zu treiben – jetzt ist die Zeit, diesen Gedanken in die Wirklichkeit umzusetzen. Wettbewerbsorientierte – insbesondere sportliche – Tätigkeiten haben jetzt eine anregende Wirkung auf dich.

Es wäre auch denkbar, daß Liebesaffären deine Energie fordern. Vielleicht handelt es sich dabei um eine Person, die du bei einer Freizeitveranstaltung getroffen hast. Sex ist jetzt ein Mittel deines Selbstausdrucks. Wahrscheinlich suchst du in dieser Beziehung nun nach neuen Erfahrungen.

Wenn du jetzt einfach das tust, was dir Spaß macht, kannst du erkennen, wer du eigentlich bist und was du in diesem Augenblick möchtest. Mach dich also auf den Weg und genieße das Leben!

Die Mars-Wiederkehr im 6. Haus

Wenn Mars im 6. Haus steht, befindest du dich wahrscheinlich in einer arbeitsintensiven Phase. Vielleicht mußt du Entscheidungen im Hinblick auf deinen Beruf treffen oder deine Vorgehensweise bei der Arbeit neu gestalten. Verdrängte Probleme könnten jetzt zu Unstimmigkeiten und Konflikten mit Mitarbeitern führen.

Möglicherweise fordert auch deine Gesundheit Aufmerksamkeit. Du wirst dir nun vielleicht bewußt, daß dein Energiespiegel niedrig ist, was dich Veränderungen vornehmen lassen kann. Krankheit entspringt oftmals unterdrücktem Ärger, und es könnte sich als sinnvoll erweisen, jetzt eine Therapie zu machen – um den Ärger zu lösen. Du solltest nun dein Selbstvertrauen trainieren, was vielleicht zur Folge hat, daß du deine Mars-Energie auf konstruktivere Weise benutzt. Wahrscheinlich wirst du jetzt aktiv im Hinblick auf deine körperliche Fitneß und auf einen geordneteren Tagesablauf, womit du deine körperliche Gesundheit und dein Wohlbefinden stärkst.

Die Mars-Wiederkehr im 7. Haus

In der Zeit, die durch den Mars im 7. Haus der Mars-Wiederkehr geprägt ist, wird der Bereich der Beziehungen etwas von einem Schlachtfeld an sich haben. Du versuchst dich durch deine Beziehungen zu definieren, fürchtest dabei aber manchmal, deine Entscheidungsfreiheit zu verlieren. Als Reaktion darauf fährst du dann aus der Haut und wirfst anderen vor, deine Eigenart und Individualität zu mißachten. Das kann in engen Beziehungen zu stürmischen Auseinandersetzungen führen – um es vorsichtig zu formulieren. Wenn du glaubst, daß dir eine Beziehung nichts mehr bringt, oder wenn das sexuelle Feuer erloschen ist, ziehst du nun ohne weiteres den Schlußstrich.

Ganz allgemein ist mit dieser Stellung das Gefühl verbunden, daß andere sich einem in den Weg stellen. Es handelt sich hier letzlich um den Kampf, so sein zu dürfen, wie man ist.

Du wirst in dieser Phase viel Energie auf deine Beziehungen richten, so daß diese mit Dynamik erfüllt sind, was dich wiederum belebt und erfrischt. Vielleicht kommt es jetzt zu einer neuen Partnerschaft mit jemandem, von dem du dich sehr stark angezogen und stimuliert fühlst.

Die Mars-Wiederkehr im 8. Haus

♂ 8

Während dieses Zeitraums haben deine Aktivitäten wahrscheinlich etwas Zwanghaftes an sich. Wenn deine Leidenschaft einmal geweckt ist, wirst du hart und ausdauernd arbeiten, um das Erstrebte zu erreichen, wobei du bis an deine Grenzen gehst. Die Art und Weise, wie du deine Mars-Energie benutzt, ändert sich jetzt durch die Tiefe und Intensität deiner Erfahrungen.

Dein sexuelles Verlangen ist nun möglicherweise stärker denn je, und vielleicht schlitterst du in eine Affäre hinein, die zwanghafte Züge hat und verborgene Affekte freisetzt. Es handelt sich um eine Phase der sexuellen Entdeckungen – auch in bestehenden Beziehungen können nun neue und aufregende Veränderungen stattfinden.

Wie bei allen Stellungen im 8. Haus kann auch hier eine traumatische Zeit gegeben sein, die von etwas sehr Schmerzhaftem gekennzeichnet ist. Es ist denkbar, daß sich eines der folgenden Ereignissen abspielt: das Ende einer Beziehung, der Tod eines nahestehenden Menschen oder ein finanzielles Problem. Ganz allgemein kann es nun zu einer depressiven Phase kommen. Ob das, was vorfällt, nun ein äußeres oder ein inneres Ereignis ist – du bist gezwungen, in deinen verborgensten Tiefen nach Energiereserven und nach Mut zu suchen. Dabei kannst du neue Kraft und neue Stärken entwickeln.

Die Mars-Wiederkehr im 9. Haus

♂ 9

Steht der Mars bei der Wiederkehr im 9. Haus, weitest du deinen Horizont aus und öffnest dein Leben. Wenn du jemals mit dem Gedanken gespielt hast, alles stehen und liegen zu lassen und dich auf die Reise zu machen, ist jetzt die Zeit gekommen, dies zu tun. Auch wenn du keinen derartig drastischen Schritt unternimmst, wirst du den Wunsch haben, umherzuschweifen. Reisen üben nun eine große Faszination auf dich aus.

Es kann sich um einen Zeitraum handeln, in dem du auf aktive Weise mit Philosophie oder etwas anderem beschäftigst, was dich herausfordert und dein Wissen erweitert. Die Gemeinschaft anderer Studierender stimuliert dich, und die Diskussionen über das, was du gelernt hast, beleben dich. Vielleicht vertrittst du deine Ideen und philosophischen Anschauungen mit Leib und Seele, weil es wie eine persönliche Drohung auf dich wirkt, wenn jemand diese in Frage stellt.

Aller Wahrscheinlichkeit nach fühlst du dich jetzt rastlos und springst auf der Suche nach Anregungen und sinnvollen Aktivitäten wie besessen von einer Sache zur anderen. Du suchst nach körperlichen und geistigen Herausforderungen und fühlst dich erfrischt, wenn du Schwierigkeiten bewältigt hast – selbst wenn mit diesen eine Gefahr verbunden war. So könntest du dich jetzt riskanten Unternehmungen aussetzen – zum Beispiel dem Bergsteigen, dem Fliegen oder dem Fallschirmspringen. Das, was du machst, ist vielleicht nicht in diesem Ausmaß gefährlich – ein gewisses Risiko in deinem Leben tut dir jetzt aber gut. Indem du dich deiner persönlichen Herausforderung stellst, setzt du deine Mars-Energie frei.

Die Mars-Wiederkehr im 10. Haus

♂ **10**

Eine Zeit, in der du für deine langfristigen Ziele aktiv wirst. Es ist denkbar, daß du jetzt einen Job aufgibst, um eine andere, befriedigendere Stellung anzutreten. Du willst dich jetzt vollständig mit deiner Arbeit identifizieren können – langweilige oder lästige Pflichten frustrieren dich. Rückschläge oder Probleme in deinem Beruf haben ihre Ursache in unterdrücktem Ärger, den du in deiner Kindheit im Hinblick auf deine Eltern oder andere Autoritätspersonen erlebt hast. Diese Schwierigkeiten können jetzt aber einen stimulierenden Einfluß auf dich ausüben und dich dazu anhalten, noch bestimmter auf den Erfolg hinzuarbeiten.

In dieser Phase verspürst du einen unbändigen Ehrgeiz; du richtest deine ganze Energie auf deine berufliche Laufbahn und auf den gesellschaftlichen Erfolg. Du zeigst jetzt ein ungemein wettbewerbs- und erfolgsorientiertes Verhalten, und deine Ziele zu erreichen scheint dir eine Sache von Leben oder Tod. Dies könnte zu ernsthaften Konflikten mit denjenigen führen, die mit dir konkurrieren oder die dir «im Weg stehen».

Die Mars-Wiederkehr im 11. Haus

Mit dem Mars im 11. Haus der Mars-Wiederkehr ist es dir ein Anliegen, deine wichtigsten Wünsche zu konkretisieren. Es handelt sich um eine Zeit, in der du deine Hoffnungen und Ideale in die Realität umsetzen willst. Deine Energie ist dabei in erster Linie auf deinen Freundeskreis und auf Gruppenaktivitäten gerichtet. In negativer Auswirkung sind Auseinandersetzungen mit Freunden und das Zerbrechen von Partnerschaften möglich.

Du merkst, daß dich die Arbeit mit anderen jetzt stimuliert – gemeinschaftliche Arbeitsprojekte machen dir viel Spaß. Durch Zusammenarbeit erreichst du viel mehr, als wenn du allein auf dich gestellt bist.

Die Mars-Wiederkehr im 12. Haus

Der Mars im 12. Haus der Wiederkehr bedeutet eine Phase des Nachdenkens und der inneren Entwicklung, in der du dich weniger als sonst auf die Außenwelt und das Konkrete beziehst. Es ist die Zeit, sich mit den verdrängten Emotionen zu beschäftigen, wobei viel unterdrückter Ärger aufsteigen kann. Dies gilt insbesondere bezüglich deiner Träume. Möglicherweise investierst du viel Energie in die Erforschung deiner mystischen und spirituellen Wesenszüge, und vielleicht fühlst du dich zu einer selbstlosen Arbeit für andere – im Krankenhaus oder in welcher Institution auch immer – hingezogen.

Es kann sein, daß diese Phase für dich schwierig ist. Das 12. Haus hat mit Selbstaufgabe zu tun, was dem Mars-Prinzip vollkommen entgegengesetzt ist. Du bist nun gefordert, Persönliches zurückzustellen und zum Wohle der anderen zu arbeiten. Jetzt solltest du dich von den Wünschen, die dir nicht mehr entsprechen, lösen und lernen, dich dem Fluß des Lebens hinzugeben.

8

Eine Fallstudie: Jack

Die erste Fallstudie, die wir hier vorstellen wollen, ist die von Jack. Jack hat bei Babs 17 Monate lang, vom August 1983 bis zum Januar 1985, eine Therapie gemacht. Danach hat er sie ein- oder zweimal pro Jahr aufgesucht, um sich astrologisch beraten zu lassen. Wir beziehen uns auf seine Geschichte, weil wir hier genau sehen können, wie jemand bis zu einem bestimmten Zeitpunkt mit seinen Problemen und seinem Potential umgegangen ist. Oder mit anderen Worten: auf welche Weise sich das Geburtshoroskop ausgewirkt hat.

Nach der Betrachtung des Geburtshoroskops gehen wir detailliert auf das Solarhoroskop für das Jahr 1988/89 und in kürzerer Form auf vier Lunare des gleichen Zeitraums ein. Danach schauen wir auf das Solarhoroskop für 1989/90 und auf das für die Wiederkehr von Merkur erstellte Horoskop dieser Phase. Merkur herrscht in Jacks Horoskop sowohl über den Aszendenten als auch über das MC – insofern ist dieser Planet für Jack von größerer Wichtigkeit als die Venus oder der Mars.

Zunächst aber das Geburtshoroskop und – in einigen Zügen – die Lebensgeschichte. Auf diese Bemerkungen werden wir im folgenden immer wieder zurückkommen.

Als Jack mit der Therapie anfing, war Pluto gerade über seine Venus gelaufen und näherte sich nun wieder der Konjunktion mit der Sonne. Uranus hatte bereits in Opposition zum Mars und im Quadrat zum Pluto gestanden; jetzt lief er auf das Quadrat zum Mond zu, was das T-Quadrat aus dem Geburtshoroskop betonte.* All diese Transite weisen darauf hin, daß es sich um eine ungemein wichtige Zeit für

* Wenn ein Planet im Quadrat zu zwei anderen Planeten steht und sich diese beiden in Opposition zueinander befinden, spricht man von einem T-Quadrat. Was diese Stellung aussagt und welche dynamischen Wachstumspotentiale in ihr begründet liegen, schildert Tracy Marks in ihrem Buch »Schwierige Aspekte«, Verlag Hier & Jetzt, auf anschauliche Weise.

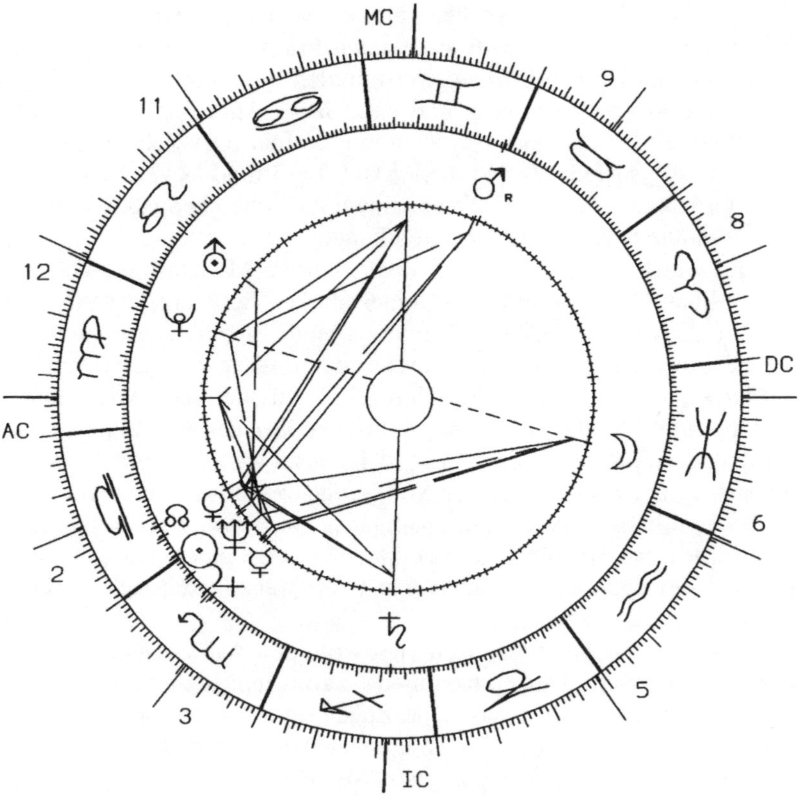

Geburtshoroskop: Jack

☉ 29° 13′ ♎	♂ 01° 22′ ♊	♆ 04° 19′ ♏	AC 23° 39′ ♍
☽ 10° 13′ ♓	♃ 09° 18′ ♏	♇ 03° 44′ ♍	MC 21° 31′ ♊
☿ 10° 43′ ♏	♄ 21° 51′ ♐	☊ 21° 45′ ♎	Häusersystem Placidus
♀ 24° 19′ ♎	♅ 15° 57′ ♌		

Jack gehandelt hat, die von tiefen und umfassenden Wandlungen geprägt war.

Unmittelbar vor dem Beginn der Therapie war Jack in eine Schlägerei geraten, in der er seine Schneidezähne eingebüßt hatte. Aufgrund dessen war er gezwungen, ein Provisorium zu tragen. Jack beabsichtigte den Mann, mit dem er sich geschlagen hatte, auf Erstattung der Kosten für die Behandlung und den Zahnersatz zu verklagen.

Mit einem Pluto-Transit über die Venus und die Sonne (beide in der Waage stehend) im 2. Haus geraten Fragen im Hinblick auf das Aussehen und die Erscheinungsweise in den Vordergrund. Jemand anderes (Pluto) war gekommen und hatte Jacks Aussehen – etwas sehr Wichtiges für ihn (2. Haus) – zerstören wollen. Der Zahnersatz, den Jack anfertigen ließ, kostete mehr als 1.000 Pfund – welche er nicht erstattet bekam. Der Wert, den er seinem Aussehen beimaß, war hoch, und er mußte bezahlen, um ihn zu erhalten.

Der ganze Vorgang zog sich über mehrere Monate hin. Während dieser Phase litt Jack zeitweilig unter starken Schmerzen, weil es in der Wurzel eines betroffenen Zahns zu einer Entzündung gekommen war. Diese verschlimmerte sich immer dann, wenn Jack unbewußt ärgerlich oder zornig war. Wurde ihm sein Zorn oder seine Wut bewußt und tat er, was nötig war, klang sie ab. Die Entzündung zeigte gewissermaßen an, ob er im Begriff war, sich auf zu weitreichende Kompromisse – einer Entsprechung von Waage und Venus – einzulassen.

Wir wollen nun einen Blick auf Jacks Horoskop werfen. Die Elemente Luft und Wasser sind stark betont – er ist eine emotionale und sensible Person, und aufgrund seiner Beeindruckbarkeit äußerst flexibel und anpassungsbereit.

Merkur steht sehr stark, weil er sowohl den Aszendenten als auch das MC beherrscht. Dessen Konjunktion zum Jupiter im Skorpion verlieh ihm gewisse opportunistische Züge: Er war jederzeit auf seinen persönlichen Vorteil bedacht. Jack ist schlagfertig und vielseitig begabt, optimistisch und umgänglich. Mit Merkur – einem «amoralischen» Planeten – im Skorpion (das Zeichen, das mit Kriminalität in Verbindung steht) schuf er sich seinen eigenen Verhaltenskodex. Dieser stimmte auch deshalb nicht mit dem der Gesellschaft überein, weil keine Verbindung zu Saturn besteht.

Mit dieser Stellung sowie der Tatsache, daß der Herrscher des Horoskops im 2. Haus steht, war Geld von extremer Wichtigkeit für ihn. Als Jack die Therapie begann, sprach er zwei Probleme an. Zum einen hatte er bis zu diesem Zeitpunkt ausschließlich homosexuelle Beziehungen unterhalten und noch nie geschlechtlichen Kontakt mit einer Frau gehabt. Nun aber begann er sich Gedanken darüber zu machen, mit einer Frau zusammenzuleben und vielleicht ein Kind zu haben.

Zum anderen nahm er täglich Kokain zu sich, womit er aufhören wollte. Allerdings handelte es sich um eine psychische Abhängigkeit – sein ganzes Leben war auf die Droge abgestimmt. Seine Freundschaften waren darauf gegründet, daß man zusammen das Kokain einnahm.

Weil es für sein Leben zentral war, bedeutete es eine große Veränderung für ihn, damit aufzuhören. Die Freundschaften bestanden darin, daß man einander mit der täglichen Dosis besuchte, um diese in Gegenwart der anderen zu konsumieren. Keiner seiner Freunde würde noch zu ihm gekommen sein, wenn er sich von der Droge gelöst hätte, und er selbst konnte zu niemanden gehen, ohne einen Vorrat bei sich zu haben, der dann geteilt wurde. So war die Lebensart von jemandem beschaffen, der eine Konjunktion von Sonne und Neptun und einen Fische-Mond im Horoskop hat.

Die beiden angesprochenen Themenbereiche stellten sich in dem Zeitraum, in dem Jack bei mir in Therapie war, als überaus wichtig heraus.

Wir wollen zunächst noch einmal unseren Blick auf Jacks 2. Haus beziehungsweise auf seine Vorstellungen zu Geld sowie den Werten überhaupt einschließlich seines eigenen richten. Als Jack mit der Therapie begann, arbeitete er als Strichjunge. Er wollte über viel Geld verfügen (2. Haus); die starke Waage-Energie machte sich bemerkbar als Dasein und Geben für andere und der Jungfrau-Aszendent als Dienstbarkeit. Die Merkur/Jupiter-Konjunktion im Skorpion stand für Opportunismus, Expansion, Unmoral, Unterwelt, Sexualität – Jack war in einer bizarren Welt zuhause.

Mit dem Pluto-Transit über die Venus und die Sonne wurde Jack immer unzufriedener mit dem, was er tat. Zuvor hatte er häufig Reisen unternommen (Mars im 9. Haus) und – als Teil seiner Arbeit – ein Luxusleben geführt; er hatte sich in teuren Hotels aufgehalten, wo er als Begleiter und als Sexualpartner zur Verfügung stand. Nun aber verlor seine Arbeit für ihn jeden Glanz. Jack merkte, wie in ihm Ärger und Verachtung über seine Freier aufstieg und wie es ihm widerstrebte, ihnen noch länger zu Diensten zu sein. Zu dieser Entwicklung kam es, als Pluto über seine Waage-Sonne lief. Wenn Jack wieder einmal viel hatte arbeiten müssen, verschlimmerte sich sein Zahnleiden; da er aber keine andere Möglichkeit sah, Geld zu verdienen, hielt er noch an seiner Tätigkeit beziehungsweise an dem seiner Meinung nach leichtverdienten Geld fest.

Im Mai 84 stand Pluto zum wiederholten Male dicht bei der Sonne. Zu dieser Zeit befiel ein Hautausschlag seinen Körper, welcher als mehr oder weniger nicht zu behandelnde Pilzinfektion diagnostiziert wurde, die nach etwa neun Wochen verschwinden sollte. Jack beunruhigte die Entstellung seines Körpers sehr – nach Abklingen der Verschorfungen blieben weiße Flecken auf seiner Haut zurück, die erst nach einem Jahr vollständig verschwanden. Jack sagt, daß dieser Sommer für ihn verdorben war, weil er nicht hinaus ins Tageslicht gehen konnte. Hier handelt es sich um eine Entsprechung, die wir bei Pluto-Transiten häufiger beobachten können: Auf irgendeine Weise kommt es dazu, daß eine Person unbeweglich wird, wodurch sie gezwungen ist, sich auf ihr Inneres zu konzentrieren. Sie verbringt mehr Zeit als sonst für sich allein und denkt nach. Die Stärke des Zwanges, mit dem die äußeren Ereignisse auf die Beschäftigung mit dem Inneren hinwirken, scheint dabei davon abzuhängen, wieviel Widerstand diesem Prozeß entgegengesetzt wird.

Das Wichtigste in Verbindung mit dem Hautausschlag war aber, daß Jack seine Arbeit nicht fortführen konnte. Er konnte seinen Körper nicht zeigen, und niemand hätte ihn mehr anfassen wollen. Jack war sich in seinem Inneren bereits klar darüber gewesen, daß er mit seiner Arbeit aufhören mußte, hatte diesen Schritt aber noch nicht vollzogen. Nun wurde er dazu gezwungen.

Nach einer depressiven Phase mit finanziellen Schwierigkeiten fand er schließlich Arbeit als Kellner in einem Restaurant. Es handelte sich um ein luxuriöses und teures Lokal mit einer ungemein vornehmen Kundschaft. Hier war er wieder im Kontakt mit dem Geld. Er bekam große Trinkgelder, und er lernte schnell – wie es alle dort taten –, die Rechnungen zu frisieren (Merkur in Konjunktion zu Jupiter im Skorpion, Sonne in Konjunktion zu Neptun).

Bei dieser Arbeitsstelle geriet er durch seine Kollegen an Heroin. Als Pluto zum letzten Mal über seine Sonne lief und sich dem Neptun näherte, nahm ein Prozeß seinen Anfang, in dessen Verlauf Jack buchstäblich zur Hölle abstieg.

Es war für ihn eine harte Zeit: Seine kokainsüchtigen Freunde wandten sich von ihm ab, weil Heroin für sie nicht akzeptabel war. Er verkaufte viele seiner Besitztümer, und er fehlte mehr, als daß er arbeitete. Schließlich wurde er entlassen. Für einige Zeit nahm er dunkle und illegale Beschäftigungen auf (dies ist auch im Zusammenhang mit der Stellung des Geburts-Mondes zu sehen). Eine Arbeitsstelle verließ er, nachdem er eine Art Schlüsselerlebnis hatte. An diesem Punkt seines Lebens angelangt, hätte er nicht tiefer gesunken sein können. Er hatte mehrfach versucht, vom Heroin loszukommen, war aber immer wieder rückfällig geworden. Irgendwann schaffte er es dann.

Das war der Wendepunkt, wenn auch zunächst Gedanken an Selbstmord, die zuvor durch die Einnahme des Heroins verdrängt worden waren, wieder in ihm aufstiegen. Dann aber begann Jack allmählich sich selbst zu verstehen, und von da an nahm sein Leben einen besseren Verlauf. Er fand eine Organisation, die ehemalige Drogenabhängige berät und unterstützt und ein weiterführendes Programm zur körperlichen Gesundung anbietet. Diese Organisation hält jeden Abend Versammlungen ab, welche ihre spirituelle Ausrichtung widerspiegeln. Jack steht auch heute noch im Kontakt zu diesen Leuten. Er hat für sich – im Einklang mit seinem Fische-Mond und seiner Sonne/Neptun-Konjunktion – eine spirituelle Lebensanschauung entwickelt, die es ihm gestattet, ohne Drogen zu leben. Verbindungen zu den Bekannten aus seiner Drogenzeit – welche er einmal für seine Freunde hielt – bestehen nicht mehr. Er hat jetzt einen vollständig neuen Freundeskreis.

Ich möchte nun auf den Bereich der Beziehungen näher eingehen. Als Uranus sich dem Quadrat zum Geburts-Mond näherte, verliebte Jack sich zum ersten Mal in eine Frau. Diese Zeit war für ihn sehr schmerzhaft: Bei aller sexuellen Erfahrung war es ihm in dieser Beziehung nicht möglich, sein Gefühl der Liebe mit seinem sexuellen Verlangen in Übereinstimmung zu bringen. Die Verbindung mußte allerdings schon deshalb scheitern, weil die Frau bereits anderweitig gebunden war. Für Jacks Entwicklung aber war diese Beziehung außerordentlich wichtig. Er gestand sich nun ein, auch eine Frau lieben zu können, und in der Folge lernte er sich selbst sowie die Beziehung zu seiner Mutter besser zu verstehen.

Wie man es bei einem Fische-Mond erwarten kann, wurde die Mutter idealisiert. Jack hat seine Mutter auf ein Podest gestellt – er hat sich immer mit ihr und ihrem Leiden identifiziert und die Art und Weise, wie sie ihn behandelt hatte, niemals kritisch hinterfragt.

Seine Mutter war mit den Anforderungen, die eine große Familie stellt, nicht fertig geworden; sie hatte auf die Kinder eingeprügelt, in dem Versuch, sich damit zu behaupten. Als Jack mit der Therapie begann, war es ihm nicht deutlich, was seine Mutter ihm mit ihren unmotivierten Schlägen angetan hatte. Für ihn war es ganz natürlich, geschlagen zu werden (Mond in Opposition zu Pluto, im T-Quadrat zu Mars). Jack hatte immer viel Angst verspürt, diese aber unterdrückt, um seine Mutter nicht noch mehr aufzubringen. Seine innere Aufregung durfte er nur dann sichtbar werden lassen, wenn die Mutter bereits außer sich war – sonst hätte er sich zur Zielscheibe gemacht.

Jacks Vater besaß ein Geschäft. Er überließ es der Frau, mit den Kindern zurechtzukommen, und entfloh der familiären Situation, indem er täglich zehn Stunden oder mehr arbeitete. Er lehnte es ab, in irgendeiner Form Verantwortung zu übernehmen (Sonne im 2. Haus in Konjunktion zu Neptun).

Während der Therapie begann Jack zu erkennen, daß er eine traumatische Kindheit erlebt hatte, und insbesondere, daß es ihm niemals möglich gewesen war, seine Furcht, seine Verletzlichkeit oder seinen Ärger zu zeigen. Er fing nun an, seine Gefühle zu akzeptieren. Er unternahm den Versuch, diese bis in seine Kindheit zurückzuverfolgen, um herauszufinden, wie er sich zu dem entwickelt hatte, was er nun war. Auf diese Art wollte er sich freimachen von der Last der frühen Erfahrungen (Saturn am IC und das aus Mond, Mars und Pluto bestehende T-Quadrat).

Nachdem Jack die Hilfsorganisation, deren Mitarbeiter ein umfassendes Programm anbieten, gefunden hatte, sah ich ihn nur noch selten. Unser Kontakt war vom therapeutischen Gesichtspunkt aus auch nicht mehr notwendig. Bald, nachdem er sich vom Heroin gelöst hatte, bekam er eine Stelle in einem Unternehmen der Medienbranche (bei den Medien handelt es sich ebenfalls um eine Entsprechung zu seinem Merkur). Er hat dort Karriere gemacht und ist jetzt Geschäftsführer. Seine Arbeit war überaus erfolgreich: Er hat den Umsatz der Firma jedes Jahr verdoppelt. Jack arbeitet auch sehr aktiv für die Drogenhilfe – er hat viele Treffen und Kongresse geleitet und vielen Menschen ein Beispiel gegeben. Als Pluto auf seiner Merkur/Jupiter-Konjunktion stand, war er intensiv damit beschäftigt, in der Öffentlichkeit über seine Erfahrungen zu berichten. Soweit schien sich jetzt alles in seinem Leben zum Besseren gewendet zu haben – die wahre Geschichte einer vollständigen Transformation.

Das Solarhoroskop für das Jahr 1988/89

Im November 1988 suchte Jack mich auf, um sich sein Solarhoroskop stellen zu lassen. Dabei teilte er mir mit, daß er HIV-positiv sei. Er war in jenem Jahr bereits im Krankenhaus gewesen mit Beschwerden, die im Zusammenhang mit seiner Erkrankung standen, fühlte sich jetzt aber wohl. Die Fragen, die er mir stellte, drehten sich um Beziehungen; er hatte sich in eine Frau verliebt.

Bei der Interpretation des Solarhoroskops für das Jahr 1988/89 (Horoskop auf der nächsten Seite) benutzen wir das Schema, das wir in Kapitel 5 vorgestellt haben.

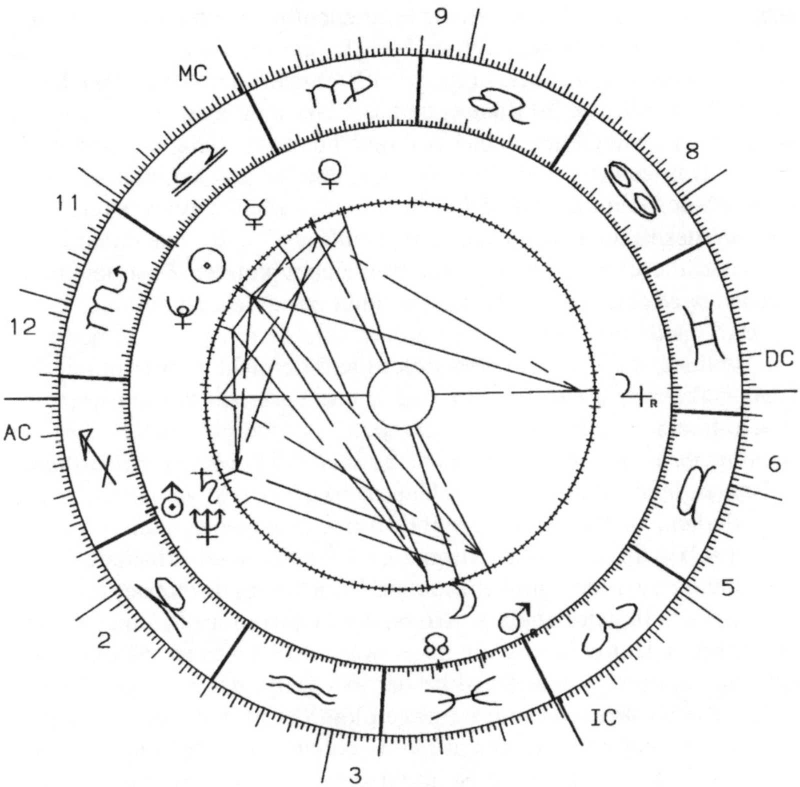

Jack: Solarhoroskop 1988/89

☉	29° 13′	♎	♂	00° 08′	♈	♆	07° 44′	♑	AC	03° 51′	♐
☽	20° 44′	♓	♃	04° 52′	♊	♇	11° 59′	♏	MC	00° 38′	♎
☿	12° 05′	♎	♄	28° 08′	♐	☊	11° 31′	♓	Häusersystem		
♀	20° 58′	♍	♅	27° 58′	♐				Placidus		

1. Die Solar-Sonne.
Mit ihrer Stellung im 11. Haus sind in diesem Zeitraum Gruppen sowie das Finden des eigenen Platzes in diesen von besonderer Wichtigkeit. Jack wird in dieser Phase etwas über sich selbst herausgefunden haben, indem er sich an Gruppenprozessen beteiligt hat.

In Kenntnis der vielfältigen Verpflichtungen Jacks im Rahmen der Drogenhilfe läßt sich die Vermutung aussprechen, daß zu dieser Zeit diese Aktivitäten von herausragender Wichtigkeit für ihn gewesen sind. Er nahm hier bereits zuvor eine wichtige Stellung ein, und was seine Arbeit als Geschäftsführer betrifft, muß gesagt werden, daß er auch dort als Leiter einer Gruppe in Erscheinung trat. Insofern haben sich möglicherweise im Zusammenhang mit der Arbeit Entwicklungen ergeben, die sein Gefühl seiner persönlichen Bedeutung erhöht haben.

Die Hausstellung symbolisiert auch, daß in dem betreffenden Zeitraum Pläne, Träume und Ideale für die Zukunft im Brennpunkt standen. In diesem Jahr nahm Jack Flugstunden, womit er sich den Kindheitstraum erfüllte, Pilot zu werden. In einem anderen Zusammenhang werden wir noch einmal auf diesen Punkt zu sprechen kommen.

Die Sonne steht im Sextil zu Saturn und zu Uranus, was bedeutet, daß fundamentale Veränderungen der Identität möglich waren. In Jacks Fall resultierten diese aus dem Versuch, die erlebten Spannungen und Frustrationen aufzulösen.

*Von noch größerer Wichtigkeit ist vielleicht der Quinkunx-Aspekt zwischen der Sonne und dem Mars, der sich bereits im Geburtshoroskop findet. Der Solar-Mars steht im Sextil zum Geburts-Mars, woraus sich eine Yod-Figur ergibt.** Mit dieser Stellung ist die Chance verbunden, tiefverwurzelte Probleme hinsichtlich der Selbstbehauptung und der eigenen Individualität zu lösen. Quinkunx-Aspekte im Geburtshoroskop bedeuten häufig so etwas wie einen «blinden Fleck» – die betreffende Person ist sich unklar darüber, wie sie die entsprechenden Eigenschaften zum Ausdruck bringen kann. Jack hatte mit Sicherheit nicht wahrgenommen, wie es um seine Aggressivität bestellt war. Nun, mit dem hier abgedruckten Solarhoroskop, bestand die Gelegenheit, diesen blinden Fleck zu beseitigen. Jacks Herausforderung lag darin, sich auf mutigere und risikofreudigere Weise zum Ausdruck zu bringen.

2. Solar-Aszendent und MC.

Schütze ist das aufsteigende Zeichen, und Jupiter steht dicht am Deszendenten sowie in Konjunktion zum Geburts-Mars, im 9. Haus. Das Solar-MC (im Zeichen Waage) und die Solar-Venus im 9. Haus stehen in Konjunktion zum Geburts-Aszendenten.

Auf verschiedene Weise wiederholen sich hier die bereits im Geburtshoroskop miteinander verknüpften Themen Beziehungen und Reisen. Hierbei handelt es sich um das zweite Hauptthema dieses Zeitraumes.

* Ein Yod-Figur setzt sich aus drei Planeten (oder mehr) zusammen, die zueinander in einem Sextil- und zwei Quinkunx-Aspekten stehen.

Der Schütze-Aszendent zeigt, daß Jack in dieser Phase dem Leben mit Optimismus und Zuversicht entgegengetreten ist. Er wird das Bedürfnis verspürt haben, seinen Horizont auszuweiten – sowohl in buchstäblichem als auch in übertragenem Sinne. Er könnte sich nun mit solch tiefgründigen Fragen wie der, worin seine Aufgabe im Leben sowie dessen Sinn überhaupt liegt, beschäftigt haben. Was die Erweiterung des Horizontes in buchstäblicher Hinsicht anbetrifft, so ist an Reisen zu denken – vorzugsweise zu weit entfernten und unbekannten Orten. Der Geburts-Pluto steht im fast exakten Quadrat zu der Aszendent/Deszendent-Achse des Solars, was eine starke Intensität in der Herangehensweise an das Leben und an Beziehungen verheißt. In Jacks Beziehungsleben werden sich in diesem Zeitraum dramatische Ereignisse abgespielt haben, welche aber Wachstum und Veränderungen möglich machten. Alles, was mit diesem Thema in Verbindung stand, war mit Energie geladen, was zu eruptiven Ausbrüchen führen konnte. Der Solar-Jupiter steht in Konjunktion zum Geburts-Mars, dem zentralen Planeten des T-Quadrates. Alle diese komplexen Emotionen sind also im Bereich der persönlichen Beziehungen zum Tragen gekommen.

Das Waage-MC symbolisiert die – auf die Sonne bezogenen – Ziele und Hoffnungen für diesen Zeitraum. Man könnte dies als Wunsch nach Gerechtigkeit, Ausgewogenheit und Harmonie im Hinblick auf das 11. Haus (Stellung der Solar-Sonne) interpretieren.

Die Venus beherrscht die Himmelsmitte. Sie steht im 9. Haus in der Jungfrau für Analyse und Selektionsvermögen bezüglich der Verbindung zu anderen sowie für Zufriedenheit und Glück im Zusammenhang mit Lernen, Reisen oder der Entwicklung der Persönlichkeit. Mit dieser Stellung könnte man sich in eine Frau aus einem anderen Kulturkreis verlieben oder mit besonderem Genuß zur Bewußtseinserweiterung lernen oder ferngelegene Orte besuchen. Weil sich die Sonne im 11. Haus befindet, könnte es sich hierbei um eine Gruppenreise oder ein gemeinschaftlich betriebenes Forschungsprojekt handeln. Ein Thema, das diesen Symbolismus ebenfalls betont, haben wir bereits erwähnt: Jupiter am Deszendenten. Bei Jack steht die Solar-Venus auf dem Geburts-Aszendenten, was zum Ausdruck bringt, daß der Wunsch nach Muße und Vergnügungen seine Herangehensweise an das Leben in diesem Zeitraum geprägt haben wird. Für ihn dürfte es in dieser Phase im Vordergrund gestanden haben, mit anderen in Beziehung zu treten, und er wird im Rahmen von Aktivitäten, die mit dem 9. Haus zusammenhängen, zu einer gewissen Popularität gekommen sein.

3. Der Solar-Mond.
Dieser steht in den Fischen – wie im Geburtshoroskop auch – sowie im 3. Haus. Mit dieser Stellung ist der Wunsch nach geistiger Anregung sowie die Tendenz verbunden, rastlos vielerlei Interessen, die in die verschiedensten Richtungen gehen, zu verfolgen. Es wäre sehr gut möglich, daß er nun den Wunsch verspürt hat zu studieren (dies gilt deshalb verstärkt, weil die Sonne im 11. Haus steht). Er könnte in diesem Zeitraum auch mit großer Befriedigung Lehrgänge besucht haben.

Kurze Zeit zuvor war Jack umgezogen. Das läßt die Annahme zu, daß er sich nun damit auseinandergesetzt haben wird, sich in der neuen Nachbarschaft einzuleben. Allerdings kann diese Stellung auch Schwierigkeiten oder Probleme mit einem Bruder oder einer Schwester bedeuten.

Wenn der Solar-Mond im selben Zeichen wie bei der Geburt steht, heißt das, daß man sich auf eine vertraute Art und Weise zum Ausdruck bringen kann, was ein Gefühl der emotionalen Sicherheit und Leichtigkeit zur Folge hat. Mit dem Fische-Mond sind Sensibilität und Mitgefühl verbunden sowie eine Scheu vor den Pflichten des Alltags, die sich vielleicht in dem Wunsch äußern, allem zu entfliehen, oder der Hoffnung auf etwas Ungewöhnliches.

Der Solar-Mond fällt auf den Deszendenten des Geburtshoroskops, womit das Bedürfnis nach einer Beziehung betont ist. Auch eine besonders tiefe Gefühlsverbindung zu jemandem wäre denkbar. Im Solar ist der Mond Bestandteil eines T-Quadrates – er steht in genauer Opposition zur Venus und in einem nicht ganz genauen Quadrat zu Saturn und Uranus. Im Geburtshoroskop sind Mond und Venus durch ein Anderthalbquadrat miteinander verbunden – mit der Opposition im Solarhoroskop war nun die Gelegenheit gegeben, die inneren Konflikte, die im Hinblick auf Beziehungen bestehen, bewußter zu erkennen. Weil die Opposition auf die Aszendent/Deszendent-Achse des Geburtshoroskops fällt, erhält sie eine besondere Betonung – sie stellt ein weiteres Indiz dafür dar, daß Beziehungen in diesem Jahr von herausragender Bedeutung gewesen sind. Die Solar-Opposition steht im fast exakten Quadrat zu Saturn und dem IC aus dem Geburtshoroskop, was das Ausmaß der Schwierigkeiten ahnen läßt, die Jack zu dieser Zeit in Partnerschaften erlebt haben dürfte. Diese Stellung verdeutlicht auch, wie tief in seiner leidvollen frühen Kindheit die Probleme verwurzelt sind, mit denen er nun kämpfen mußte.

Die Quadrate zu Saturn und Uranus verkörpern Schwierigkeiten und Enttäuschungen im Umgang mit anderen. Diese beiden Planeten stehen mitten im 1. Haus, was die allgemeine Einstellung zum Leben, die zunächst vom Schütze-Aszendenten geprägt wird, modifiziert. Hinter Jacks Optimismus und Selbstvertrauen standen also – auf den ersten Blick unsichtbar – Spannung und Last. Die Verbindung zu Mond und Venus brachte es mit sich, daß sich diese insbesondere im Kontakt zu Frauen bemerkbar gemacht haben. Hier kam es also zu einer großen Herausforderung: Jack wollte Intimität und Nähe, ließ aber große Reizbarkeit erkennen, was das Eingehen von Verbindungen erschwert haben dürfte.

4. Die Häuser-Betonung.
Die Eckhäuser sind betont – in ihnen befinden sich fünf Planeten, in fixen Häusern zwei und in beweglichen drei. Die Planeten der Eckhäuser fallen zum Großteil in bewegliche Zeichen. Das läßt die Vermutung zu, daß das Jahr von einer Mischung aus Neubeginn und Anpassung an das Alte geprägt gewesen sein wird. Es ging nun um die Vorbereitungen auf etwas Neues.

5. Die wichtigsten Aspekte des Solars.
Hier ist zunächst das bereits besprochene T-Quadrat von herausragender Bedeutung.

Merkur steht in der Waage im 10. Haus. Für die berufliche Laufbahn – Jacks Arbeit hängt mit Merkur zusammen – war dies eine gute Stellung, die Diplomatie und Glanz verhieß. Sie könnte anzeigen, daß es in dem betreffenden Zeitraum zu neuen Verhandlungen und Abschlüssen gekommen ist und Jack neue berufliche Fähigkeiten entwickelt hat. In diesem Zusammenhang ist auch an Geschäftsreisen zu denken, die von eher alltäglicher Art sind und nichts Ungewöhnliches an sich haben. Zu Jupiter besteht ein (recht weites) Trigon, und Merkur beherrscht sowohl den Deszendenten als auch Jupiter selbst – was den Reisen doch einen Schuß Romantik oder Exotik verliehen haben könnte.

Auch die Stellung von Mars muß genau untersucht werden. Dieser steht im Widder, seinem eigenen Zeichen, was sehr viel Kraft bedeutet. Der Widderpunkt (0 Grad Widder) markiert eine Neugeburt; die enge Konjunktion mit dem IC, dem unbewußtesten Punkt des Horoskops, verheißt eine intensive psychologische Auseinandersetzung, einen rohen und instinktiven Kampf, in dem es vielleicht um nichts anderes als das Überleben geht. Als mich Jack im November 1988 aufsuchte, sagte er mir, daß er damit begonnen hätte, Flugstunden zu nehmen, und daß er als Kind Pilot werden wollte. Daß er sich nun –

mit allem, was dies für ihn symbolisierte – mit dem Fliegen beschäftigte, paßt gut zu dem Solarhoroskop dieses Zeitraums. Der Aszendent liegt bei fünf Grad Schütze – in dieser Hinsicht von besonderer Wichtigkeit –, und Jupiter steht in Opposition zu diesem. Daß es sich beim Fliegen um einen langgehegten Wunsch handelt, kommt durch die Stellung der Sonne im 11. Haus zum Ausdruck. Der Widder-Mars in Konjunktion zum IC ist es aber, der den Wagemut verkörpert, mit dem Jack sich selbst auf die Probe stellen wollte. Als ich später mit ihm sprach, hatte er mit der Fliegerei aufgehört, weil er zuviel Angst gehabt hatte. Die Risiken waren ihm zu groß gewesen – man könnte sagen, daß er die Entscheidung getroffen hatte, nicht mit dem Tod zu spielen.

6. Planeten, die sowohl im Geburtshoroskop als auch im Solar in einem Aspekt zueinander stehen.

Dazu die nachfolgende Auflistung.

Aspekte im Geburtshoroskop			*Aspekte im Solar*		
☉	⚻	♂	☉	⚻	♂
☽	⚼	♀	☽	☍	♀
☽	△	♆	☽	Q	♆
☿	☌	♃	☿	△	♃
☿	☌	♆	☿	□	♆
♀	⚹	♄	♀	□	♄
♄	△	♅	♄	☌	♅
♆	⚹	♇	♆	⚹	♇

Den sowohl im Geburts- als auch im Solarhoroskop vorhandenen Quinkunx-Aspekt zwischen Sonne und Mars haben wir bereits besprochen. Hierbei handelt es sich um die vielleicht wichtigste Wiederholung – weil sich nicht nur der Aspekt als solcher wiederholt, sondern der Mars beide Male eine herausragende Stellung hat: einmal in einem Eckhaus, das andere Mal eleviert. Insofern ist mit diesem Solar die Gelegenheit gegeben, ein seit langem bestehendes Problem zu lösen.

Die Mond/Venus-Opposition betont das Anderthalbquadrat dieser beiden Planeten aus dem Geburtshoroskop. Letzteres ist ein eher unbewußter, in seiner Wirkungsweise nicht wirklich wahrgenommener Aspekt – im Gegensatz zur Opposition, deren wesentliches Merkmal die Bewußtwerdung ist. Jack hatte nun die Möglichkeit, sich seiner seit langem bestehenden inkonsequenten Haltung in seinen Beziehungen und seinem Alltag bewußt zu werden. Jetzt konnte er erkennen, daß er selbst es war, der die Dinge so steuerte, daß sie gegen ihn arbeiteten. Seine Wünsche waren widersprüchlich – wie auch das, was er anderen übermittelte. In diesem Jahr hatte Jack die Gelegenheit, viel über diese Widersprüche herauszubekommen – hier bestand nun mit der Opposition ein Zugang für ihn. Begünstigt wurde dieser Prozeß noch dadurch, daß die Opposition auf die Aszendent/Deszendent-Achse des Geburtshoroskops fiel.

Der Mond steht zu Neptun im Geburtshoroskop im Trigon, im Solar im Quintil. Generell – und auch in diesem Jahr – weist Jack eine emotionale Offenheit und Verletzlichkeit auf. Das Quintil bezieht sich auf instinktives Wissen – wir können annehmen, daß es ihm in dem betreffenden Zeitabschnitt möglich war, Erkenntnisse über diese Dimension seines Lebens zu gewinnen.

Merkur und Jupiter stehen im Geburtshoroskop in Konjunktion und im Solar im Trigon zueinander. Die Konjunktion dieser Planeten hat sich in Jacks Leben als eine Art Opportunismus bemerkbar gemacht, als die Fähigkeit, immer wieder auf die Beine zu kommen und das Beste aus jeder Situation zu machen. In letzter Zeit hat Jack sowohl als Geschäftsführer wie auch als Redner in der Öffentlichkeit viel Erfolg gehabt. Bei seinen Reden zeigte er sich in der Lage, seine Zuhörer emotional zu erreichen. Das Trigon bringt zum Ausdruck, daß er auch in diesem Jahr Erfolg gehabt haben dürfte, ohne daß besondere Anstrengungen erforderlich gewesen wären. Die Dinge waren ins Rollen gekommen, und alles lief jetzt wie von selbst. Hinsichtlich dieses Themas waren keine neuen spektakulären Entwicklungen zu erwarten – das, was ihm am besten liegt, hatte seine Fortsetzung erfahren.

Im Geburtshoroskop steht Merkur in Konjunktion zu Neptun – im Solar zeigt sich ein Quadrat zwischen diesen beiden Planeten. Während der Konsultation sagte Jack etwas, was mich sehr beeindruckt hat. Als er in seine neue Wohnung zog, hatte er noch nicht gewußt, daß er HIV-positiv ist. Er sagte, daß er die Wohnung nicht hätte kaufen können, wenn er es gewußt hätte – er hätte keinen Kredit bekommen und auch die Lebensversicherung nicht beleihen können. Jack führte an, daß sich der zeitliche Ablauf für ihn sehr glücklich gestaltet hätte. Es war von äußerster Wichtigkeit für ihn, nichts gewußt zu haben; er hätte – wie ihm nun klargeworden war – nicht lügen können, weil es ihm nun ein Bedürfnis geworden war, in jeder Beziehung vollkommen aufrichtig zu sein. Diese Einstellung hatte er schon vor dem Solar, das wir hier betrachten, gezeigt, aber erst in dem Zeitabschnitt um die Konsultation herum beziehungsweise mit dem Merkur/Neptun-Quadrat erkannte er wirklich, auf welche Weise er sich zuvor aus schwierigen Situationen herausgemogelt oder sich das verschafft hatte, was er begehrte.

Venus steht zu Saturn im Geburtshoroskop im Sextil, im Solar im Quadrat. Das brachte Jacks Beziehungsprobleme in den Brennpunkt. Obwohl er in keiner Wese schüchtern oder unsicher auf dem gesellschaftlichen Parkett ist, bestehen doch beträchtliche Schwierigkeiten, enge und befriedigende Kontakte herzustellen. Er neigt dazu, zwischen sich und anderen Schranken zu errichten, die ihn zwar schützen, dabei aber verhindern, daß es zu wirklicher Nähe kommt. Weil im Geburtshoroskop zwischen diesen Planeten ein Sextil besteht, muß er sich dem Problem nicht unbedingt stellen – was aber nicht heißt, daß es von allein verschwinden wird. Die Sextil-Stellung für sich allein betrachtet kann bedeuten, daß dieses Problem niemals in den Blick gerät, geschweige denn gelöst wird. Wenn in diesem Jahr aber Venus und Saturn im Quadrat zueinander gestanden haben, könnten im Hinblick auf die bestehenden Schwierigkeiten doch beträchtliche Fortschritte erzielt worden sein. Mit dem Quadrat-Aspekt traten die Probleme nun in den Vordergrund, mit der Folge, daß Jack sich mit ihnen auseinandersetzen mußte. Dies insbesondere auch deshalb, weil der Aszendent des Geburtshoroskops auf die Solar-Venus fällt.

Im Geburtshoroskop stehen Saturn und Uranus im Trigon, im Solar in Konjunktion zueinander, was eine gewisse Hilfe bedeutet. Jack ist in seinen Ideen und Einstellungen innovativ und fortschrittlich, und während der Zeit, für die die Konjunktion gegolten hat, wird seine Fähigkeit, Ideen in die Realität umzusetzen, einen Höhepunkt erreicht haben. Überall dort, wo originelle Gedanken konkret genutzt werden konnten, waren nun große Fortschritte für ihn möglich.

Zwischen Neptun und Pluto ist sowohl im Geburts- als auch im Solarhoroskop ein Sextil vorhanden. Dieses Sextil besteht seit Anfang der 40er Jahre. Es hat keine besondere persönliche Bedeutung – jeder seit diesem Zeitpunkt Geborene weist diesen Aspekt in seinem Horoskop auf.

7. Planeten, die im Solarhoroskop im gleichen Zeichen wie bei der Geburt stehen. Außerdem: Planeten, bei denen zwischen Geburts- und Solarhoroskop ein Aspekt vorhanden ist.

Der Mond steht sowohl im Geburts- als auch im Solarhoroskop in den Fischen. Darauf sind wir bereits eingegangen – hiermit ist die Leichtigkeit von Jacks Reaktionen in diesem Jahr angesprochen. In gewisser Beziehung war er nun eins mit sich, und trotz anderer, problematischerer Faktoren kann man die Aussage wagen, daß er sich in dieser Phase seiner selbst gewiß und sicher gefühlt hat. Diese Sicherheit dürfte ihm Selbstvertrauen gegeben haben, um einige seiner Probleme anzugehen.

Weder Merkur noch Venus stehen im gleichen Zeichen wie bei der Geburt. In dieser Hinsicht kam es zu keinem natürlichen, sondern zu einem eher gespannten Ausdruck. In seinen Beziehungen war er nun dabei, Neuland zu erschließen, wobei er manchmal das Gefühl gehabt haben dürfte, den Boden unter den Füßen zu verlieren. Es ist anzunehmen, daß er sich nun häufiger über sein Auftreten Gedanken gemacht und sich diplomatischer und kompromißbereiter gezeigt hat. Merkur steht im gleichen Zeichen wie die Sonne, so daß sich wahrscheinlich das meiste, was Jack in dieser Zeit gelernt hat, auf ihn selbst bezog.

Der Mars des Solars steht im Sextil zu dem des Geburtshoroskops, was für den Selbstausdruck eine hilfreiche Stellung ist. Jack hatte nun einen guten Zugang zu seiner angeborenen Weise, sich zu behaupten. Auf allen Gebieten, die mit Selbstbehauptung oder auch mit Kampf zu tun hatten, konnte er jetzt auf seine inneren Stärken bauen. Dieses Sextil wird unter Einbeziehung der Sonne zu einer Yod-Figur, was die Wichtigkeit noch unterstreicht. Selbstbehauptung sowie der Kampf ums Dasein waren in diesem Jahr von besonderer Bedeutung, und weil die Sonne beteiligt ist, umfaßt dies auch die Identität und Individualität.

8. Aspekte zwischen den Planeten und Eckpunkten des Geburtshoroskops und den Planeten und Eckpunkten des Solars.

Diese sind in der nachfolgenden Übersicht aufgelistet. Zu den meisten Verbindungen haben wir bereits Stellung genommen.

Geburtshoroskop		*Solar*	*Geburtshoroskop*		*Solar*
DC	☌	☽	♄	□	♀
♄	□	☽	IC	□	♀
IC	□	☽	♂	☌	♃
♇	☌	☿	♂	☌	DC
AC	☌	♀			

Der Solar-Pluto steht zum Geburts-Merkur in einer separativen Konjunktion (die Konjunktion hat also bereits stattgefunden). Diesen Aspekt können wir in Verbindung mit Jacks Eintreten für die Drogenhilfe sehen, für die er bei Versammlungen den Vorsitz übernahm und in der Öffentlichkeit Reden hielt. *Der Solar-Pluto steht im 11. Haus* – wir können davon ausgehen, daß Jack sein Engagement in diesem Zeitraum intensiv weiter betrieben hat. Vielleicht hat er sich dann später, als Pluto weitergelaufen war, etwas aus der Arbeit zurückgezogen.

Als Jack und ich den Termin für die Besprechung dieses Solars abmachten, sagte er, daß es insbesondere der Bereich der Beziehungen sei, der ihn interessierte. Er hatte sich in eine Frau verliebt und wollte dazu einiges fragen. In der Tat sehen wir dies im Solar als Hauptthema, welches allerdings mit verschiedenen Schwierigkeiten verbunden ist. Jack empfand gegenüber seiner Partnerin keine sexuellen Gefühle, was ihn für die Zukunft mit Unbehagen erfüllte. Und so wichtig ihm diese Frau auch war –, er konnte sich nicht dazu überwinden, wirkliche Nähe zuzulassen. Folgerichtig hat er diese Beziehung schließlich beendet; er ist wieder eine homosexuelle Partnerschaft eingegangen, welche weniger bedrohlich auf ihn wirkt. Das Solarhoroskop dieses Zeitraums zeigt eine Phase des Suchens und der Entscheidung im Hinblick auf Beziehungen.

Die Verbindung mit der Drogenhilfe war sehr wichtig für Jack. Während dieses Jahres wurde er so etwas wie eine Führungspersönlichkeit dieser Szene. Neben seiner Funktion als Leiter vieler Treffen wirkte er als Vorbild für neue Mitglieder. Durch die Tätigkeit in der Organisation gewann er neue Freunde, die seine Ideale und Ziele teilten. Daneben kam es zu einer Partnerschaft mit einem Mann, der ihm half, langgehegte berufliche Pläne zu verwirklichen.

Fragen zu seiner Gesundheit stellte er nicht. Im Hinblick darauf, daß er bereits HIV-positiv gewesen war und schon unter damit zusammenhängenden Beschwerden gelitten hatte, fragt man sich, was es mit den vielen Reisen auf sich hat, die im Horoskop deutlich angezeigt sind. Als das progressive MC auf dem Jupiter stand, unternahm er mit einer Gruppe von Freunden eine Reise nach Spanien, deren Verlauf ihn nicht befriedigte. Daneben war er das ganze Jahr über gezwungen, geschäftlich auf Reisen zu gehen. Zunächst verband er dies mit Abstechern, die er zu seinem Vergnügen machte – bald aber begannen die Reisen ihn zu langweilen. Die Erschöpfung, die er dabei empfand, ließ ihn schließlich auf seine Gesundheit aufmerksam werden. Daraufhin beschloß er, das Reisen einzuschränken.

Zwischen dem 2. und dem 8. Solarhaus, fast genau an den Häuserspitzen, besteht eine exakte Chiron/Neptun-Opposition. Auch dies kann im Zusammenhang mit seiner Gesundheit gesehen werden. Es ging ihm sehr gut – die Krankheit zeigte sich jetzt nicht. Mit der eher problematischen Besetzung des 1. Hauses ist ihm aufgegangen, unter welcher Anspannung er gelitten hatte. Die Veränderungen, die er daraufhin vorgenommen hat, haben sich auf seine Vitalität positiv ausgewirkt (die Sextile zu seiner Sonne). Insofern ist Jack mit dem Potential seines Horoskops sehr konstruktiv umgegangen – was vielleicht auch in der Stellung von Mars am IC (das Überleben sichern) und dem Jupiter in einem Eckhaus (Gebrauch der Intuition) begründet liegt.

Wenn wir die im Anhang erläuterten Methoden zur Zeitbestimmung heranziehen, müssen wir davon ausgehen, daß mit dem exakten Quadrat des progressiven Mondes zu Saturn und Uranus eine kritische Zeit im Hinblick auf Beziehungen gegeben war. Problematisch dürfte es dann noch einmal mit dem Quinkunx-Aspekt zur Sonne und der Konjunktion zum Mars gewesen sein, wobei diese Progressionen im Zusammenhang mit dem Bedürfnis nach Selbstbestätigung zu sehen sind. Die Quadrate zu Saturn und Uranus ereigneten sich im April. Zu dieser Zeit beendete Jack seine heterosexuelle Beziehung und söhnte sich wieder mit seiner Homosexualität aus.

Mitte Mai erreichte der Mond in der Progression den Quinkunx-Aspekt zur Sonne; zur Konjunktion mit dem Mars kam es am Ende des Monats. Die Konjunktion zum IC wurde Mitte Juni erreicht. Während dieser Zeit war Jack viel unterwegs. Er erneuerte Freundschaften zu Leuten, mit denen er zehn Jahre früher in Kontakt gestanden hatte. In dieser Phase wurde ihm auch deutlich, daß das viele Reisen ihn erschöpfte.

Wenn wir die Himmelsmitte auf die Weise vorschieben, wie wir es im Anhang darlegen, müssen wir annehmen, daß insbesondere die Kontakte zur Sonne, zum Mond und Mars und später noch zu Jupiter von Bedeutung gewesen sind. Dies waren in diesem Jahr die kritischen Zeitpunkte, zu denen sich die mit dem Horoskop verbundenen problematischen Entwicklungen bemerkbar gemacht haben dürften. Rückblickend stellte sich in einem Gespräch mit Jack heraus, daß er am 19. November 1988, als das progressive MC auf seiner Sonne stand, über seine Stellung sowie seine Bezahlung verhandelt hatte. Bis zu diesem Zeitpunkt hatte er als Selbständiger für die Firma gearbeitet – jetzt nahm er den Status eines Angestellten an, was ihm mehr Sicherheit verschaffte.

Das MC berührte den Mond am 9. und den Mars am 18. April dieses Jahres. Wir haben den April schon im Zusammenhang mit den progressiven Mond-Quadraten zu Saturn und Uranus angeführt. Mit der neuerlichen Betonung ist er im Hinblick auf Schlüsselereignisse bei Beziehungen von herausragender Bedeutung. An beiden angeführten Tagen war Jack geschäftlich unterwegs, was er zum Anlaß genommen hatte, alte Freunde zu besuchen. Am 15. begann er eine Beziehung mit jemandem, der außerhalb wohnte. Diese Partnerschaft war zwar nur von kurzer Dauer, nichtsdestoweniger aber sehr wichtig für ihn.

Am 25. Juni fiel das progressive MC auf den Jupiter. Man darf erwarten, daß sich an diesem Tag ein Jupiter-Symbolismus auf konkrete äußerliche Art manifestiert. Zu diesem Zeitpunkt war Jack mit einer Gruppe von Freunden auf einer Urlaubsreise in Spanien. Jack sagte, daß er sich dabei unzufrieden und irgendwie gespalten gefühlt hätte. Er hatte das Gefühl gehabt, nicht da zu sein, wo er gerne gewesen wäre, oder vielleicht auch nicht die richtigen Leute als Begleiter zu haben. Die Gruppe war kilometerweit von allem entfernt in den Bergen, und Jack verspürte ein Gefühl der Rastlosigkeit und den Wunsch, irgendwo anders zu sein. Hier handelt es sich um eine typische, wenn auch eher negative Jupiter-Entsprechung: das Verlangen, immer weiter zu ziehen.

Einige Lunarhoroskope des Jahres 1989

Wenn wir die aufeinanderfolgenden Lunarhoroskope für diesen Zeitraum betrachten, fallen aufgrund der Eckhausbesetzung sogleich einige Monate ins Auge. Das Februar-Lunar läßt einen ruhigen Monat erwarten – das Lunarhoroskop für den April dagegen legt nahe, daß in diesem Monat am meisten geschehen wird. Durch diese Betrachtung stellt sich im übrigen der April bereits zum dritten Mal als besonders wichtig heraus.

Das Lunarhoroskop vom 7. Februar (Zeichnung Seite 187).
Aszendent und Himmelsmitte sind fast auf den Grad die gleichen wie im Geburtshoroskop, was zur Folge hat, daß der Mond im selben Haus wie bei der Geburt steht. Im Hinblick auf die Emotionen hatte Jack es also mit einem Lebensbereich zu tun, der ohnehin ständig seine Aufmerksamkeit fordert. In dem Zeitraum, in dem dieses Lunar Gültigkeit hatte, standen die beruflichen Pflichten im Vordergrund. Möglicherweise resultierte Jacks größte emotionale Zufriedenheit aus

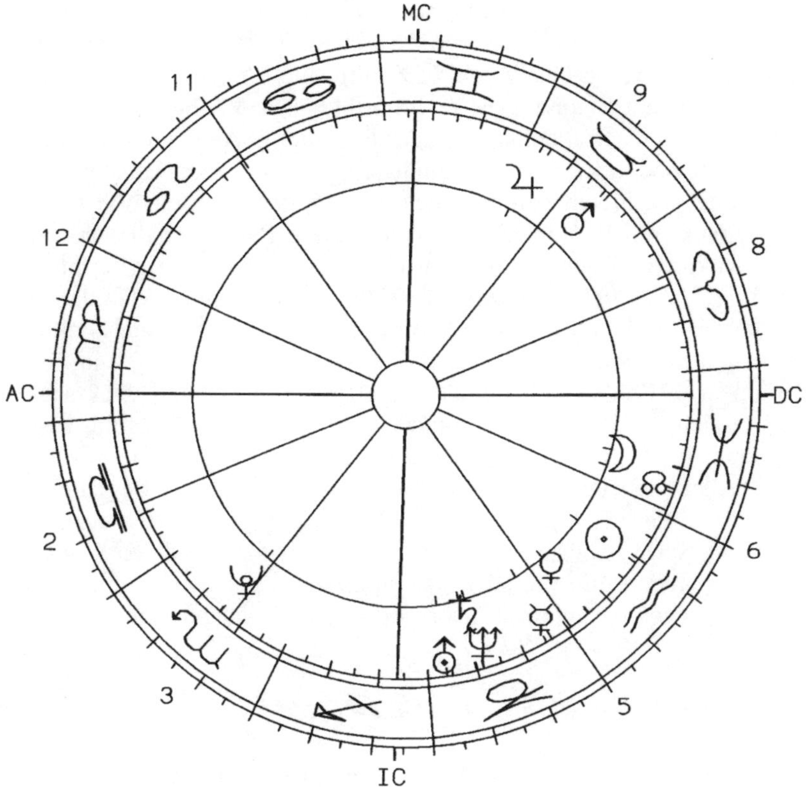

Jack: Lunarhoroskop vom 7. 2. 1989

☉ 19° 04′ ♒	♂ 11° 10′ ♉	♆ 11° 17′ ♑	AC 25° 14′ ♍
☽ 10° 13′ ♓	♃ 26° 42′ ♉	♇ 15° 10′ ♏	MC 23° 38′ ♊
☿ 26° 13′ ♑	♄ 09° 49′ ♑	☊ 05° 47′ ♓	Häusersystem Placidus
♀ 05° 11′ ♒	⛢ 03° 50′ ♑		

seiner Arbeit. In seinem Fall könnte sich die Zufriedenheit auch auf das Finanzielle bezogen haben, welches ihm viel bedeutet.

Wahrscheinlich war Jack in diesen vier Wochen insbesondere damit beschäftigt, seinen Alltag so zu organisieren, daß sein persönliches Wohlergehen sichergestellt war. Dazu gehörte möglicherweise, daß er sich Gedanken um seine Ernährung machte und darauf achtete, genug Bewegung, Entspannung und Schlaf zu bekommen. Es ist denkbar, daß die Beschäftigung mit diesen Dingen ihm in diesem Monat sogar

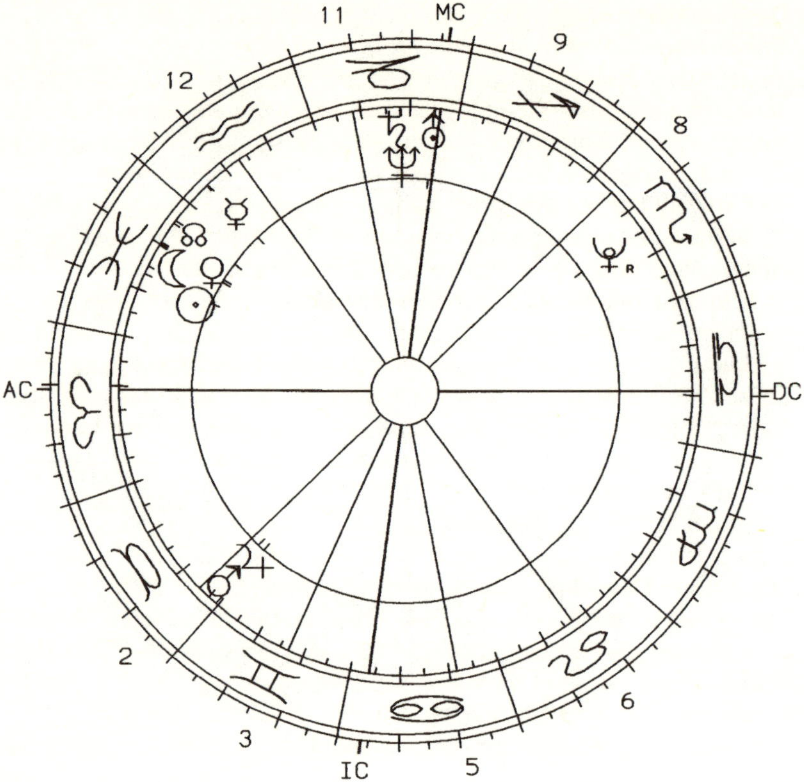

Jack: Lunarhoroskop vom 7. 3. 1989

☉ 16° 43′ ♓	♂ 27° 33′ ♉	♆ 12° 00′ ♑	AC 10° 52′ ♈
☽ 10° 13′ ♓	♃ 29° 28′ ♉	♇ 15° 04′ ♏	MC 03° 50′ ♑
☿ 24° 47′ ♒	♄ 12° 12′ ♑	☊ 04° 20′ ♓	Häusersystem Placidus
♀ 09° 30′ ♓	♅ 04° 52′ ♑		

Spaß gemacht hat. Nur das 4. Haus dieses Horoskops weist Planeten in einem Eckhaus auf – insofern dürfte diese Phase für Jack nicht besonders bedeutungsvoll oder gar dramatisch gewesen sein. Es handelte sich um einen ruhigen Zeitabschnitt, in der sich etwas entwickelte. Jack gab an, daß in dieser Phase die Beziehung mit seiner Freundin endete. Da sie bei ihm gelebt hatte, können wir uns denken, daß sich nach ihrem Auszug Jacks häuslicher Alltag geändert hat.

Das Lunarhoroskop vom 7. März (Zeichnung Seite 188).
Dieses Horoskop sieht spannungsreicher aus. Uranus steht fast genau an der Himmelsmitte, Neptun und Saturn sind nicht weit entfernt. Mit dieser Stellung sind Gefühle der Frustration im Zusammenhang mit eingegangenen Kompromissen zu erwarten sowie das Bestreben, die Dinge dem eigenen Willen gemäß zu gestalten. Dies könnte sich bei Jack sowohl auf berufliche als auch auf private Ziele erstreckt haben.

In diesem Lunar kommt es zu einem Neumond. Verborgen im 12. Haus, leitete dieser eine Phase des Rückzugs und der Innenschau ein. Sich in sein Inneres zu versenken war das, was Jack in diesem Zeitraum am nötigsten gebraucht hat. Etwas spitzte sich zu – die Entwicklung lief auf eine Entscheidung hinaus. Jack brauchte in dieser Phase Zeit, um sich in Abgeschiedenheit mit seinen Gedanken auseinanderzusetzen. Wahrscheinlich hatte er das Gefühl, daß vor allem die Beziehungen zu Frauen problematisch und verwirrend abliefen. Diese Stellung kann auf eine gerade beendete Freundschaft hindeuten – wir wissen, daß dies in seinem Fall zutrifft.

Das Lunar-Horoskop vom 3. April (Zeichnung Seite 190).
Der April ist eine Wendezeit. Fünf Planeten befinden sich in Eckhäusern (Saturn und Neptun dabei am IC), die Sonne, Merkur und Venus befinden sich allesamt dicht am Deszendenten. Mit einem derartigen Lunar muß mit einem Monat gerechnet werden, der von herausragender Bedeutung ist und der außerordentlich markante Ereignisse mit sich bringt.

Saturn und Neptun am IC lassen ein eher zurückgezogenes Leben erwarten. Jack könnte der Ansicht gewesen sein, daß seine Kontakte nicht wirklich tiefgründig oder bedeutend waren und es lohnender für ihn wäre, seine Zeit allein zu verbringen – zu meditieren oder einfach zu träumen. Möglich ist auch, daß er sich einsam fühlte und Ängste, Zweifel oder Unsicherheit im Hinblick auf sein Leben hatte. Vielleicht machte er sich in dieser Phase viele Gedanken zur Vergangenheit, und möglicherweise gab es bei ihm zuhause konkrete Probleme.

Der Rest des Lunarhoroskops ist ganz anders zu interpretieren – die Sonne, Merkur und Venus am Deszendenten sowie der Mond im 5. Haus lassen auf eine gesellige Zeit schließen, in der man beachtet wird und viel Aufmerksamkeit erfährt. Verbindet man diese beiden Aussagen miteinander, steht zu vermuten, daß Jack sich in diesem Zeitraum trotz der vielen Sympathie-Beweise und Anerkennung inner-

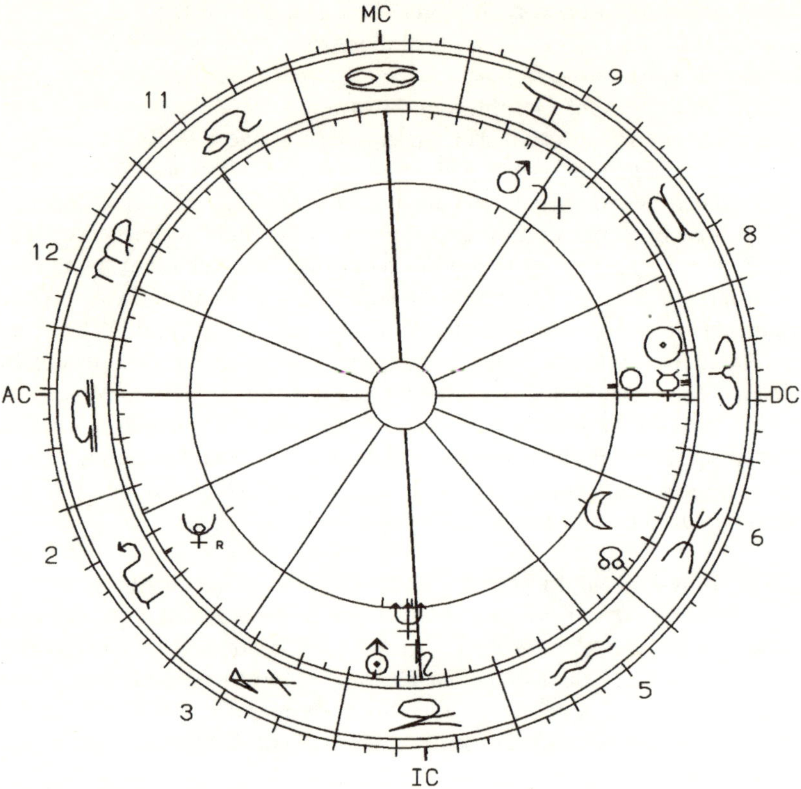

Jack: Lunarhoroskop vom 3. 4. 1989

☉	13° 59′	♒	♂	14° 20′	♊	♆	12° 22′	♑	AC	11° 23′	♎
☽	10° 13′	♓	♃	03° 28′	♊	♇	14° 35′	♏	MC	14° 36′	♋
☿	13° 08′	♈	♄	13° 36′	♑	☊	04° 21′	♓	Häusersystem		
♀	13° 40′	♈	♅	10° 05′	♑				Placidus		

lich einsam oder leer gefühlt hat. Dies gilt auch deshalb, weil in seinem Geburtshoroskop Saturn ebenfalls am IC steht. Vielleicht hat er in diesem Monat noch einmal die Einsamkeit seiner Kindheit erlebt. Weiterhin könnte diese Stellung den Beginn einer neuen Beziehung oder eine bedeutsame Veränderung in einer bestehenden anzeigen.

Jack war in dem Zeitraum, den dieses Lunar umfaßt, viel unterwegs, wobei er Berufliches mit Privatem verband. So besuchte er zum Beispiel Partys, auf denen auch Prominenz aus dem Showgeschäft

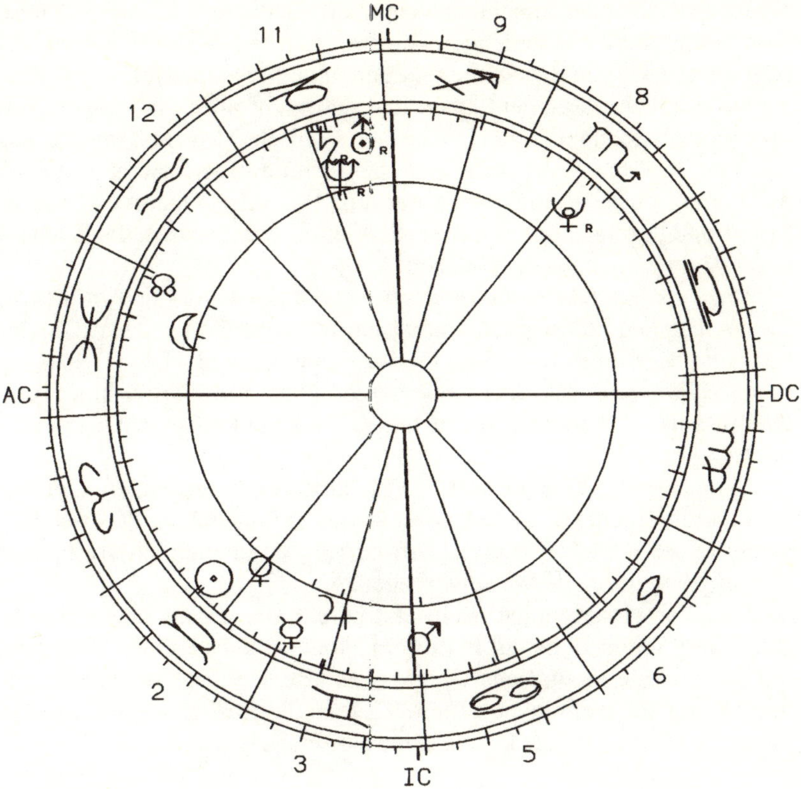

Jack: Lunarhoroskop vom 1. 5. 1989

☉ 10° 45′ ♉	♂ 01° 13′ ♋	♆ 12° 18′ ♑	AC 26° 16′ ♓
☽ 10° 13′ ♓	♃ 09° 34′ ♊	♇ 13° 53′ ♏	MC 28° 41′ ♐
☿ 01° 21′ ♊	♄ 13° 51′ ♑	☊ 01° 26′ ♓	Häusersystem Placidus
♀ 17° 32′ ♉	♅ 05° 08′ ♑		

verkehrte. Er begann sich nun wieder als Homosexueller zu fühlen und nahm eine neue Beziehung auf.

Das Lunarhoroskop vom 1. Mai (Zeichnung auf dieser Seite).
Hier befindet sich der Mond wieder im 12. Haus. Der Lunar-Aszendent steht in Konjunktion zum Geburts-Deszendenten. Es handelt sich damit abermals um eine Zeit der Kontemplation, in der allerdings auch die Beziehungen betont sind. Die Sonne steht im fast exakten Sextil zum

Mond, so daß man annehmen kann, daß Jack sich in dieser Phase wohlgefühlt hat. Wie dem auch gewesen sein mag – Pluto, Saturn und Neptun aspektieren die Sonne und den Mond, was bedeutet, daß Herausforderungen bestanden haben und daß nicht alles glatt abgelaufen sein wird. Es handelt sich aber um harmonische Aspekte, welche das Element des Sich-Versenkens noch betonen und von Zeit zu Zeit Jack melancholisch gestimmt haben dürften. Das enge Quadrat zwischen Mond und Jupiter könnte dabei das Gefühl der Unzufriedenheit und Rastlosigkeit noch verstärkt haben.

Mars steht – wie im Solar auch – dicht am IC, so daß in diesem Monat Themen zu erwarten waren, die mit dem biologischen Überleben und der Selbstbehauptung zusammenhängen. Diese Stellung könnte anzeigen, daß Jack jetzt Ärger über alte Verletzungen und Kümmernisse empfunden hat, welche nun in seiner Erinnerung in ihm hochstiegen.

Uranus steht dicht am MC. Dies dürfte einhergegangen sein mit dem Gefühl, nicht das zu bekommen, was er wirklich wollte. Bei dem Wunsch, seine Bedürfnisse zu befriedigen, ist er möglicherweise auf eine unkonventionelle Weise vorgegangen.

Wie wir wissen, neigte sich jetzt bereits die gerade eingegangene Beziehung ihrem Ende zu. In diesem Monat traf Jack einen Kollegen, mit dem er eine Freundschaft begann. Mit dessen Unterstützung konnte er darangehen, einige berufliche Ziele in die Realität umzusetzen. In dieser Zeit schränkte Jack auch seine Reisetätigkeit ein.

Das Solarhoroskop für das Jahr 1989/90

Wir wollen uns jetzt der Gegenwart nähern und das Solarhoroskop für das Jahr 1989/90 (Zeichnung Seite 193) betrachten. Auch hier werden wir auf die in Kapitel 5 vorgestellte Weise vorgehen.

1. Die Solar-Sonne.

Sie steht im 7. Haus – wie im Jahr zuvor ist der Bereich der Beziehung betont. Jetzt liegt Jacks Aufgabe darin, durch andere etwas über sich selbst zu lernen. Ob es sich dabei um Freunde handelt, um Beratungen, um offene Konflikte – auf die eine oder andere Art wird er Aspekte von sich entdecken, die ihm bis jetzt verborgen waren. Jack hat im Hinblick auf Beziehungen Probleme (Venus im Sextil zu Saturn, Mond in Opposition zu Pluto), insbesondere, weil er sich nicht

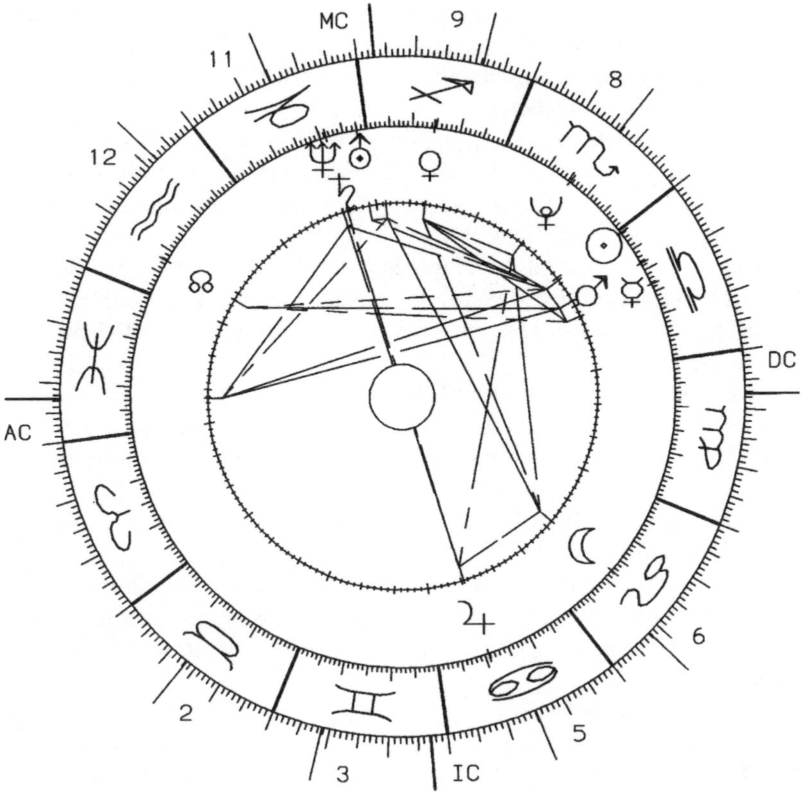

Jack: Solarhoroskop 1989/90

☉ 29° 13′ ♎	♂ 21° 39′ ♎	♆ 09° 53′ ♑	AC 22° 38′ ♓
☽ 12° 11′ ♌	♃ 10° 48′ ♋	♇ 14° 29′ ♏	MC 27° 10′ ♐
☿ 16° 44′ ♎	♄ 08° 41′ ♑	☊ 22° 11′ ♒	Häusersystem Placidus
♀ 15° 28′ ♐	♅ 02° 06′ ♑		

eingesteht, wie verletzlich er ist. Er versucht in Beziehungen stets die Kontrolle zu behalten. Mit der Solar-Sonne im 7. Haus wird er sich der Probleme bewußt werden. Vielleicht wird er das Gefühl haben, benutzt und ausgebeutet worden zu sein und als Konsequenz die Art und Weise, wie er seine Beziehungen gestaltet hat, in Frage stellen. Die Sonne steht im Sextil zu Uranus – das zeigt im Hinblick auf Beziehungen die Möglichkeit zu inneren Veränderungen an, welche sich auf sein Selbstgefühl positiv auswirken können.

Es dürfte sich auch um ein Jahr handeln, in dem er viel öffentliche Aufmerksamkeit genießt. Jack könnte jetzt im Rampenlicht stehen und Anerkennung erfahren, was möglicherweise dazu führt, daß er sich selbst höher einschätzt.

Zwischen der Sonne und der Venus kommt es zu einem Halbquadrat. Das unterstreicht, daß der Bereich der Beziehungen jetzt von besonderer Wichtigkeit ist – hier muß Jack jetzt kämpfen. In seinem Geburtshoroskop findet sich eine Sonne/Venus-Konjunktion – das aktuelle Halbquadrat gibt ihm die Gelegenheit, mehr über seine Beziehungen in Erfahrung zu bringen, wodurch er aktiver auf diese einwirken kann. Im Rahmen dieses Prozesses wird er sich selbst auch mit mehr Abstand sehen können.

Die Sonne befindet sich außerdem in einer nicht ganz exakten Konjunktion zu Mars. Damit ist für Jack die Chance gekommen, sich darüber klarzuwerden, wie er sich verteidigt und behauptet und wie er in Erscheinung tritt. Im Geburtshoroskop stehen diese beiden Planeten im Quinkunx-Aspekt zueinander, so daß Jack im allgemeinen gar nicht weißt, was für einen starken Eindruck er auf andere macht. In diesem Jahr aber, mit der Konjunktion und der Stellung von Sonne und Mars im 7. Haus, wird er merken, wie andere auf ihn reagieren. Und als Folge davon wird er mehr Klarheit über sich selbst gewinnen.

2. Solar-Aszendent und Solar-MC.

Die Eckpunkte des Solars sind insofern bemerkenswert, als daß sie denen des Geburtshoroskops gegenüberliegen: Der Solar-Aszendent befindet sich in Konjunktion zu dem Geburts-Deszendenten.

Auch dies bestätigt einmal mehr, daß Beziehungen jetzt von übergeordneter Bedeutung sind. Mit einem Fische-Aszendenten wird Jacks Herangehensweise an das Leben fließend, veränderlich und von großer Sensibilität geprägt sein. Neptun – in der modernen Astrologie Herrscher dieses Zeichens – steht im 10. Haus, in enger Konjunktion zu Saturn und in Opposition zu Jupiter. Das läßt vermuten, daß die berufliche Karriere in diesem Zeitraum für ihn das Wichtigste ist. Vielleicht wird er jetzt in der Lage sein, einen langgehegten Traum in die Realität umzusetzen – eine Vision, die er in seiner Vorstellung erblickt hat, zur Wirklichkeit zu machen. Diese Stellung hat, genau drei Wochen später, in Deutschland zum Fall der Mauer, zu einem Neuanfang im Osten sowie zu vollständig neuen Beziehungen zwischen Ost und West geführt. In gewisser Weise ist auch in Jack eine Mauer eingestürzt, wodurch er jetzt einen größeren Freiraum hat und weitreichendere Entscheidungen treffen kann. Dies könnte Auswirkungen haben auf seinen Beruf und seine langfristigen Ziele, auf sein Zuhause, sein inneres psychisches Selbst sowie auf die Beziehung zu seinen Eltern – sowohl, was die jetzige Zeit als auch seine Kindheit betrifft. Jupiter, im 4. Haus und erhöht im Krebs, beherrscht das MC sowie – gemäß der alten Astrologie – das Zeichen Fische, in dem der Solar-Aszendent steht. Wir ziehen daraus die Schlußfolgerung, daß sich die Opposition in erster Linie auf Jacks inneres und häusliches Leben auswirken wird. Er kann jetzt Durchbrüche erzielen, die einen konstruktiven und wachstumsfördernden psychischen Einfluß auf ihn haben.

Das MC im Schützen zeigt Expansion, die entweder aus innerem Wachstum oder aus Reisen herrührt. Bei Jack trifft beides zu. Er reist viel und ist gleichzeitig auf dem Wege der inneren Entwicklung. Sein Bedürfnis nach einer Lebensphilosophie tritt jetzt stark hervor; durch Jupiter wird nun der Kontakt zu seiner Vergangenheit und zu seinem persönlichen Leben hergestellt. Uranus befindet sich im Steinbock, dicht am Schütze-MC, was bedeutet, daß es im Hinblick auf die Ziele dieses Jahres zu unvorhersehbaren und zum Teil unangenehmen Entwicklungen kommen wird. Mit dieser Stellung besteht der Wunsch, keinen weltlichen Beschränkungen zu unterliegen – sie symbolisiert die Freiheit des Geistes. Man kann annehmen, daß alle Begrenzungen, denen sich Jack jetzt gegenübersieht, und insbesondere diejenigen, in denen er keinen Sinn zu erkennen vermag, ihm in diesem Zeitraum unerträglich sein werden. Sein Bedürfnis nach Freiraum und danach, in jedem Moment das zu tun, was er tun möchte, ist nun auf das stärkste betont. Ebenfalls denkbar wäre, daß er sich jetzt bei der Verfolgung seiner Ziele als autoritärer Herrscher aufspielt und die Toleranz vermissen läßt, die ihn früher ausgezeichnet hat. Hierin besteht ein Widerspruch zu anderen Faktoren des Horoskops – Übereinstimmung ist allerdings in bezug darauf vorhanden, daß er nicht weiß, wie anmaßend er gelegentlich in Erscheinung tritt (der Quinkunx-Aspekt im Geburtshoroskop zwischen der Sonne und dem Mars).

Die Opposition von Saturn und Neptun auf der einen und Jupiter auf der anderen Seite wird vom Waage-Merkur im 7. Haus (dem Herrscher des Deszendenten) in einem nicht ganz exakten Quadrat aspektiert. Damit ist das Bedürfnis nach einer Zweierbeziehung und nach Kommunikation betont. Wir haben bereits erwähnt, daß man etwas über sich selbst lernt wenn Merkur und Sonne im gleichen Zeichen stehen. Jack lernt jetzt durch den Kontakt zu anderen etwas über sich selbst. Vielleicht macht er nun die Entdeckung, daß er als Bindeglied oder auch als eine Art Medium zwischen den anderen fungiert, und daß es von allergrößter Wichtigkeit für ihn ist, seine diplomatischen Fähigkeiten zur Anwendung zu bringen.

3. Der Solar-Mond.

Der Solar-Mond steht im Löwen im 6. Haus – dem gleichen Haus wie bei der Geburt. Dies zeigt, daß Jack besondere Aufmerksamkeit auf seine Gesundheit und auf die alltäglichen Pflichten richten und sich vor Überanstrengung in Acht nehmen muß. Diese Stellung hat auch Auswirkungen auf die Arbeit – die berufliche Tätigkeit sowie die Beziehung zu den Arbeitskollegen könnten ihn jetzt zutiefst befriedigen. Durch das Löwe-Zeichen ist ein gewisser Geltungsdrang gegeben, was bedeutet, daß Jack das Gefühl haben muß, im Mittelpunkt der Geschehnisse zu stehen. Eine Gefahr liegt darin, daß er vielleicht eine Krankheit dazu benutzt, sich eine Sonderbehandlung zu verschaffen. Geht er in dieser Zeit auf konstruktive Weise vor, wird er für seine Arbeit Anerkennung erfahren. Er ist bereits jetzt in leitender Stellung tätig, und man könnte erwarten, daß er in diesem Jahr das mit dieser Position verbundene Prestige in vollen Zügen genießt. Jack braucht jetzt das Gefühl, für alle oder zumindest für eine bestimmte Person in seinem Alltag wichtig zu sein. Da sich die Sonne im 7. Haus (Partnerschaften) befindet, ist es in der Tat naheliegend, daß Jack den Wunsch nach einer Beziehung verspürt, in der er sich in seiner Individualität ernstgenommen fühlt. Eine andere Auswirkung wäre die Mitgliedschaft in einem renommierten Sportclub, wo er vielleicht beim Training oder bei der Massage einflußreiche Menschen kennenlernen und – gemäß der Sonne im 7. Haus – Partnerschaften begründen könnte, die auf gegenseitigem Respekt beruhen.

Der Mond steht kurz vor dem Quadrat zu Pluto (in der Progression exakt zu Weihnachten 89 und dem darauf folgenden Jahreswechsel). Es ist zu vermuten, daß dies eine emotional schwierige Zeit für Jack sein wird. Er könnte sich einsam und isoliert fühlen – von einem Panzer umgeben, den er sich selbst zugelegt hat, um sich vor Verletzungen zu schützen. Vielleicht wird er nun allein sein wollen und nach einem Ort suchen, an dem er er selbst sein kann. Bleibt diese Suche ergebnislos, könnte er das Gefühl haben, von etwas überwältigt zu werden. Auf welche Weise sich diese Vorgänge auch manifestieren – sie zeigen, daß in Jacks Innerem Kräfte herrschen, die ständig Aufmerksamkeit verlangen (die Mond/Pluto-Opposition im Geburtshoroskop). Vielleicht kann er jetzt auch die frühkindliche Beziehung zu seiner Mutter und deren Übergriffe auf ihn besser verstehen. Das wäre auch deshalb von Bedeutung, weil ihn diese Vorgänge noch immer beschäftigen – insbesondere in der Hinsicht, daß er in Beziehungen aus Angst vor wirklicher Nähe immer die Kontrolle zu behalten versucht.

Der Mond befindet sich im Trigon zur Venus; beide stehen im Sextil zu Merkur. Das ist eine gute und angenehme Stellung, die insbesondere in den Kontakten zu Frauen durch Reden und den Austausch von Gefühlen Spaß und Freude bringen kann. Diese Planeten-Konstellation mildert möglicherweise die kritische Qualität des Pluto-Quadrates – vielleicht trägt sie dazu bei, daß Jack sich von den Erfahrungen seiner Kindheit freimacht und in seinen Beziehungen Fortschritte erzielt.

Geburtshoroskop		*Solar*
♅	☌	☽
♅	△	♀
☊	☌	♂
♀	☌	♂
☽	△	♃

Geburtshoroskop		*Solar*
☽	⚹	♄
☽	⚹	♆
♇	△	♅
♅	□	♇

Der Solar-Mond steht zum Geburts-Uranus in einer – wenn auch etwas weiten – Konjunktion und zu der Merkur/Jupiter-Konjunktion im Quadrat. Das Quadrat zwischen Merkur/Jupiter und Uranus im Geburtshoroskop beschreibt eine Seite von Jack, die ihn sich als freien und ungebundenen Menschen zeigen läßt, der seinen Spaß daran hat, andere zu schockieren. Es liegt viel Unheil in dieser Konstellation. Die Beteiligung des Mondes bedeutet, daß Jack nun anderen gegenüber auf extrem freimütige Weise reagieren dürfte. Sein Bedürfnis nach emotionaler Anregung ist jetzt auf das Stärkste betont. Jack dürfte bestrebt sein, jede Beschränkung aus dem Weg zu räumen, und sich auf eine Art und Weise verhalten, die absolut nicht vorherzusagen ist. Unter Berücksichtigung des Geburtshoroskops könnte man auch die Vermutung aufstellen, daß Jack sich jetzt auf eine positive Weise als Regelbrecher zeigt. Der Solar-Mond im Löwen bedeutet jedenfalls, daß er alles tun wird, um Aufmerksamkeit zu erregen. Wie dem im einzelnen auch sein mag – das Leben wird zu dieser Zeit alles andere als langweilig verlaufen.

4. Die Häuser-Betonung.
In diesem Solar sind die Eckhäuser stark besetzt – in ihnen stehen sieben Planeten, während sich in den veränderlichen nur zwei und in den fixen gar nur einer findet. Das Kardinale ist also betont – wenn auch die Eckpunkte in veränderlichen Zeichen stehen. Letzteres vermittelt den Anschein, es mit jemandem zu tun zu haben, der flexibel und anpassungsfähig ist – was aber nicht zutrifft. Jack dürfte nun sehr bestimmt auftreten und genau wissen, was er will. Er wird über große Zielstrebigkeit verfügen, und die vermeintliche Anpassungsfähigkeit ist nichts anderes als ein Mittel zum Zweck, um seine Ziele in die Wirklichkeit umzusetzen.

5. Die wichtigsten Aspekte des Solars.
Das wichtigste Aspektmuster in diesem Solarhoroskop ist das kardinale T-Quadrat, das wir bereits eingehend besprochen haben. Merkur ist der Planet im Brennpunkt, was jeder Form von Kommunikation eine gewisse Anspannung verleiht. Jack dürfte sich jetzt schnell mißverstanden fühlen, und trotz aller Bemühungen, diplomatisch und sachlich vorzugehen, werden in seine Kontakte zu anderen Ungeduld und Irritationen einfließen. Mars steht zu Merkur in Konjunktion, was in positiver Auswirkung die Lust zur Argumentation bedeutet. Mit dieser Stellung ist man – in welcher Form auch immer – auf Wettkampf ausgerichtet. Jack dürfte jetzt den Wunsch verspüren, Punkte gutzumachen. Zu gewinnen bedeutet ihm nun viel – er braucht ein Feld, auf dem er andere in die Schranken weisen und zeigen kann, was in ihm steckt. In diesem Zusammenhang kann man sich auch sportliche Betätigungen wie Tennis oder Squash vorstellen, vielleicht auch Denkspiele wie Schach oder Scrabble. Solche Spiele könnten ihm als Ventil dienen, um seine Energien zum Ausdruck zu bringen – damit diese sich nicht in den persönlichen Beziehungen störend bemerkbar machen.

Der Solar-Mars steht bezüglich des Geburtshoroskops in Konjunktion zum aufsteigenden Mondknoten und, mit einem gewissen Orbis, zur Venus. Diese Stellung könnte sich für Jack positiv auswirken – möglicherweise stellt er sich nun in seinen Beziehungen auf gewinnende Weise, mit viel Charme und Schwung, dar – energisch oder auch brüsk und anteilnehmend zugleich. Er wird sich dessen, was er will, deutlich bewußt sein, und es ist vorstellbar, daß Geld eine wichtige Rolle spielt (weil im Geburtshoroskop der aufsteigende Mondknoten und die Venus im 2. Haus stehen). Vielleicht muß sich Jack jetzt damit auseinandersetzen, wie seine Besitztümer und sein Verlangen nach Geld seine Beziehungen beeinflussen, sowie damit, worin seine wirklichen Werte bestehen. Er könnte jetzt Qualitäten in anderen wahrnehmen, die mit Geld nicht zu kaufen sind. Diese ganze Waage-Konstellation könnte sich also darauf beziehen, daß er ein neues Bewußtsein darüber erlangt, wie er sich auf andere einstellt und wieweit er Kompromisse eingehen muß. Basis dafür ist sein mangelndes Selbstwertgefühl und das Bedürfnis, von anderen anerkannt zu werden. In diesem Jahr könnte er sich selbst zu lieben und zu schätzen beginnen. Er könnte deutlicher denn je erkennen, wer er wirklich ist und was seine Qualitäten sind und seine Beziehungen auf neue Art und mit einem neuen Gefühl der Gleichberechtigung genießen.

Die Venus steht im Zeichen Schütze im 9. Haus, was Idealismus und Hoffnungen in bezug auf Liebe und Partnerschaften bedeutet. Es ist das gleiche Haus wie im Vorjahr (damals in der Jungfrau), so daß hier ein Thema seine Fortsetzung findet. Vergnügen und Glück gehen möglicherweise mit Reisen oder einer Lernsituation einher. Es wäre denkbar, daß Jack Zufriedenheit oder neue Freunde aus der Beschäftigung mit philosophischen Dingen heraus gewinnt – vielleicht ist seine fortgesetzte Tätigkeit für die Drogenhilfe-Organisation, welche einen sprirituellen Ansatz verfolgt, in diesem Zusammenhang zu sehen. Viele seiner Freunde gehören dieser Organisation an, was erwarten läßt, daß er weiterhin seine Freizeit in deren Umfeld verbringt. Die Solar-Venus steht im engen Trigon zum Geburts-Uranus, was das idealistische Element dieser Stellung sowie das Bedürfnis nach Freiheit und Anregung noch verstärkt. In diesem Jahr wird Jack sich schwertun, emotionale Verpflichtungen einzugehen.

Zum Geburts-Mond besteht vom Solar-Jupiter aus ein genaues Trigon und von der Saturn/Neptun-Konjunktion aus ein Sextil. Auf diese Opposition des Solarhoroskops sind wir bereits eingegangen. Allerdings haben wir noch nicht erwähnt, daß der Geburts-Mond in das 12. Haus des Solars fällt. Diese Stellung legt wiederum eine auf das innere Leben bezogene Interpretation nahe, mit einer Neubewertung von Vergangenheit und kindlichen Erfahrungen. Es geht in diesem Zeitraum darum, welcher Zusammenhang zwischen Jacks Zuhause und seiner beruflichen Laufbahn besteht.

Der Solar-Uranus steht dicht vor dem genauen Trigon zum Geburts-Pluto. Pluto, im Geburtshoroskop im 12. Haus, beschreibt die Fähigkeit zur inneren Wandlung, zum Anzapfen der inneren Reserven, und weiterhin die Neigung, familiäres Leid auf sich zu nehmen, in dem Versuch, dieses aufzulösen. Das Uranus-Trigon verleiht diesem Prozeß zusätzliche Energie, und weil Uranus am MC steht, kann vermutet werden, daß Jack diesem Problem tatsächlich seine Aufmerksamkeit widmen wird.

Umgekehrt befindet sich der Solar-Pluto im Quadrat zum Geburts-Uranus. Diese Verbindung bringt eine umfassende und dauerhafte Wandlung mit sich. Uranus steht im Geburtshoroskop im 11. Haus, so daß hier – wie im Solarhoroskop auch – das Thema Freundschaften betont ist. Pluto steht im Solarhoroskop in Haus 8. Dieses symbolisiert – in welcher Form auch immer – den Tod; er ist notwendig, damit etwas Neues entstehen kann. Dieses könnte sich auf Jacks Einstellung zu emotionaler Nähe, zu Geld oder zur Sexualität beziehen. Wir können nicht voraussagen, welche Auswirkungen bei Jack zu beobachten sein werden – in jedem Falle aber wird der Bereich der Freundschaften betroffen sein.

6. Planeten die sowohl im Geburtshoroskop als auch im Solar in einem Aspekt zueinander stehen.

Zum Teil sind wir auf diese schon eingegangen – im folgenden werden wir nur noch Erläuterungen zu den Aspekten anführen, die wir noch nicht besprochen haben.

Aspekte im Geburtshoroskop			*Aspekte im Solar*		
☉	☌	♀	☉	∠	♀
☉	⚻	♂	☉	☌	♂
☽	△	☿	☽	⚹	☿
☽	□	♀	☽	△	♀
☽	☍	♇	☽	□	♇
☿	☌	♃	☿	□	♃
☿	☌	♆	☿	□	♆
♃	☌	♆	♃	☍	♆
♄	△	♅	♄	☌	♅

Das Solar-Sextil zwischen Mond und Merkur wird ähnliche Gefühle wie das Trigon der beiden Planeten im Geburtshoroskop auslösen. Jack kann seine Gefühle generell gut zum Ausdruck bringen, was in diesem Jahr seine Fortsetzung findet.

Dem Mond/Venus-Trigon ging im Jahr zuvor eine Opposition voraus. In dem vorangegangenen Jahr dürfte Jack sich wahrscheinlich über seine Schwierigkeiten im Hinblick auf Partnerschaften (das Anderthalbquadrat im Geburtshoroskop) klarer geworden sein. Ein Anderthalbquadrat hat oftmals eine Überanpassung zur Folge, welche der Unsicherheit entspringt, ob man überhaupt die Liebe «verdient», die man doch so dringend braucht. Tatsächlich bringen es Menschen mit dieser Planeten-Stellung oft zu einer gewissen Beliebtheit – eben weil sie sich soviel Mühe geben, anderen zu gefallen. Oft müssen sie aber dafür innerlich einen hohen Preis zahlen. Mit dem Trigon in diesem Jahr kann Jack sich nun geliebt fühlen, ohne sich dafür anstrengen zu müssen – was einen positiven Einfluß auf sein tiefverwurzeltes Minderwertigkeitsgefühl haben könnte.

Merkur befindet sich im Solarhoroskop im Brennpunkt eines T-Quadrates. Die Quadrate bestehen zu Neptun und Jupiter – im Geburtshoroskop stehen diese drei Planeten in Konjunktion zueinander. Merkur stand schon im Vorjahr zu Neptun im Quadrat – Jack war bereits damit beschäftigt gewesen, wie er die Konjunktion benutzt hatte, um das zu bekommen, was er wollte – wie er sich mit ihrer Hilfe aus kniffligen Situationen herausgewunden hatte. Die aktuelle Konstellation wirft ein noch schärferes Licht auf das, was wir bereits als seine «opportunistische Seite» angeführt haben. Sie ist zugleich eine außerordentlich kreative Kraft, die aufgrund der Beteiligung von Saturn auch praktisch genutzt werden kann.

Saturn und Uranus bilden noch immer – wie schon im Vorjahr – eine Konjunktion zueinander, welche jetzt aber – wie das Trigon im Geburtshoroskop – von separativem Charakter ist. Jack wird auch in diesem Jahr auf originelle und erfinderische Weise vorgehen, und er wird seine Ideen nun auch tatsächlich konkret nutzen. Da sich diese beiden Planeten im Solar im 10. Haus befinden, dürfte Jack diese Begabung wahrscheinlich insbesondere im Beruf zum Ausdruck bringen.

Die Progressionen

In der Progression (zu der Berechnung verweisen wir auf den Anhang) kam der Mond Weihnachten 1989 im Quadrat zu Pluto zu stehen. Jack verbrachte das Fest mit seiner Mutter; er sagte, er habe dabei gespürt, daß sie ihn liebt und daß sie ihn nicht loslassen will. Wir haben schon früher erwähnt, daß diese Zeit von tiefen Erfahrungen im Hinblick auf seine Partnerschaftsprobleme geprägt sein dürfte. Im Oktober dieses Jahres hatte er eine neue Beziehung begonnen. Das Weihnachtsfest verbrachten die beiden getrennt voneinander – sein Freund fuhr in sein Heimatland, wo Jack ihn kurz vor dem Fest noch einmal besuchte. Jack sagt, daß diese Zeit sehr schön gewesen sei und er sich sehr entspannt und frei gefühlt hätte. Zum Teil hätte er es sehr genossen, von seinem Geliebten herumgeführt und vorgestellt zu werden. Es hat den Anschein, als hätte Jack in der Progression bereits den Mond in Konjunktion zum Geburts-Uranus sowie im Trigon zur Solar-Venus im 9. Haus erlebt. Er und sein Freund waren sich zu dieser Zeit noch nähergekommen, was ihre Bindung verstärkte – was bei Jack etwas heißen will. Man muß also vermuten, daß es sich um eine sehr intensive Beziehung handelt.

Als der progressive Mond Mitte März im Sextil zu Merkur stand, hat er gelesen, was wir geschrieben haben, woraufhin er sich selbst in einem neuen Licht sah. Seine Mutter hatte gerade angerufen und ihn und ein anderes ihrer Kinder zu sich eingeladen.

Der progressive Mond wird im August zu Mars im Sextil stehen, was eine Zeit symbolisieren könnte, in der Jack mit großer Zielstrebigkeit und Direktheit vorgeht. Alle Manifestationsmöglichkeiten, die wir im Hinblick auf Mars im 7. Solar-Haus angeführt haben, sind in diesem Zusammenhang denkbar.

Am 2. Mai 1990 wird das progressive MC auf Jupiter stehen, was eine häusliche Veränderung anzeigen könnte. Jack macht sich bereits jetzt Gedanken über einen Umzug – er ist aber noch unentschlossen und fragt sich, ob er nicht in seiner jetzigen Wohnung etwas verändern sollte. Es ist vorstellbar, daß er Anfang Mai zutiefst unzufrieden mit der Situation sein und – so oder so – aktiv werden wird. Vielleicht ergibt sich eine Gelegenheit zum Umzug, der er nicht widerstehen kann; vielleicht wird er aber auch eine schöne und reiche Zeit in seinem Zuhause verbringen.

Am 10. August 1990 wird das progressive MC auf Merkur, kurz darauf auf Mars und schließlich, am 23. dieses Monats, auf der Sonne stehen. Diese drei Planeten sind im Solarhoroskop mit den herausragenden Themen verknüpft. Im Hinblick auf die möglichen Auswirkungen – welche wir schon beschrieben haben –, werden sich in diesem Zeitraum wichtige Ereignisse ergeben. Wie die betreffenden Energien in Erscheinung treten, wird dann klar werden. Die Probleme werden sich auf jeden Fall deutlich herauskristallisieren.

Die Merkur-Wiederkehr für das Jahr 1989/90

Zum Schluß wollen wir noch die Merkur-Wiederkehr dieser Phase betrachten (Zeichnung Seite 204). Was läßt sie für dieses Jahr erwarten?

*Es fallen sofort die zwei Stellien ins Auge – das eine im Skorpion im 3. und das andere im Steinbock im 4. Haus.** Um es noch einmal zu sagen: Die Merkur-Wiederkehr zeigt, auf welche Weise wir in dem betreffenden Zeitabschnitt lernen und wie wir das, was wir gelernt haben, einordnen. Sie zeigt, worauf der Verstand in erster Linie gerichtet ist, und mit welcher Einstellung man dem ganzen Prozeß des Wissenserwerb und der Wissensverarbeitung begegnet.

Merkur im 3. Haus herrscht über den Aszendenten und das MC; er ist Bestandteil eines der beiden Stellien. Zur Sonne und zu Pluto ist eine enge, zu Mars eine weite Konjunktion gegeben. Merkur im 3. Haus bedeutet Rastlosigkeit und Neugier. Diese Stellung läßt vielfältige geistige Aktivitäten und Entdeckungen vermuten, welche mit der Erweiterung des Wissensstandes zu tun haben. Mit der Konjunktion von Sonne und Merkur können wir annehmen, daß Jack hauptsächlich damit beschäftigt ist, sich selbst zu entdecken. Diese Planeten stehen im Skorpion, so daß er das Bedürfnis haben wird, seine Emotionen sowie das Verborgene schlechthin zu ergründen.

Jack könnte sich auch für das Innere anderer Menschen interessieren – soweit ihm das bei seiner Selbsterkenntnis dient. Jack wird andere jetzt durchschauen und genau wissen, was diese treibt. Niemand wird ihm etwas vormachen können – er wird sofort erkennen, wenn jemand ihn anlügen oder ihm auch nur die halbe Wahrheit sagen will. Er wird sich in diesem Zeitraum «tiefschürfend» verhalten. Sein Verstand wird schnell und genau arbeiten, und aufgrund seiner scharfen Wahrnehmung könnte er – wenn er dies wollte – andere mit seinen Worten verletzen. Vielleicht erfährt er jetzt manches Geheimnis – er kann nun andere dazu bringen, sich ihm zu öffnen und über Persönliches oder über Tabuthemen zu reden. Möglicherweise wird Jack seine Aufmerksamkeit aber auch darauf richten, seine eigenen tiefen Geheimnisse zu erforschen, was einen positiven Einfluß auf sein Selbstverständnis haben kann.

Es ist gut denkbar, daß er in diesem Jahr eine neue Beschäftigung aufnimmt, die in engem Zusammenhang damit steht, woran er glaubt.

* Mit Stellium bezeichnet man eine mehrfache Planetenkonjunktion beziehungsweise eine Planetenhäufung.

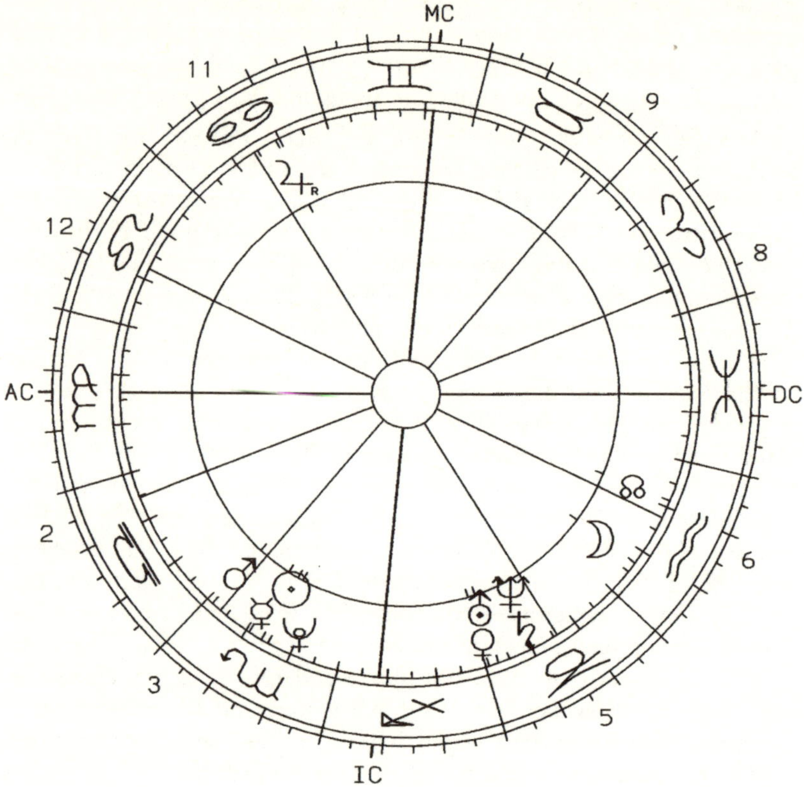

Jack: Merkur-Wiederkehr 1989/90

☉ 13° 37′ ♏	♂ 01° 15′ ♏	♆ 10° 11′ ♑	AC 13° 32′ ♍
☽ 07° 09′ ♒	♃ 10° 46′ ♋	♇ 15° 04′ ♏	MC 08° 23′ ♊
☿ 10° 43′ ♏	♄ 09° 44′ ♑	☊ 21° 25′ ♒	Häusersystem Placidus
♀ 00° 39′ ♑	♅ 02° 41′ ♑		

Das, woran er glaubt, wird während des Zeitraums der Merkur-Wiederkehr umfassend transformiert werden – Jack wird eine neue Art zu denken entwickeln, mit der er sich und das Leben in einem neuen Licht sehen wird. Dabei handelt sich um einen tiefen Wandel – seine Weltsicht und seine Meinung über seinen Platz im Leben ändern sich jetzt radikal.

Das 3. Haus hat auch mit körperlicher Bewegung zu tun – was die Annahme nahelegt, daß Jack in diesem Zeitraum viel unterwegs sein wird. Das könnte sich in einer allgemeinen und ziellosen Rastlosigkeit äußern, die Ausdruck einer inneren Spannung ist. Es wäre aber auch denkbar, daß Jack mit seinen Reisen eine bestimmte Absicht verfolgt. Dies dürfte dann im Zusammenhang mit seiner Arbeit (Merkur ist Herrscher von Aszendent und MC) stehen und nicht auf eigenen Visionen oder dem Wunsch nach dem Neuen beruhen. Auch Formen von ritualisierter Bewegung wie Tanz oder – mit der Tiefe und Kraft des Skorpion-Stelliums – einer Kampfsportart sind vorstellbar. Letzteres würde gut zu Jack passen, und wenn er jemals mit dem Gedanken gespielt hat, sich mit etwas Derartigem zu befassen, ist jetzt die Zeit gekommen, um damit anzufangen.

Vielleicht wird er nun auch zu schreiben beginnen und dabei die Erfahrung machen, daß es sich dabei um eine anspruchsvolle Tätigkeit handelt. Hier scheint es von Bedeutung zu sein, daß wir gerade jetzt über ihn schreiben und daß seine Geschichte Bestandteil dieses Buches ist. Was immer Jack zu dieser Zeit anfangen wird – es muß etwas sein, das ihn sich auf tiefgründige Weise besser kennenlernen läßt.

Der Aszendent der Merkur-Wiederkehr steht – wie im Geburtshoroskop auch – im Zeichen Jungfrau. Das heißt, daß er jetzt an das Lernen auf die gleiche Weise wie an das Leben überhaupt herangeht. Mit dieser Stellung will man verstehen, wie die Dinge funktionieren, wozu sie dienen und wie der größere Zusammenhang aussieht. Jack wird dazu neigen, alles auf diese Fragestellungen hin zu untersuchen – das, worin er keinen Sinn sehen kann, wird ihn nicht interessieren. Seine Vorgehensweise wird methodisch und von der Aufmerksamkeit für die Details und Besonderheiten bestimmt sein.

Die Himmelsmitte im Zwillings-Zeichen bedeutet, daß er als schneller und flexibler Denker eingeschätzt werden möchte. Er wird den Wunsch verspüren, daß andere ihn auf vielen Gebieten für kompetent halten. Dies wird ihn in diesem Jahr dazu motivieren, neue Entdeckungen zu machen. Jack wird nun über alles etwas wissen wollen.

Konflikte sind im Zusammenhang mit dem Quadrat-Aspekt des Skorpion-Stelliums zum Wassermann-Mond im 5. Haus zu erwarten. Mit dem Wassermann-Mond geht eine in gewisser Weise abgehobene Einstellung einher, eine experimentelle und auf das Neue fixierte emotionale Ausrichtung – wobei die Gefühle von eher unpersönlicher und kontrollierbarer Natur sein sollen. Diese Mond-Stellung bedeutet

Freude und Spaß an Abenteuern und Vergnügungen – Jack dürfte es in dieser Zeit genießen, sich selbst zu Ausdruck zu bringen. Allerdings bedeutet dies einen Widerspruch zu dem Bedürfnis, sich in sein Inneres zu versenken und in psychischer Hinsicht mehr über sich selbst zu erfahren. Das abgehobene Verhalten kollidiert also mit dem Wunsch, die eigenen Gefühle zu ergründen. Zwischen dem Bedürfnis nach Vergnügungen und dem nach Selbsterkenntnis besteht also ein unlösbar scheinender Konflikt.

Die Quadrate vom Mond zu Mars und Pluto wiederholen das Thema, das mit dem T-Quadrat zwischen Mond, Mars und Pluto im Geburtshoroskop verbunden ist. Auch im Solarhoroskop für dieses Jahr sehen wir den Mond im Quadrat zu Pluto. Damit rücken Probleme, dic auf den komplexen und intensiven Emotionen beruhen, in den Blickpunkt. Dies hängt zusammen mit Jacks Dominanzstreben in seinen Beziehungen, mit seiner Verletzlichkeit, mit seinem Bedürfnis nach Zuwendung sowie der Weigerung, all diese Persönlichkeitsmerkmale anzuerkennen. Im Verlauf dieses Jahres wird Jack gezwungen sein, sich innerlich mit diesen Merkmalen auseinanderzusetzen. Er muß dies tun, wenn er sich selbst darüber klarwerden will, warum er in Beziehungen Schmerzen erleidet und inwiefern er selbst dazu beiträgt, diesen Prozeß aufrechtzuerhalten.

Blicken wir jetzt auf das Steinbock-Stellium im 4. Haus. Zwischen den zwei Planeten-Gruppierungen bestehen vielerlei Sextile, was Möglichkeiten eröffnet, die verschiedenen Prinzipien miteinander zu verknüpfen. Die Venus bringt zum Ausdruck, was für Kontakte Jack sucht, um sich selbst besser kennenzulernen. Eine Steinbock-Venus hat oft mit Verbindungen zu tun, die Status oder Ansehen verleihen. Steinbock ist ein ungemein konservatives Zeichen. Allerdings steht die Venus in enger Konjunktion zu Uranus, was ein Indiz dafür ist, daß es in den Beziehungen zu vielen Überraschungen kommen wird. Dies könnte zweierlei Auswirkungen haben: daß er andere durch sein Verhalten schockiert oder er durch das Verhalten anderer schockiert wird. Er könnte sich auch auf eine «abgehobene» Weise darstellen und es anderen unmöglich machen, sich über ihn klarzuwerden. Vielleicht beginnt er nun auch eine Beziehung mit jemandem, auf den dies zutrifft.

Der Wassermann-Mond verstärkt diese Charakteristik noch. Venus und Uranus stehen im Sextil zu Mars, was dem Moment des Unvorhersehbaren und Unstabilen noch Leidenschaft und Intensität hinzufügt. Es hat den Anschein, daß Jack sich in diesem Zeitraum zwar um eine ernsthafte und verantwortungsvolle Haltung im Hinblick auf Liebe und Verbindungen bemüht, er aber nichtsdestoweniger viel Ungewißheit und Veränderungen erleben wird.

Die starke Besetzung des 4. Hauses könnte bedeuten, daß jetzt Tiefverborgenes an das Tageslicht kommt. Denkbar wäre die Beschäftigung mit den allerpersönlichsten Dingen, und daß sich Beziehungen vor allem im häuslichen Rahmen abspielen. Jack wird sich mit dem, was er entdeckt, intensiv auseinandersetzen und durch seine Kontakte zu anderen ein neues Verständnis seiner selbst erlangen (Merkur in Konjunktion zur Sonne im 3. Haus).

Saturn befindet sich in einer engen Konjunktion zu Neptun und in Opposition zu Jupiter. Diese Opposition wird von dem Merkur/Sonne/Pluto-Stellium im Trigon und im Sextil aspektiert – sie findet sich auch im Solarhoroskop dieses Jahres (ebenfalls vom 10. zum 4. Haus). Aber nur in der Merkur-Wiederkehr ist Jupiter eleviert. Diese Stellung bezieht sich auf das Zuhause, die Karriere, die Eltern, die innere Welt – was alles in gewisser Weise wie von einer Mauer umgeben ist. Da die Opposition auch über das Stellium im 3. Haus zum Ausdruck kommen kann, ist es möglich, daß sich nun Jacks Weltbild ändert. Es könnte hier plötzlich zu einem völlig neuen Bewußtsein beziehungsweise zur Befreiung von den bislang auf ihm lastenden Kräften der Vergangenheit kommen. Jetzt könnte Jack die Stimmen der Vergangenheit hinter sich lassen, die ihn beschränkt und behindert haben. Jupiter ist sowohl im Solar als auch bei der Merkur-Wiederkehr außerordentlich gut gestellt (in beiden Horoskopen steht er erhöht im Krebs, im letzteren sogar eleviert) – Jacks Durchbrüche könnten sich auch in seinem Beruf auswirken.

Im Merkur-Horoskop wiederholen sich vielerlei Planeten-Verbindungen aus dem Geburtshoroskop. Auch im Solarhoroskop stehen Merkur, Jupiter und Neptun in Beziehung zueinander – im Merkur-Horoskop sind allerdings Trigone und Sextile vorhanden, was eine harmonischere Verbindung bedeutet. Jack wird nun eine neue Perspektive gewinnen können.

Der Mars steht bei der Merkur-Wiederkehr an fast der gleichen Stelle wie die Geburts-Sonne. Das heißt, daß Jacks Identität und Individualität in seine Art, sich zu behaupten, einfließt, und daß es leichter als sonst zu Konfrontationen und Streit kommen wird. Mit Mars ist oft eine Handlungsweise verbunden, bei der es ums nackte Überleben zu gehen scheint. Wie dem auch sein mag – Jack wird sich schnell in seinem Gefühl als authentische Persönlichkeit bedroht sehen. In den zwei zurückliegenden Jahren kam es jeweils zu starken Sonne/Mars-Kontakten. Das zeigt, daß der ganze Komplex von Selbstbehauptung und Überlebenskampf sowie der Ausdruck der Individualität über einen längeren Zeitraum hinweg von großer Wichtigkeit war beziehungsweise ist.

Der Mond befindet sich im 5. Haus, was eine teilnahmsvolle Haltung gegenüber anderen und die Fähigkeit, andere um Hilfe zu bitten, andeutet. Diese Stellung begünstigt neben jeder Form von Kommunikation mit der Öffentlichkeit speziell Jacks berufliche Aktivitäten (welche ja mit Kommunikation zu tun haben).

Im letzten Gespräch teilte Jack mir mit, daß er in der Firma dabei mitgearbeitet hätte, neues Briefpapier und neue Anzeigenvorlagen zu erstellen. Er war mit dem Ergebnis – insbesondere wegen der Klarheit und Übersichtlichkeit der Entwürfe – außerordentlich zufrieden. Er meinte, daß das Ergebnis für sich spräche. Es scheint, daß sein künstlerisches Talent (Venus, Sonne, Neptun, Jupiter und Merkur in der Waage und im Skorpion) jetzt deshalb konkret zum Ausdruck gekommen, weil einige dieser Planeten im Solarhoroskop im T-Quadrat und auch im Merkur-Horoskop im Aspekt zueinander standen. Ich hatte mir immer Gedanken dazu gemacht, daß Jack sein Talent bei seiner Arbeit nicht befriedigen konnte – er hat es nun geschafft, diesen Aspekt in seine Tätigkeit einzubringen.

Er erzählte mir weiterhin, daß er Mitglied in einem renommierten Sportklub geworden ist und jetzt häufig trainiert. Das kann man sowohl im Hinblick auf das reich besetzte 3. Haus im Horoskop der Merkur-Wiederkehr als auch mit Blick auf den Mond im 6. Haus im Solarhoroskop interpretieren. Er läuft jetzt auch regelmäßig und bereitet sich darauf vor, in diesem Jahr zweimal die Marathonstrecke hinter sich zu bringen.

Zum Abschluß dieses Kapitels möchten wir Jack dafür danken, daß er uns erlaubt hat, viele persönliche Details aus seinem Leben auszubreiten und daß er uns auf dem Laufenden gehalten hat. Wir wünschen ihm alles Gute.

9

Eine Fallstudie: Steffi Graf

Steffi Graf ist ein sportliches Phänomen unserer Tage. Im Alter von 19 Jahren spielte sie um Klassen besser als ihre schärfsten Konkurrentinnen. Mit 13 Jahren und 4 Monaten war sie die jüngste Spielerin, die jemals in der Tennisweltrangliste der Damen geführt wurde, und mit 20 hatte sie jedes wichtige Turnier sowie eine olympische Goldmedaille gewonnen.

Es hat manchmal den Anschein, als wäre Steffi unschlagbar. Sie verbindet ein seltenes Talent mit einer außergewöhnlichen Einstellung. Im Jahre 1988 hat sie von 74 Spiele nur drei verloren – in denen sie sich körperlich nicht auf der Höhe fühlte oder sich von Verletzungen erholte.

Trotz ihres großen Erfolges und bei aller Anerkennung, die sie genießt, hat Steffi bislang nicht die Herzen der Zuschauer gewinnen können. Der Grund hierfür liegt wohl darin, daß sie auf dem Tennisplatz einen nüchternen und unterkühlten Eindruck macht, und daß sie sich ihrer Gegnerinnen im allgemeinen sehr konzentriert und schnell entledigt. Dabei handelt es sich meistens kaum um eine wirkliche Auseinandersetzung – das Resultat steht selten in Frage.

Wir wollen den Zeitraum zwischen den Geburtstagen im Juni 1988 und 1989 näher betrachten, in welchem es ihr gelang, den «Golden Slam» zu gewinnen. Steffi war erst die vierte Spielerin, die den «Grand Slam» – die vier wichtigsten Meisterschaften in einem Jahr – gewann: die Offene Australische Tennismeisterschaft, die Offene Tennismeisterschaft von Frankreich, das Turnier von Wimbledon sowie die Offene Amerikanische Tennismeisterschaft. Zu dieser außerge

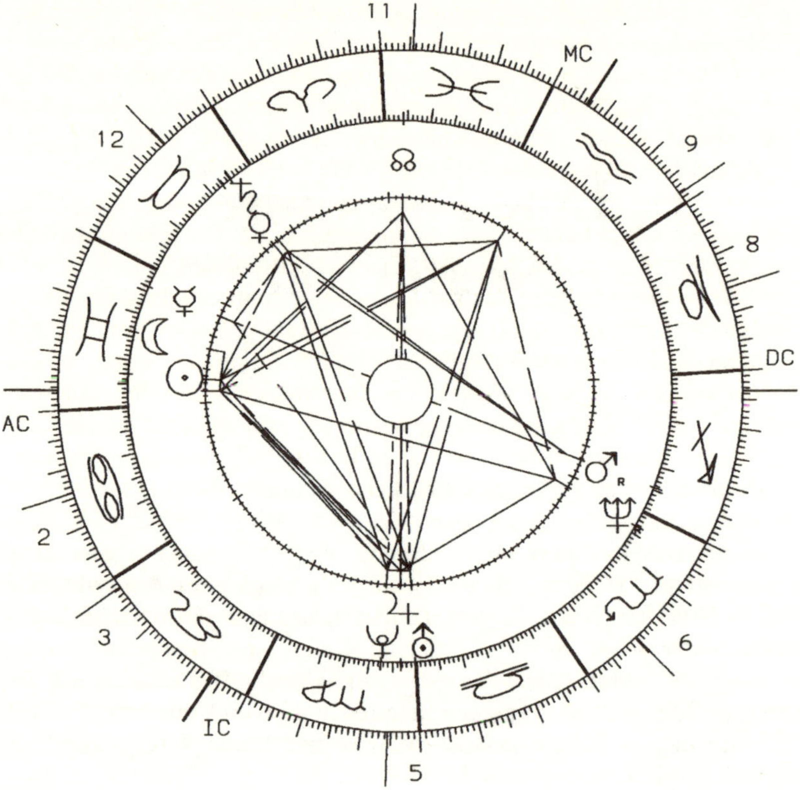

Steffi Graf: Geburtshoroskop, 14. 6. 1969, 3.40 Uhr MEZ, Mannheim.

☉	22° 55′ ♊	♂	05° 34′ ♐	♆	26° 39′ ♏	AC	26° 29′ ♊
☽	13° 59′ ♊	♃	26° 48′ ♍	♇	22° 27′ ♍	MC	23° 25′ ♒
☿	03° 54′ ♊	♄	05° 14′ ♉	☊	25° 55′ ♓	Häusersystem Placidus	
♀	07° 15′ ♉	♅	29° 54′ ♍				

wöhnlichen Leistung kam noch der Gewinn der Goldmedaille bei den Olympischen Spielen hinzu, womit aus dem «Grand Slam» der «Golden Slam» wurde.

Dieser Zeitraum ist insofern von besonderem Interesse, weil Steffi an dessen Ende – unmittelbar vor ihrem Geburtstag – im Endspiel der Offenen Tennismeisterschaft von Frankreich eine unerwartete Niederlage erlitt, was es ihr unmöglich machte, den «Grand Slam» in diesem Jahr noch einmal zu gewinnen.

Wir werden mit der Aufzählung der wichtigsten Faktoren des Geburtshoroskops von Steffi Graf beginnen. Mit der Stellung von Sonne, Mond, Merkur und dem Aszendenten im Zwillings-Zeichen handelt es sich dabei – was nicht weiter überraschen dürfte – um das Horoskop eines Spezialisten beziehungsweise einer Spezialistin.

Tennis ist vielleicht der Zwillings-Sport schlechthin – das Spiel erfordert eine rasche Auffassungsgabe, schnelle Reaktionen sowie körperliche Geschicklichkeit und Schnelligkeit. Es ist gekennzeichnet von kurzen Phasen der Aktivität, die wie Eruptionen anmuten, was eine ideale Entsprechung des Zwillings-Temperaments darstellt. Es ist eine große Anpassungsfähigkeit und Flexibilität gefordert, um sich auf die verschiedenen Bodenbeläge, auf Wetterbedingungen sowie auf die Spielweise des Gegners einzustellen. Der Spieler muß fähig sein, Situationen sowie den Konkurrenten sofort zu erfassen. Im Grunde handelt es sich bei diesem Sport um einen Dialog zwischen zwei Spielern im Hinblick auf geistige und körperliche Wendigkeit (was eine merkurische Funktion ist).

In Steffis Horoskop hat die Sonne, dicht am Aszendenten, eine herausragende Stellung. Diese bedeutet ihr markantes Auftreten, ihr stolzes Verhalten sowie die löwenhafte Haarpracht und Erscheinungsweise. Steffi ist von Kopf bis Fuß eine Königin. Die Sonne am Aszendenten haben Menschen, die es gewohnt sind, Aufmerksamkeit zu erregen, und die dies genießen. Zugleich ist damit aber das Gefühl verbunden, zur Schau gestellt zu sein und keine Privatsphäre zu haben.

Mit dieser Stellung besteht das Gefühl, etwas Besonderes zu sein, kein Mensch wie alle anderen, niemand, der in der Masse aufgeht. Es ist denkbar, daß ihr Vater sie wie seinen Augapfel gehütet hat, und daß Steffi sich immer der großen Erwartungen, die an sie gestellt worden sind, sowie der Aufmerksamkeit, die sie erregt hat, bewußt gewesen ist. Dies könnte insbesondere deshalb der Fall sein, weil die Sonne im 12. Haus steht, was ein Bedürfnis nach Abgeschiedenheit und Rückzug bedeuten kann. Der Mensch mit der Sonne im 12. Haus lernt es schon früh, sich seine eigene Welt zu schaffen, in die er sich zurückziehen kann. In diesem Zusammenhang ist vielleicht die Tatsache von Interesse, daß es eine vom Fernsehen ausgestrahlte Filmaufnahme von Steffi gibt, die sie – von ihrem Vater aufgenommen – im Alter von drei Jahren beim Training zeigt. In diesem Alter wurde sie also schon dazu ermutigt, ihre Talente zur Entfaltung zu bringen – darüber hinaus wurde sie sogar schon gefilmt. Steffi hat also sehr früh die Erfahrung gemacht, eine Person des öffentlichen Interesses zu sein, von der sehr viel erwartet wird.

Mit der Sonne im 12. Haus kann eine innere Unklarheit über die eigene Identität herrschen, was vielleicht davon herrührt, daß die Eltern dem Kind zuviel Aufmerksamkeit schenken und zu stark auf es einwirken. Daraus könnte sich die Folge ergeben, daß es nicht über genug Freiraum für das Wachstum und die Entwicklung der eigenen Persönlichkeit verfügt. Das Bild, das diese Person abgibt, ist dann vielleicht auf irgendeine Weise undeutlich. Um dem entgegenzuwirken, unternimmt Steffi – wie viele andere Menschen mit der Sonne am Aszendenten – große Anstrengungen, um sich als Persönlichkeit darzustellen. Sie möchte Eindruck hinterlassen durch die Art und Weise, wie sie in Erscheinung tritt.

Die Sonne im 12. Haus läßt vermuten, daß Steffi Ziele erkennen und die Dinge geschehen lassen kann – sie muß nicht versuchen, etwas zu erzwingen. Sie ist insofern imstande, Dinge loszulassen und sich ihren Zielen hinzugeben. Die vielen Planeten in veränderlichen und die wenigen in kardinalen Zeichen verstärken das Gefühl, daß die Dinge ohne eigenes Zutun geschehen – daß sie selbst gar nicht tätig werden muß, um etwas in Gang zu bringen. Weil Steffi nur über veränderliche und fixe Energie verfügt, kann sie sich anpassen und an einem einmal gesetzten Ziel festhalten. Sie hat aber Schwierigkeiten, Neues in Angriff zu nehmen.

Mit dem Mond, der tief verborgen im 12. Haus steht, geht eine weitere Betonung des Innenlebens einher. Es ist anzunehmen, daß es Steffi wichtig ist, ihren inneren Phantasien Raum zu geben. Allerdings könnte es zu Problemen kommen, wenn sie herausfinden will, was sie wirklich fühlt. Auch die Merkur-Stellung im 12. Haus unterstreicht die enorme Bedeutung des Innenlebens.

Steffi hat aber – der Sonne am Aszendenten gemäß – eine Position gewählt, in der sie ständig beobachtet wird. Mit diesen komplexen 12.-Haus-Energien neigt sie aller Wahrscheinlichkeit nach dazu, ihre widersprüchlichen Gefühle nach außen zu projizieren. Vielleicht stellt sie hier einen Zusammenhang zu der ihr unangenehmen Aufmerksamkeit her, die sie erfährt, und vielleicht liegt hier auch die Wurzel ihres Sicherheitsbedürfnisses.

Die einzigen Aspekte zur Sonne sind die Quadrate der in Konjunktion stehenden Planeten Pluto, Jupiter und Uranus. Hierin liegt viel explosive Energie, die sich in dem Wunsch ausdrückt, etwas Großes zu leisten und sich als außerordentlich kraftvolle und erfolgreiche Persönlichkeit zu zeigen. Dies ist *ihr* Bedürfnis – allerdings dürfte sie auch bestrebt sein, durch den Erfolg ihren Vater zufriedenzustellen. Wenn sie die Liebe ihres Vaters dadurch zu gewinnen sucht, daß sie sich anderen überlegen zeigt, besteht die Gefahr, daß das ein Faß ohne Boden ist – welches auch durch die größten Erfolge nicht gefüllt werden kann.

Mit dem Sonne/Jupiter-Quadrat ist die Neigung gegeben, nicht die eigenen inneren Bedürfnisse zu betrachten, sondern eher auf äußere Zustimmung auszugehen. Dieses Quadrat kann aber auch einen inneren Glauben und Optimismus bedeuten – zum Beispiel die Überzeugung, daß man seine Ziele erreicht. Steffi ist auf den Erfolg ausgerichtet, und sie verfügt über die Fähigkeit, auf das loszugehen, was sie will. Sie ist wagemutig und bereit, Risiken auf sich zu nehmen.

Mit dem Quadrat der Sonne zu Uranus ist das Gefühl verbunden, anders als die anderen beziehungsweise etwas Besonderes zu sein. Menschen mit einer Sonne/Uranus-Verbindung haben häufig außergewöhnliche Talente. Dies kann sie dazu befähigen, in Isolation zu leben und einen eingeschlagenen Weg kompromißlos zu verfolgen – ohne zu fragen, welcher Preis damit verbunden ist. Uranus bedeutet eine irgendwie abgehobene und zugleich unbeugsame Einstellung – bei Steffi zu beobachten in der kühlen und dabei rastlosen Haltung, in der sie sich über Widerstände hinwegsetzt.

Steffis Stärke und Kraft liegen in dem Sonne/Pluto-Quadrat. Sie beherrscht ihre Spiele sowohl durch ihre Willenskraft als auch aufgrund ihrer technischen Fähigkeiten. Ihre Gegnerinnen fühlen sich ihr unterlegen; sie können es sich zumeist nicht einmal vorstellen, gegen sie zu gewinnen.

Mit einer Verbindung von Sonne und Pluto steht das Verlangen im Vordergrund, alle Fehler auszumerzen und perfekt zu sein. Steffi hat sich einem intensiven Training unterworfen, um ihr Spiel kontinuierlich zu verbessern. Wenn sie eine Begegnung gewonnen und dem Augenschein nach fehlerlos gespielt hat, wird man sie sagen hören, daß sie sich mit einem Aspekt ihres Spiels beschäftigen wird, der noch verbessert werden muß. Zu gewinnen ist ihr nicht genug – sie will an die Grenze kommen und perfekt sein.

Der Mensch mit einer Sonne/Pluto-Verbindung im Horoskop ist von äußerster Zielstrebigkeit und bereit, alles zu opfern, um sein Ziel zu erreichen. Zugleich besteht eine stark ausgeprägte Selbstkontrolle, der oft die Angst vor dem Chaos zugrundeliegt. Macht ist im allgemeinen für diesen Menschen von großer Wichtigkeit, und die Angst, machtlos beziehungsweise etwas oder jemandem ausgeliefert zu sein, läßt ihn rastlos dagegen ankämpfen. Steffi fürchtet sich möglicherweise vor dem Gefühl der Ohnmacht, wenn sie die Kontrolle aus der Hand gibt; vielleicht denkt sie, daß sie nur dann weitermachen kann, wenn sie sich und alles fest im Griff behält.

Die Jupiter/Uranus-Konjunktion, die zur Sonne im Quadrat steht, symbolisiert das Gefühl für den richtigen Augenblick – die Fähigkeit, im richtigen Moment instinktiv das Richtige zu tun. Jupiter/Pluto steht für Risikofreude und den Drang, die Dinge auf die Spitze zu treiben, um das Optimum herauszuholen. Der Sport ist für Steffi ein ideales Ventil – zu gewinnen ist für sie lebenswichtig. Wenn sie sich angegriffen fühlt, holt sie das Beste aus sich heraus. Und wenn es ihr einmal – was selten genug vorkommt – nicht gelingt, dic Niederlage abzuwenden, fühlt sie sich am Boden zerstört.

In Steffis Horoskop ist im 11. Haus einc Konjunktion von Venus und Saturn im Zeichen Stier vorhanden, was vielleicht heißt, daß sie in ihrer Kindheit nicht viel Wärme und Gefühlsbekundungen erfahren hat. Mit Venus/Saturn sind im allgemeinen Minderwertigkeitsprobleme verbunden – hier besteht das Gefühl, daß man nicht einfach geliebt werden kann, sondern daß man sich die Liebe erst verdienen muß. Jemand, bei dem diese Planeten im Aspekt zueinander stehen, meint, nicht für das, was er ist, sondern für das, was er tut, Anerkennung zu erfahren. Möglicherweise opfert er das sein Glück den Pflichten und Errungenschaften. Wir können vermuten, daß Steffi daran arbeitet, perfekt zu werden – um Liebe zu verdienen. Aber natürlich befriedigt Erfolg nicht das Bedürfnis, um seiner selbst geliebt zu werden. Im Gegenteil: Erfolg kann das Unsicherheitsgefühl noch verstärken. Gesetzt den Fall, Liebe resultiert aus Erfolg – was geschieht dann, wenn Steffi scheitert?

Die Reserviertheit von Venus/Saturn zeigt sich in Steffis beherrschtem Verhalten während des Spiels. Sie reagiert nur selten emotional, was es dem Publikum schwermacht, sich mit ihr zu identifizieren oder an ihren Erfolgen teilzuhaben. Da diese Konjunktion im 11. Haus steht, dürfte der Bereich der Freundschaften mit Problemen behaftet sein – sie neigt dazu, sich bei Turnieren von den anderen Spielerinnen zu isolieren. Wenn sie das auch tut, um ihre Privatsphäre zu schützen, hat es doch zur Folge, daß sie wenig Unterstützung und Kameradschaft erfährt.

Der Mars im Zeichen Schütze im 6. Haus symbolisiert Steffis Arbeit. Sie nutzt ihre Energie auf eine enthusiastische Weise in einem

Bereich, der mit Spaß und Vergnügen zu tun hat, und verdient damit ihren Lebensunterhalt. Im Zusammenhang mit dem Mars im 6. Haus ist anzumerken, daß Steffi oftmals krank ist. Sie leidet häufig unter Erkältungen und anderen Befindlichkeitsstörungen, die aller Wahrscheinlichkeit nach durch den Druck verursacht sind, den sie sich selbst auferlegt. Der Mars im Schützen bedeutet eine enthusiastische und regenerative Energie, die aber auch irgendwann erschöpft ist – was sich als Rebellion ihres Körper zeigt. Ihre Niederlagen ereignen sich hauptsächlich dann, wenn sie krank und insofern gezwungen ist, dem enormen Druck, den sie sich selbst auferlegt, nachzugeben.

Mars steht in Opposition zu Merkur und dem Mond, was ihre blitzartigen Reaktionen bedeutet. Mit dieser Stellung hat sie die Fähigkeit, schnell zu denken und sofort zu reagieren. Steffi kann ihre Gedanken sofort in die Tat umsetzen. Wenn es erforderlich ist, handelt sie aus dem Instinkt heraus – mit großem Erfolg, wie man sieht.

Neptun im 6. Haus bedeutet, daß in ihr Arbeitsleben etwas Besonderes – das Übernatürliche – einwirkt, und vielleicht wird sie später ihre Energie auf etwas Spirituelles oder Mystisches richten. Mit der Opposition von Merkur und Neptun vom 12. zum 6. Haus, mit all den anderen 12.-Haus-Planeten, der Venus/Saturn-Konjunktion in Haus 11 sowie dem Zeichen Wassermann an der Himmelsmitte besteht der Drang, für etwas Überpersönliches tätig zu werden und der Welt auf mitfühlende und selbstlose Weise zu Diensten zu sein. Wir sind gespannt, was Steffi machen wird, wenn sie mit dem Tennis aufhört.

Das Solarhoroskop für das Jahr 1988/89

Wir werden unseren Blick jetzt auf das Solarhoroskop richten, welches den Zeitraum umfaßt, in dem sie den «Golden Slam» errungen hat (Zeichnung Seite 216).

Wir gehen dabei wieder so vor, wie wir es in den Interpretations-Richtlinien von Kapitel 5 vorgestellt haben. Die Nummerierung bezieht sich auf die dort erläuterten acht Interpretationsschwerpunkte.

1. Die Solar-Sonne.

Die Stellung der Sonne im 7. Haus läßt die Aussage zu, daß zu dieser Zeit die Auseinandersetzung mit anderen von zentraler Bedeutung gewesen ist. Tennis als eine Aktivität, bei der zwei Menschen ihre Kräfte

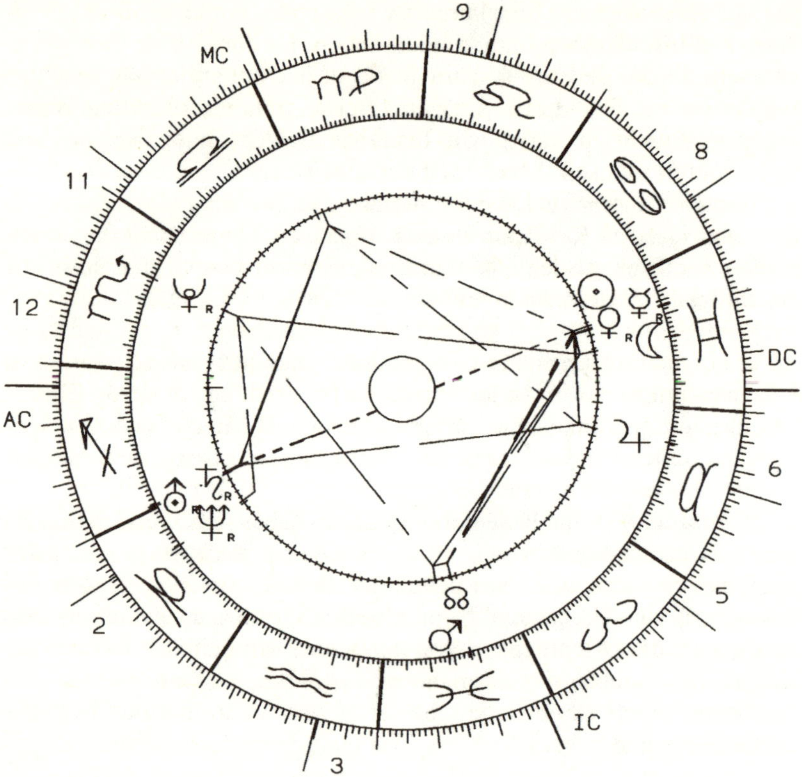

Steffi Graf: Solarhoroskop 1988/89

☉ 22° 55′ ♊	♂ 13° 53′ ♓	♆ 09° 15′ ♑	AC 03° 41′ ♐
☽ 15° 11′ ♊	♃ 22° 23′ ♉	♇ 10° 07′ ♏	MC 28° 02′ ♍
☿ 22° 02′ ♊	♄ 29° 44′ ♐	☊ 18° 27′ ♓	Häusersystem Placidus
♀ 21° 44′ ♊	♅ 29° 18′ ♐		

messen, gehört zum 7. Haus. Das Wesentliche an einem Wettkampf ist, daß der Gegner uns dazu herausfordert, über uns hinauszuwachsen – was den Sieg bedeutet. Wenn der Sieg auch das erklärte Ziel ist, so erwächst wahre Befriedigung nur aus der Auseinandersetzung mit einem Gegner, der so stark ist, daß wir unser Bestes geben müssen. Die Entsprechung hierzu im Horoskop ist die Sonne im 7. Haus – die Person mit dieser Stellung braucht den Kontakt zu anderen, um sich selbst zu entwickeln.

Mit der Sonne im 7. Solarhaus wird Steffi das Bedürfnis nach öffentlicher Anerkennung empfunden haben. Es dürfte eine Zeit gewesen sein, in der sie sich in ihrer Rolle in der Öffentlichkeit sehr viel wohler gefühlt hat – in der sie es als Bestätigung ihrer Identität nahm, im Rampenlicht zu stehen. Sie brauchte die Auseinandersetzung mit anderen, um sich selbst besser zu verstehen.

Wenn wir einen Blick auf die Aspekte zur Sonne werfen, stellen wir fest, daß diese in Konjunktion zum Mond, zu Merkur und zur Venus steht. Eine Zeit, in der alles zusammenkommt und in der Steffi die Früchte ihrer Arbeit ernten konnte.

Wie wir im 2. Kapitel angeführt haben, bedeutet ein Neumond im Solar ein außerordentlich wichtiges Jahr. Dies traf im Fall von Steffi ganz bestimmt zu. In dieser Phase hat sie sich mit letztem Einsatz darauf geworfen, ihre Ziele zu verwirklichen. Ihr Bedürfnis, Anerkennung zu finden und auf strahlende Weise in Erscheinung zu treten, erreichte zu dieser Zeit seinen Höhepunkt.

Wahrscheinlich hat sich während dieses Jahres ein Wendepunkt im Hinblick darauf ergeben, wie Steffi sich selbst sieht. Es ist anzunehmen, daß sich nun ihr Leben für immer änderte. Sie hatte jetzt das erreicht, was sie sich erträumte – und dabei ihre Privatsphäre verloren. Nun ergriff die Öffentlichkeit von ihr Besitz. Mit dem Neumond – der sich ja auch schon im Geburtshoroskop findet – ist es, als wäre sie jetzt neugeboren worden – als ob sie zu diesem Zeitpunkt ein neues Leben begonnen hätte.

Die fast exakte Sonne/Merkur-Konjunktion zeigt, daß Steffis Merkur/Zwillings-Eigenschaften nun auf das Höchste entwickelt waren. Allerdings bedeutet sie auch eine Zeit, in der ihre Gedanken bei all dem, was um sie herum geschah, doch eher auf das Innere gerichtet waren. Während sich ihr äußeres Leben drastisch änderte, wird sie aller Wahrscheinlichkeit nach eine intensive Innenschau betrieben haben. Ihre Erfolge dürften dazu geführt haben, daß sie sich selbst in Frage gestellt und analysiert und sich danach auf eine andere Weise gesehen hat. Zu gleicher Zeit dürfte ihr aufgegangen sein, welche Veränderungen die Erfolge mit sich brachten.

Mit der Sonne/Venus-Konjunktion konnte Steffi in diesem Jahr die Früchte ihrer Anstrengungen ernten und das erreichen, wonach sie gestrebt und wofür sie lange gearbeitet hatte. Ihre Errungenschaften werden sie in der Annahme, über eine einzigartige Begabung beziehungsweise Individualiltät zu verfügen, bestärkt und ihr ein erhöhtes Selbstwertgefühl vermittelt haben.

Mit der überaus starken Besetzung des 7. Hauses und der starken Stellung der Venus dürfte sich Steffi viele Gedanken zu Partnerschaften gemacht haben. Sie wird das Bedürfnis verspürt haben, anderen näherzukommen, und vielleicht erkannte sie aufgrund des beruflichen Erfolges, daß sie keine Freunde hat.

Die Sonne steht in einer (etwas weiten) Opposition zur Saturn/ Uranus-Konjunktion – wobei diese beiden Planeten schon zu weit gelaufen sind, als daß die Opposition in diesem Jahr noch berücksichtigt werden könnte. Dies zeigt aber, daß es eine Phase der Vorbereitung gegeben hatte, die jetzt zum Höhepunkt gekommen war. Dieser Aspekt veranschaulicht die starke Konzentration und die außerordentliche Anstrengung (Saturn), die aufgrund der einzigartigen Wesenheit (Uranus) in die Wirklichkeit umgesetzt werden konnten. Er zeigt auch, daß die zurückliegenden Jahre für Steffi nicht einfach gewesen sind daß es zu vielen Höhen und Tiefen gekommen ist und daß immer wieder Rückschläge und Enttäuschungen überwunden werden mußten.

2. Solar-Aszendent und Solar-MC.

Der Solar-Aszendent fällt in das Zeichen Schütze; er steht in Konjunktion zum Mars des Geburtshoroskops. Der Solar-Deszendent kommt auf Steffis Geburts-Merkur zu stehen. Weiterhin verläuft die Aszendent/ Deszendent-Achse in den gleichen Zeichen wie bei der Geburt (mit dem Zwillings-Aszendenten), was einmal mehr unterstreicht, wie wichtig dieses Jahr für Steffi gewesen ist.

Mit einem Schütze-Aszendenten ist im allgemeinen ein Jahr voller Aufregungen und Herausforderungen verbunden, in dem sich das Leben in seiner ganzen Vielfältigkeit darstellt. In dieser Zeit kann man Risiken eingehen und das Beste aus allem herausholen; man zeigt dabei eine optimistische und enthusiastische Einstellung. Steffi war nun in der Lage, das Richtige zu tun, um ihre Ziele zu erreichen. Sie war jetzt fähig, mit Bestimmtheit und Zuversicht vorzugehen, was es ihr leichter machte, die Erfolge dieses Jahres zu erringen. Der Erfolg war ihr nun gewiß.

Während sie von Sieg zu Sieg eilte, dürfte sie sich in Gedanken viel mit der Zukunft beschäftigt haben. Diese Einstellung, nach vorne zu schauen, begünstigte die Konzentration auf die Herausforderungen – das, was sie bereits erreicht hatte, interessierte sie nicht. Es handelte sich um ein Jahr der kühnen Attacken sowie der inneren Standfestigkeit – ein Jahr, in dem alles möglich war.

Der Herrscher des Solar-Aszendenten, Jupiter, steht im 6. Haus im Zeichen Stier, was die harte Arbeit und den unermüdlichen Enthusiasmus symbolisiert, mit denen Steffi sich den Herausforderungen dieses Jahres stellte. Damit verbunden ist auch, daß ihre Arbeit tatsächlich von Erfolg gekrönt war. Die einzigen Aspekte, die zu Jupiter bestehen, sind Halbsextile von der Sonne, von Merkur und von der Venus. Das bedeutet, daß es wenig Abwechslung für sie gab und daß sie kaum eine andere Möglichkeit als die Arbeit hatte, um sich zum Ausdruck zu bringen.

Das Solar-MC befindet sich in der Jungfrau, in Konjunktion zu der Uranus/Jupiter/Pluto-Konjunktion des Geburtshoroskops. Das IC fällt auf den nördlichen Mondknoten. Die Jungfrau an der Himmelsmitte steht für die akribische Vorbereitung und für die viele harte Arbeit, die Steffi in diesem Zeitraum auf ihre Karriere gerichtet hat. Das, was sie anstrebte, war das Unerreichbare – mit nichts weniger als dem Perfekten wollte sie sich zufriedengeben. Kein Detail entging ihrer Aufmerksamkeit, wenn sie an ihren Fehlern arbeitete. Aller Wahrscheinlichkeit nach hat sie das, was sie erreichen wollte, sich genau vor Augen gestellt und jeden Schritt auf dem Wege dahin eingehend überlegt. Vielleicht war es gerade dieser alles beherrschende Drang nach Perfektion, der zu ihrem Unwohlsein und zu der Niederlage bei der Französischen Tennismeisterschaft im Jahre 89 geführt hat.

Merkur, der Herrscher des Solar-MC, steht im 7. Haus. Dies zeigt, daß Steffi durch Kommunikation und Auseinandersetzung mit anderen ihre Ziele zu erreichen versucht hat und daß der Beifall und die Anerkennung der Öffentlichkeit motivierend auf sie wirkten. Merkur ist Bestandteil der Vierer-Konjunktion; seine Stellung bringt zum Ausdruck, daß in diesem Jahr einfach alles zusammengekommen ist. Er steht zu der Sonne und zur Venus in sehr enger Konjunktion, was bedeutet, daß Steffi ihre Ziele mit merkurischen Fähigkeiten erreicht hat.

3. Der Solar-Mond.

Der Solar-Mond steht fast genau – mit einer Abweichung von eineinhalb Grad – am gleichen Ort wie im Geburtshoroskop. Auch dies bedeutet, daß es sich für Steffi um ein außergewöhnliches Jahr gehandelt hat. Mit dieser Stellung wird Steffi sich in gewisser Weise in sich selbst zuhause und mit sich selbst zufrieden gefühlt haben. Es wird ein Gefühl der Vertrautheit und emotionalen Sicherheit bestanden haben, welches es ihr erleichterte, ihre solaren Ziele anzusteuern und Risiken einzugehen. Der Mond in den Zwillingen bedeutet ein rastloses und veränderliches Wesen. Fortwährende Veränderungen und das Bedürfnis nach Abwechslung sind für Steffi also nichts Neues – sie sind ein Bestandteil ihrer Persönlichkeit.

Der Mond im 7. Haus zeigt einmal mehr, daß Steffi in diesem Jahr viel mit der Öffentlichkeit zu tun gehabt hat. Man könnte sagen, daß sie damit das 12. Haus hinter sich gelassen hat – ihr fiel es nun leichter, über sich selbst zu sprechen. Diese Mond-Stellung symbolisiert auch Steffis öffentliche Popularität, die in diesem Jahr einen Höhepunkt erreichte. Begründet war diese sowohl in ihren sportlichen Erfolgen als auch in ihrer neuen Offenheit, die sie sich als liebenswerte Persönlichkeit mit eigenen Ansichten zeigen ließ.

Der Mond steht im Quadrat zu Mars, was die Opposition zwischen den beiden Planeten aus dem Geburtshoroskop betont. Das Quadrat ist ein Aspekt der konkreten Manifestation – es befähigte Steffi, ihre instinktiven Fähigkeiten und ihre rasche Auffassungsgabe zur Erreichung ihrer Ziele einzusetzen. Die Mond/Mars-Verbindung bedeutet, daß sie sich nun ihrer selbst sicher und den Wunsch gefühlt haben dürfte, das, was ihr durch den Kopf ging, unverblümt auszusprechen.

4. - 7. Andere Faktoren.

Wenn wir die persönlichen Planeten betrachten, machen wir die Feststellung, daß auch Merkur im gleichen Zeichen wie bei der Geburt steht. Das heißt, daß Steffis Denken auf eine ihr vertraute Weise abgelaufen ist. Mit dem Zwillings-Merkur im 7. Haus wird sie viel durch den Austausch mit anderen gelernt haben. Sie wird sich geistig damit beschäftigt haben, daß sie zu anderen in Konkurrenz steht – was ihr ein neues Verständnis ihrer selbst eröffnet haben könnte. Mit dieser starken Betonung des 7. Hauses ist auch der Gedanke an eine Beziehung möglich. Vielleicht hat Steffi dabei jemand Bestimmtes im Auge gehabt.

Auch die Venus ist Bestandteil des Zwillings-Stelliums im 7. Haus. Diese Stellung hat eine vollkommen andere Auswirkung als die Venus/Saturn-Konjunktion, die sich im Geburtshoroskop, im Zeichen Stier, findet. Wir können davon ausgehen, daß sich Steffi in dem Zeitraum, den das Solar umfaßt, in Gesellschaft sehr viel wohler als sonst gefühlt hat und daß es ihr leichter gefallen ist, Beziehungen und Kontakte zu knüpfen. In dieser Phase ist ihr vermutlich klargeworden, daß es in ihrem Leben an Freunden und Bekannten gemangelt hat. Wahrscheinlich wird sie das Bedürfnis verspürt haben, mit den Leuten zu reden und Ideen auszutauschen. Offene und kontaktfreudige Menschen werden sie jetzt angezogen haben.

Der Solar-Mars steht im Zeichen Fische, was heißen könnte, daß Steffi nun Vertrauen in das Leben gesetzt und sich dem Lauf der Dinge hingegeben hat. Mit dieser Stellung wird man aus einem inneren Glauben heraus tätig. Steffi war jetzt in der Lage, im Hinblick darauf, was sie wollte, loszulassen. Wie im Geburtshoroskop (Mars im Schützen) hat sie es mit veränderlicher Energie zu tun – sie kannte also deren Qualität. Darüber hinaus steht der Solar-Mars im 3. Haus, was eine besonders ausgeprägte Anpassungsfähigkeit und das Bedürfnis nach Bewegung und ständiger Abwechslung mit sich bringt.

Das Trigon zwischen Mars und Pluto (letzterer im 11. Haus) bringt zum Ausdruck, daß Steffi ihre Energie dafür eingesetzt hat, ihre tiefsten Wünsche zielstrebig in die Wirklichkeit umzusetzen.

Zwischen Mond und Mars, Sonne und dem MC und Sonne und Uranus kommt es sowohl im Solar als auch im Geburtshoroskop zu Aspekten. Auf die Mond/Mars-Opposition sind wir schon eingegangen. Der Orbis der Sonne/Uranus-Opposition ist etwas zu groß, so daß wir uns hier auf die Verbindung zwischen der Sonne und der Himmelsmitte beschränken. Hier ist im Geburtshoroskop ein Trigon und im Solar ein Quadrat vorhanden. Das Trigon entspricht der Lust, etwas Bestimmtes zu tun – das Quadrat bedeutet den inneren Drang, die persönlichen Ziele und den Zweck des eigenenen Lebens zu verwirklichen. In diesem Jahr hat Steffi den möglichen Erfolg zum tatsächlichen gemacht.

Sechs Planeten – einschließlich Sonne, Mond, Merkur und Venus – finden sich im Solar in Eckhäusern. Dies bedeutet natürlich ein Jahr, das von großer Aktivität geprägt ist. Es war jetzt an der Zeit, die Dinge geschehen zu lassen.

Es fällt die überaus starke Besetzung des Zeichens Zwillinge ins Auge – welche ja auch in ihrem Geburtshoroskop gegeben ist. Auch die starke Betonung von veränderlichen und fixen Zeichen wiederholt sich – nur Neptun steht kardinal im Steinbock. Das bedeutet, daß Steffi es in diesem Zeitraum mit vertrauten Energien zu tun hatte, und daß sie sich in diesem Jahr zufrieden und gut gefühlt haben dürfte.

8. Aspekte zwischen dem Solar- und dem Geburtshoroskop.
Es sind deren viele vorhanden, was die Bedeutung dieses Zeitraums ein weiteres Mal hervorhebt.

Der vielleicht wichtigste Faktor ist, daß die Aszendent/Deszendent-Achse des Solars auf die Merkur/Mars-Opposition des Geburtshoro-

skops fällt. Wie bedeutsam dieser Aspekt wirklich ist, kann man ermessen, wenn man sich vergegenwärtigt, wie Steffis Arbeit beschaffen ist. Für ihren Erfolg ist es notwendig, daß diese zwei planetarischen Energien miteinander verbunden sind. Der Mars im Zeichen Schütze ist eine ideale Stellung für jemanden, der seinen Lebensunterhalt damit verdient, daß er spielt. Damit verbunden ist Enthusiasmus, Optimismus und Freude an der Bewegung sowie ein sich immer wieder erneuernder Energiefluß. Der Schütze-Mars kennt gewissermaßen keine Müdigkeit – solange er Spaß an dem hat, was er tut. Dieser Mars im Aspekt zum Zwillings-Merkur (rasches und genaues Denken) stellt im Hinblick auf ein schnelles Spiel wie Tennis eine praktisch unschlagbare Kombination dar. Wir sehen hier also einen Aspekt des Geburtshoroskops, der durch die Aszendent/Deszendent-Achse des Solars besonders betont wird. Es war augenfällig, mit welcher Brillianz Steffi diese Energie während dieses Jahres als Bestandteil ihrer selbst zum Ausdruck gebracht hat. Es handelte sich um eine Zeit, in der sie sich vorwärtskatapultierte und die Welt nachdrücklich beeindruckte.

Das Solar-MC fällt auf die Uranus/Jupiter/Pluto-Konjunktion des Geburtshoroskops – Steffi hat ihre Stärke und explosive Energie mit großer Wirkung zur Realisierung ihrer Ziele eingesetzt. Dieser Aspekt gibt auch die drastischen Veränderungen wieder, die sich im Hinblick auf ihren Status und ihr Ansehen ergeben haben. Und er steht für den Ruhm, den sie nun erwerben konnte.

Weiterhin ist anzuführen, daß die MC/IC-Achse des Solars auf die Mondknoten des Geburtshoroskops fällt – auch in dieser Hinsicht also ein herausragendes Jahr.

Die Mars-Wiederkehr für das Jahr 1988/89

Nun wollen wir unseren Blick auf die Mars-Wiederkehr (Zeichnung Seite 223) für diesen Zeitraum richten, welche am 16. 1. 88 stattfand.

Mars steht im 9. Haus. Das heißt, daß Steffi das Bedürfnis empfunden haben wird, sich großen Herausforderungen zu stellen. Für nichts anderes dürfte dies so zutreffend gewesen sein wie für den Gewinn des «Grand Slam». Mit dieser Stellung wird sie sich der gewaltigen Aufgabe mit Hingabe gewidmet haben. Mit einem Schütze-Mars besteht eine überaus starke Ausrichtung auf die Zukunft, so daß Steffi imstande gewesen ist, große Entwicklungsschritte zu machen.

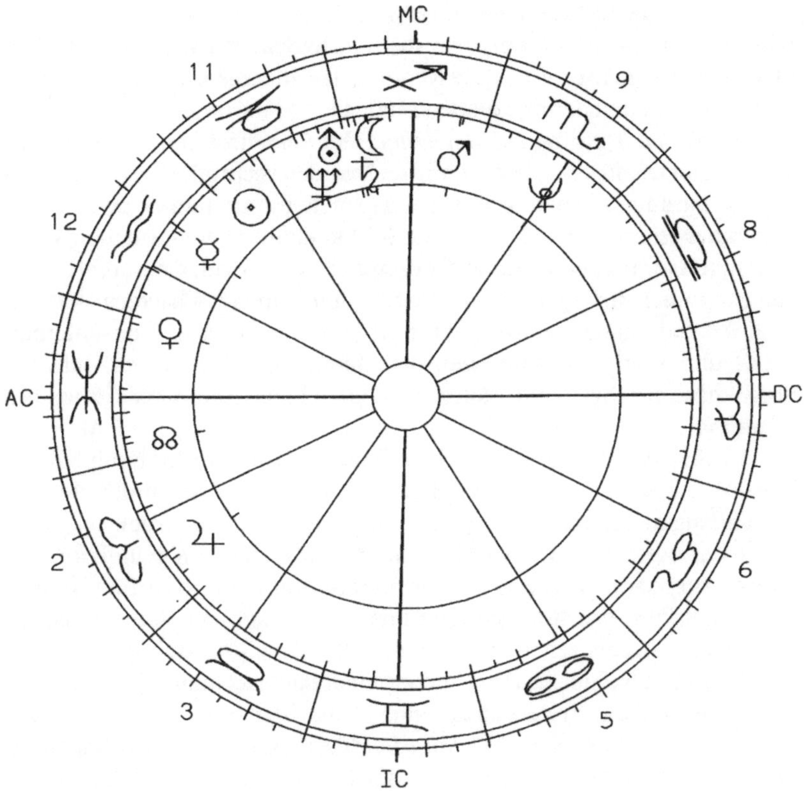

Steffi Graf: Mars-Wiederkehr 1988/89

☉ 26° 04′ ♑	♂ 05° 33′ ♐	♆ 08° 24′ ♑	AC 16° 50′ ♓
☽ 24° 40′ ♐	♃ 21° 33′ ♈	♇ 12° 20′ ♏	MC 15° 07′ ♐
☿ 11° 03′ ♒	♄ 27° 17′ ♐	☊ 26° 19′ ♓	Häusersystem
♀ 01° 37′ ♓	♅ 28° 35′ ♐		Placidus

Das Schütze-Zeichen steht an der Himmelsmitte. Dies ist ein weiterer Beleg dafür, daß Steffi die Zukunft fest im Blick gehabt und nun verstärkte Anstrengungen unternommen hat, die langfristigen Ziele in Angriff zu nehmen. Wahrscheinlich gab ihr die Ausrichtung auf die ihr wirklich wichtigen Ziele eine optimistische und entspannte Haltung, was das Gelingen erleichtert haben mag.

Bei dem Ausdruck ihrer Mars-Energie wird Steffi den Wunsch verspürt haben, in ihrem Verhalten eine Art von Glauben und Optimismus zu zeigen. Mit dem Zeichen Schütze am MC und einem Fische-Aszendenten ist im allgemeinen die Einstellung verbunden, sich dem Fluß der Ereignisse hinzugeben – und nicht mit bewußten Anstrengungen gegen den Strom zu schwimmen.

Jupiter – der Herrscher der Himmelsmitte – steht im 2. Haus, was heißen dürfte, daß Steffi durch ihre Mars-Energie viel Geld verdient hat. Es ist anzunehmen, daß sie mit den Erfolgen dieser Zeit für ihr Leben ausgesorgt hat. Jupiter steht im Quadrat zur Sonne und im Anderthalbquadrat zum Mars, was zeigt, daß sie zu dieser Zeit die Fähigkeit hatte, den Erfolg geschehen zu lassen. Jupiter beherrscht sowohl den Mars als auch das MC – Steffi verdiente ihren Lebensunterhalt durch das Spiel beziehungsweise dadurch, daß sie das tat, was ihr Spaß machte. Das Geld stellte sich dabei gewissermaßen wie von selbst ein.

Der Aszendent liegt im Zeichen Fische. Mit dieser Stellung bei der Mars-Wiederkehr zeigte sich Steffi imstande, selbst auferlegte Beschränkungen im Hinblick auf den Ausdruck ihrer Energie und ihres Selbstvertrauens zu überwinden. Sie bewies jetzt die Fähigkeit, die Dinge geschehen zu lassen – ohne sie kontrollieren zu wollen. In dieser Vorgehensweise liegt die Botschaft einer Mars-Wiederkehr mit einem Fische-Aszendenten.

Fische als aufsteigendes Zeichen bedeutet ein hohes Maß an Anpassungsfähigkeit. Steffi hat in dieser Phase bewiesen, daß sie sich auf jede Situation einstellen und angemessen reagieren konnte. In dieser Zeit mußte sie Opfer bringen; ihre Energie wurde in vielfältiger Weise auf die Probe gestellt, möglicherweise mit der Folge, daß sie manchmal gar nicht mehr wußte, was sie eigentlich wollte.

Der Herrscher und der Mitregent des Aszendenten, Jupiter und Neptun, stehen im 2. und im 10. Haus, was unterstreicht, daß Steffi durch den Einsatz ihrer Mars-Energie zu Geld und Erfolg gekommen ist. Auf Jupiter als Herrscher der Himmelsmitte sind wir bereits eingegangen. Neptun im 10. Haus ist die Fortsetzung des Themas, daß Steffi sich im Fluß der Ereignisse, ohne besondere bewußte Anstrengung, auf ihre Ziele hinbewegte. Die Stellung des Aszendenten-Herrschers im 10. Haus zeigt, daß die Suche nach Erfolg und Anerkennung der Lebensbereich war, in dem die Mars-Energie zum Ausdruck kam. Da es sich hier um Neptun handelt, könnte man die Formulierung wählen, daß Steffi jetzt ihre Träume wahrgemacht hat.

Auch der Mond steht in dem stark besetzten 10. Haus. Dies weist sowohl auf die emotionale Wichtigkeit hin, die ihre Errungenschaften für sie hatten, als auch darauf, daß sie jetzt berühmt wurde. Aufgrund ihrer sportlichen Aktivitäten ist sie zu einer Person des öffentlichen Interesses geworden.

Der Schütze-Mond im Trigon zu Jupiter ist ein weiterer Beleg für den Optimismus und die Lebenskraft, die sie in diesem Zeitraum verspürt haben dürfte. Allerdings steht der Mond auch in Konjunktion zu Saturn und Uranus, was eine angespannte emotionale Situation bedeutet, in der schließlich mit Anstrengung ein Ausgleich gefunden werden kann. Aller Wahrscheinlichkeit nach dürfte Steffi bei der Verfolgung ihrer Mars-Ziele emotionale Höhen und Tiefen durchgemacht haben. Diese planetarische Verbindung ist mit Spannungen verbunden – es könnte sein, daß Steffi manchmal den Eindruck gehabt hat, daß ihr alles zuviel wurde. Im Zusammenhang damit könnten auch die Krankheiten stehen, die der Grund für ihre Niederlagen waren. In dieser Beziehung ist auch auf den Mars im Geburtshoroskop hinzuweisen, dessen exaktester Aspekt ein Quinkunx zu Saturn ist. Dieser Aspekt begründet ihre Fähigkeit, unglaublich hart zu arbeiten; er symbolisiert ihr Bedürfnis nach Perfektion sowie den Druck, den sie sich selbst auferlegt. Durch Überarbeitung und Anspannung kommt es dann mitunter zu Krankheiten.

Sonne und Merkur stehen im 11. Haus. Sie bringen zum Ausdruck, daß Steffi sich jetzt Gedanken über ihre Energie und über das gemacht hat, was sie sich von der Zukunft erhofft. Durch den Gebrauch ihrer Mars-Energie hat sie das in die Tat umzusetzen begonnen, was sie sich für sich selbst gewünscht hat. Merkur im Quadrat zu Pluto verdeutlicht, wie konzentriert – um nicht zu sagen besessen – ihr Geist von der Aufgabe gewesen sein dürfte.

Schließlich müssen wir die Fische-Venus im 12. Haus betrachten. Zu Mars besteht ein Quadrat – Steffi konnte das, was sie wollte, im Zusammenhang mit der Venus durch eigene Anstrengung und harte Arbeit erreichen. Die Stellung im 12. Haus legt allerdings nahe, daß dies auf Kosten ihrer Zurückgezogenheit und ihres persönlichen Glückes geschehen ist.

Das Lunarhoroskop vom September 1988

Im Lunarhoroskop des Monats (Zeichnung auf Seite 226), in dem Sreffi durch den Gewinn der Offenen Amerikanischen Tennismeisterschaften den «Golden Slam» komplett machte, finden wir den Mond

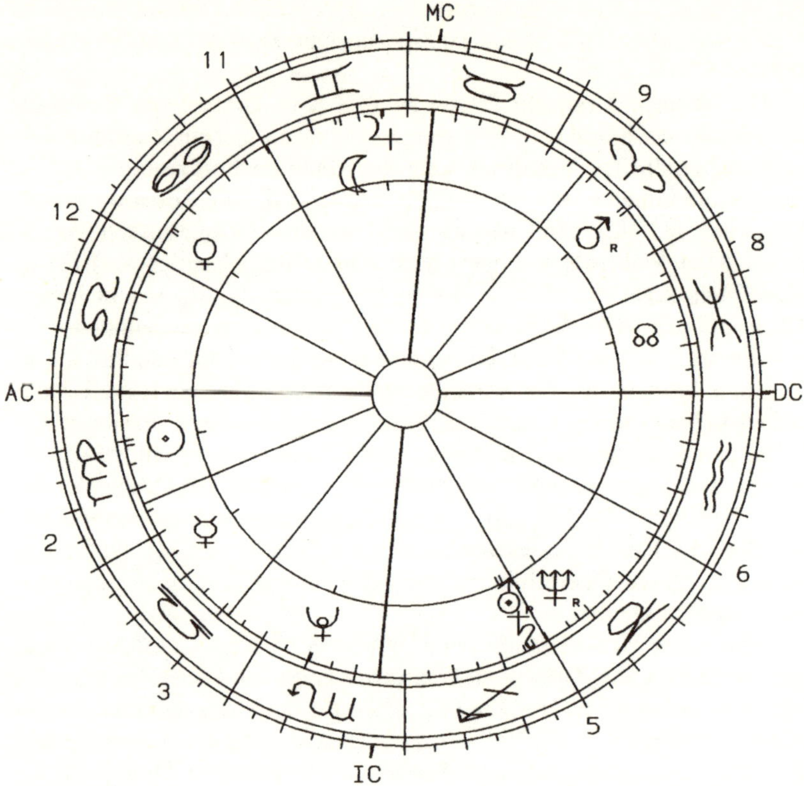

Steffi Graf: Lunarhoroskop vom 3. 9. 1988.

☉ 11° 06′ ♍	♂ 11° 04′ ♈	♆ 07° 29′ ♑	AC 00° 17′ ♍
☽ 13° 59′ ♊	♃ 05° 23′ ♊	♇ 10° 20′ ♏	MC 24° 46′ ♉
☿ 05° 00′ ♎	♄ 25° 57′ ♐	☊ 14° 07′ ♓	Häusersystem Placidus
♀ 25° 44′ ♋	♅ 27° 03′ ♐		

im 10. Haus. Wie wir bereits im Kapitel über Lunarhoroskope angeführt haben, geht diese Stellung oftmals mit dem Gefühl einher, «es geschafft zu haben». Das war bei Steffi ganz bestimmt der Fall. Sie hatte erreicht, was sie sich vorgenommen hatte, und sicherlich empfand sie nun eine große emotionale Befriedigung. Sie wird sich in dieser Zeit – auch aufgrund der öffentlichen Anerkennung, die sie gesucht hat – sehr wohl gefühlt haben. Jetzt erreichte sie ihre beruflichen und gesellschaftlichen Ziele.

Das Quadrat zwischen der Sonne und dem Mond unterstreicht dies. Solare und Lunare, in denen sich Sonne/Mond-Verbindungen finden, markieren wichtige Wendepunkte im Leben. Wenn, wie in diesem Fall, ein Quadrat zwischen dem 10. und dem 1. Haus besteht, kann man mit Sicherheit davon ausgehen, daß es sich um eine herausragende Zeit handelt. Der Erfolg, den Steffi gehabt hat, und ihre mit diesem in Zusammenhang stehenden Gefühle (Mond im 10. Haus) dürften dazu geführt haben, daß sie sich selbst nun auf eine andere Weise sieht und daß sich ihr Gefühl ihrer Identität gefestigt hat (Sonne im 1. Haus). Die Sonne in 1 zeigt das Bedürfnis sowie die innere Gewißheit, Eindruck auf die Welt zu machen. Anerkennung zu erlangen wird in diesem Monat für Steffi das zentrale Anliegen gewesen sein.

Auch Jupiter steht im 10. Haus. Dies ist ebenfalls ein Hinweis darauf, daß Steffi zu dieser Zeit mit Selbstvertrauen daran gegangen ist, ihre Chancen zu suchen und Erfolge zu erzielen. Sie steckte ihre Ziele hoch und war dabei davon überzeugt, sie zu erreichen.

Neben Sonne und Mond stehen noch drei weitere Planeten in Eckhäusern. Es hat sich also um einen Monat gehandelt, in dem Steffi sehr aktiv gewesen ist. Das zwischen Mars, Merkur und Neptun bestehende T-Quadrat betont die Merkur/Mars-Opposition des Geburtshoroskops – allerdings steht im Lunar der Mars im Widder und der Merkur in der Waage. Mars und Merkur befinden sich also im gleichen Element wie bei der Geburt, allerdings jetzt in kardinalen statt in veränderlichen Zeichen. Jetzt war die Zeit reif für die Dinge, die da kommen sollten. Neptun steht zu dieser Opposition im Quadrat – ein Hinweis darauf, daß Steffi nun ihre Träume zur Realität werden ließ.

Das aufsteigende Zeichen ist Jungfrau, was die sorgfältige Planung und Vorbereitung symbolisiert, mit der Steffi bei der Realisierung ihrer Ziele vorgegangen ist. Das Stier-MC zeigt das Ausmaß ihrer Anstrengungen sowie die Sensibilität und Ernsthaftigkeit, mit der sie sich der Welt präsentierte. Auch die enormen emotionalen Härten, die ihr Beruf mit sich gebracht hat, liegen in dieser Stellung begründet.

Das Lunarhoroskop vom Juni 1989

Abschließend wollen wir das Lunarhoroskop für den Zeitraum untersuchen, in den ihre Niederlage im Endspiel der Offenen Französischen Tennismeisterschaften im Jahre 1989 fiel (Zeichnung auf Seite 228).

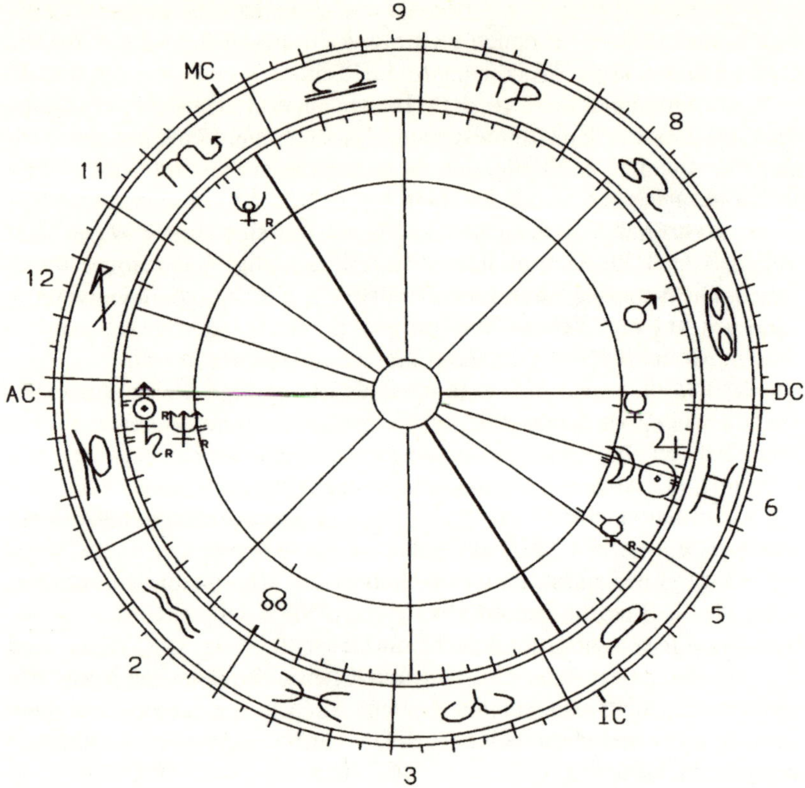

Steffi Graf: Lunarhoroskop vom 3. 6. 1989.

☉ 13° 16′ ♊	♂ 22° 07′ ♋	♆ 11° 44′ ♑	AC 02° 40′ ♑
☽ 13° 59′ ♊	♃ 17° 13′ ♊	♇ 12°59′ ♏	MC 04° 55′ ♏
☿ 28° 14′ ♉	♄ 12° 34′ ♑	☊ 29° 38′ ♒	Häusersystem Placidus
♀ 28° 59′ ♊	♅ 04° 10′ ♑		

Wieder einmal sehen wir einen Neumond. Der Mond steht an der Spitze des 6. Hauses; mit Pluto sowie der Saturn/Neptun-Konjunktion bildet er eine Yod-Figur. Es handelt sich hier um eine äußerst spannungsreiche Energie-Kombination, und es kann kaum überraschen, daß Steffi zu dieser Zeit krank wurde. Quinkunx-Aspekte bedeuten häufig einen schlechten Gesundheitszustand, und wenn gleich drei äußere Planeten im Quinkunx zu Sonne und Mond stehen, wird sich – in welcher Form auch immer – eine Krise ergeben. Es war zwar nur eine leichte Krankheit, unter der Steffi zu leiden hatte – die Wirkung, die diese auf ihr Leben nahm, war aber sicherlich traumatisch.

Daß Steffi eine Krise erlitt, kommt auch dadurch zum Ausdruck, daß Skorpion an der Himmelsmitte und Pluto im 10. Haus steht. Es muß für sie den Anschein gehabt haben, daß alle ihre Kräfte verschwunden waren – wahrscheinlich fühlte sie sich von Auflösung bedroht. Dies greift das Sonne/Pluto-Thema des Geburtshoroskops auf, welches für sie immer eine latente Gefahr sein dürfte. Mit Sonne/Pluto kann man Mißerfolg nicht beiläufig mit ein paar Worten abhandeln – Scheitern ist jetzt nichts anderes als eine erniedrigende Demütigung.

Uranus befindet sich unmittelbar am Aszendenten, was erklären könnte, wie überraschend diese Niederlage kam und welch schockierende Wirkung sie hatte. Alle Welt war davon ausgegangen, daß sich wieder einmal ein klarer Sieg für Steffi ergeben würde. Mit großer Energie und mit hohem Einsatz kämpfte Arantxa Sanchez aber um den Sieg, und im Laufe der Partie begann sich die Niederlage abzuzeichnen. Nach dem Spiel herrschte eine Stimmung der Ungläubigkeit. Steffi selbst gab sich wie betäubt – sie schien sich selbst nicht mehr im Griff zu haben. Mit der Saturn/Neptun-Konjunktion im 1. Haus verwundert diese Reaktion nicht. Diese Stellung steht dafür, daß etwas zerfällt. In diesem Fall, wo das 1. Haus betroffen ist, nahm das Selbstvertrauen Schaden. Steffi begann nun an sich zu zweifeln, und sie war nicht länger unbesiegbar. Sie wurde verletzlicher, was sie menschlicher machte.

10

Eine Fallstudie: Eric Clapton

Eric Clapton ist einer der weltweit profiliertesten Musiker. Seine von Höhen und Tiefen durchsetzte Karriere umfaßt inzwischen mehr als 30 Jahre. In letzter Zeit genießt er wieder viel Anerkennung, die in erster Linie auf seinen Fähigkeiten als Live-Musiker beruht. Sein leidenschaftliches, inspiriertes und lyrisches Gitarrespiel fasziniert Zuhörer in aller Welt, und viele Menschen gehen mehr als einmal zu ihm, weil keines seiner Konzerte dem anderen gleicht.

Erics Geschichte ist nicht weniger außergewöhnlich als sein Gitarrespiel. Seine Mutter war erst 16, als er geboren wurde. Er wurde bei seinen Großeltern untergebracht, die er für seine Eltern hielt – seine Mutter betrachtete er als seine Schwester. Sein Vater war ein verheirateter kanadischer Pilot, der nach dem Krieg in sein Heimatland zurückging. Eric hat ihn niemals kennengelernt. Im Alter von neun Jahren erfuhr Eric die Wahrheit über seine Familie. Er hat oft erwähnt, was für ein Schock das für ihn gewesen ist.

Für uns ist auch seine leidenschaftliche und zwanghafte Liebe zu Patti von besonderem Interesse. Eric traf sie zum ersten Mal im Jahre 1969, als sie noch mit George Harrison, einem seiner besten Freunde, verheiratet war. Während der Jahre seiner unerwiderten Liebe nahm er das Album «*Layla*» – sein vielleicht berühmtestes – auf. Aus allen vier Seiten sprechen Sehnsucht, Schmerz und leidenschaftliche Liebe zu Patti. Schließlich fanden die beiden zusammen – allerdings mußten sie feststellen, daß ihre Verbindung nicht von Dauer sein sollte, und im Jahre 1984 trennten sie sich wieder. Aber Eric schreibt auch heute noch Lieder über «die alte Liebe, die noch nicht erkaltet ist». Über die

Jahre hinweg hat Patti ihn zu vielen seiner Songs inspiriert, und man kann die Geschichte ihrer Beziehung in seinen Lieder verfolgen.

Wir wollen den Zeitraum näher betrachten, in dem Eric 18mal in Folge in der Royal Albert Hall aufgetreten ist, was vor ihm niemand anderes geschafft hat. Seinen Höhepunkt fand diese Serie in der Aufführung des von ihm und Michael Kamen verfaßten Konzertes für Gitarre und Orchester. Die drei Orchester-Abende waren Spiel und Wagnis für Eric. Sie brachten ihm stürmischen Beifall und stellten einen triumphalen Erfolg innerhalb seiner Karriere dar.

Das Horoskop von Eric Clapton (Zeichnung Seite 232) ist ungemein komplex. Eric ist jemand, der sein Potential in vielerlei Hinsicht – was Höhen wie Tiefen angeht – zur Realisation gebracht hat.

Die Sonne steht im Widder im 1. Haus. Sie bildet mit Saturn im 5. und Neptun im 7. Haus ein kardinales T-Quadrat. Gewissermaßen faßt dieses T-Quadrat schon Erics Leben und seine Arbeit zusammen. Die Sonne in Haus 1, im Widder, bringt das Feuer und das leidenschaftliche Bedürfnis zum Ausdruck, eine Persönlichkeit sein und Eindruck auf die Welt machen zu wollen. Eric zeigt ein entschiedenes Auftreten, er ist aufrichtig und zielstrebig und will Aufmerksamkeit erregen und anerkannt werden. Dies rührt daher, daß mit der Sonne im Widder eine innere Verletzlichkeit und Unsicherheit einhergeht. Der Mensch mit dieser Sonnenstellung möchte unter Beweis stellen, daß er eine Persönlichkeit ist. Die Sonne steht im Quadrat zu Saturn, was dieses Bedürfnis noch verstärkt. Mit diesem Aspekt wird der Kampf um die eigene Identität zum zentralen Anliegen im Leben. Menschen mit einer Sonne/Saturn-Verbindung möchten etwas Bedeutungsvolles vollbringen, um sich selbst ihren Wert zu beweisen. Aber letztlich stellt sie nichts zufrieden, was zur Folge hat, daß sie sich immer wieder selbst hart kritisieren. Saturn tritt wie ein Richter in Erscheinung, der alles überprüft und die Feststellung macht, daß es besser hätte ausfallen können. Eric hat einmal gesagt, daß es sein Ziel wäre, in jedem seiner Konzerte besser als im vorhergehenden zu sein.

Mit Sonne/Saturn kommt nichts von allein. Der Mensch mit dieser Planetenverbindung muß sich darauf einstellen, daß der Prozeß, den Selbstwert zu beweisen, schmerzhaft und schwierig ist (wobei die Schwierigkeiten oftmals in der eigenen Persönlichkeit begründet liegen). Eric hat sich schon früh dem kommerziellen Erfolg – als er die Yardbirds auf dem Höhepunkt ihrer Popularität verließ – entzogen; er hat oft zum Ausdruck gebracht, daß er keine Hits produzieren, sondern «nur» ein guter Musiker sein wollte. Er hat sich selbst und das,

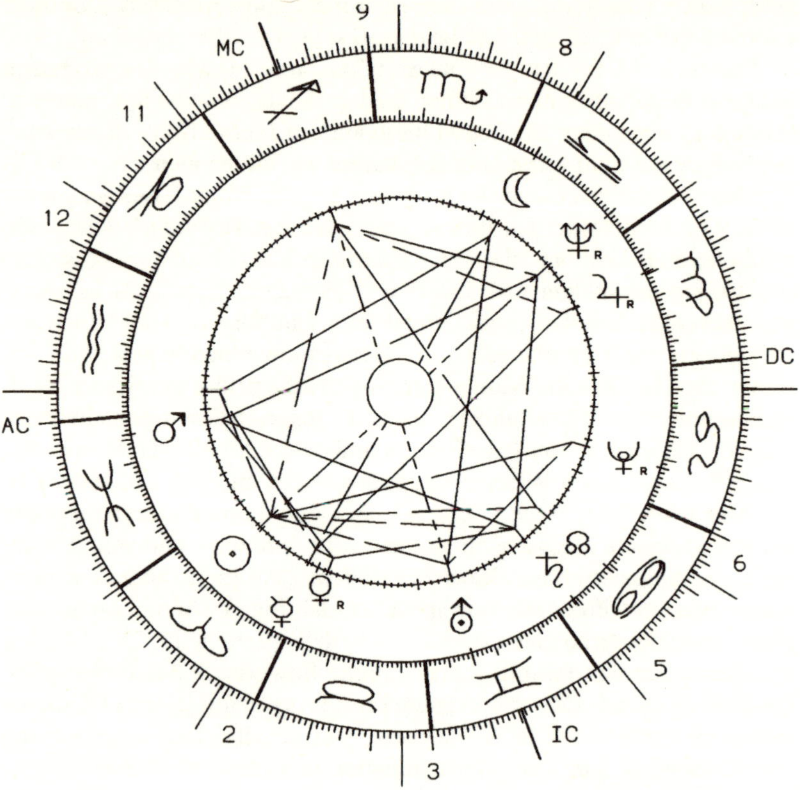

Eric Clapton: Geburtshoroskop 30. 3. 1945, 4.30 Uhr GT, Ripley/Surrey

☉	09° 07′	♈	♂	03° 56′	♓	♆	04° 57′	♎	AC	24° 51′	♒
☽	24° 53′	♎	♃	20° 28′	♍	♇	08° 00′	♌	MC	15° 28′	♐
☿	26° 49′	♈	♄	04° 22′	♋	☊	14° 08′	♋	Häusersystem Placidus		
♀	03° 08′	♉	♅	09° 52′	♊						

was er tat, viele Male in seinem Leben infragegestellt, und wirklich das getan, was ihm wichtig war.

Mit der Sonne im Quadrat zu Saturn ist die Gefahr gegeben, die eigenen Fähigkeiten zu unterschätzen. Was Eric und seine Musik angeht, zählt für ihn nicht nur die technische Perfektion. Für das Entscheidende hält er das Gefühl beziehungsweise eine Art geleiteten Instinkt. Das ist eine ausgezeichnete Beschreibung für die Widder-Sonne im Quadrat zum Krebs-Saturn (aus der allerdings nicht hervorgeht, welch enormen technischen Fähigkeiten nötig sind, um Gefühle in eine künstlerische Form zu bringen).

Saturn steht im Brennpunkt des kardinalen T-Quadrates. Damit geht das Bedürfnis einher, seinen Wert dadurch zu beweisen, daß man etwas im Leben erreicht. Saturn befindet sich im 5. Haus – Eric ist bestrebt, dies auf dem Gebiet der Kreativität zu vollbringen.

Der dritte Planet des T-Quadrates ist der Waage-Neptun im 7. Haus. Die Opposition zur Sonne zeigt, daß ein Konflikt besteht zwischen dem Bedürfnis, sich als ausgeprägter Individualist zu präsentieren (Sonne im Widder in Haus 1) und dem Drang, die Beschränkungen des individuellen Egos hinter sich zu lassen – die Grenzen aufzulösen und im größeren Ganzen zu verschmelzen. Eric vermag es, diesen Zwiespalt musikalisch zum Ausdruck zu bringen. Sein inspiriertes Spiel führt die Zuhörer auf neue Bewußtseinsstufen. Er sagte einmal, daß es eine Erfahrung sei, als ob die Zeit stillstünde und er – und das Publikum mit ihm – in Trance fiele. In dem Begleittext zu «*Desert Island Discs*» sind folgende Worte von ihm zu lesen: «Es gibt nichts Schöneres als in einem Konzert alle Zuhörer – und wenn es nur für einen Augenblick ist – dazu zu bringen, aus sich herauszukommen. Wenn man zweitausend Menschen dazu bringen kann, ist das eine große, eine herrliche Gabe.»

Hier haben wir eine Auskunft darüber, was eine Sonne/Neptun-Opposition in ihrer positivsten Auswirkung bringen kann. Das T-Quadrat bedeutete für Eric Schmerz und Leid – er hat daraus aber eine Form von Kunst destilliert, die von exquisiter Schönheit ist und mit der er andere aufmuntern und inspirieren kann. Es handelt sich dabei um eine heilende Energie – sowohl für ihn als auch für seine Zuhörer.

Es hat den Anschein, als hätte Eric die Sonne/Neptun-Opposition in allen nur erdenklichen Manifestationsformen erlebt. In diesem Zusammenhang sind anzuführen die Unklarheit im Hinblick auf seine familiäre Situation und die Abwesenheit des Vaters sowie die – vielleicht daraus resultierende – Idealisierung anderer (er bezeichnet zum Beispiel viele Blues-Gitarristen als seine Vorbilder, während er auf der anderen Seite wiederum Idol für viele andere ist). Des weiteren besteht eine intensive und unerfüllte Sehnsucht in ihm, was wohl eine Erklärung für seinen Drogenkonsum und für sein eskapistisches Verhalten sein dürfte, das er in früheren Zeiten an den Tag gelegt hat. Das unstete Leben, das er als Musiker führte, sowie sein spirituelles Verlangen nach dem Idealen – womit er sich zutiefst identifiziert – lassen ihn als Suchenden erscheinen.

Die Sonne steht zu den drei äußeren Planeten sowie zu Saturn im Aspekt, was die Universalität seiner Anziehungskraft erklärt. Er verkörpert etwas Überpersönliches, und er vermag sich auf eine Weise darzustellen, mit der sich viele Menschen identifizieren können.

Wir möchten ein weiteres Zitat anführen, das zum Ausdruck bringt, wie Eric seine stark aspektierte Sonne lebt. Dazu befragt, woraus er vor dem Publikum seine Improvisationen schöpft, antwortete er: «Es handelt sich dabei darum, deine inneren Kräfte anzuzapfen – das ist das Thema meines Lebens und meiner Musik. Auf die Bühne zu gehen, dich in dich zu versenken und etwas hervorzubringen, was dich glücklich macht... Das schaffst du nicht jede Nacht. Ich muß mein Bewußtsein dafür benutzen, unbewußt zu werden.»

Das exakte Sonne/Uranus-Sextil unterstreicht Erics Wunsch, sein Potential als einzigartiges Individuum zu realisieren und einen angemessenen Platz in der Welt einzunehmen. Uranus steht im 3. Haus – Eric hat sich diesen Wunsch durch die Kommunikation mit anderen erfüllt, und er ist dabei auf eine einzigartige Weise vorgegangen.

Mit dem Sonne/Pluto-Trigon ist verbunden, daß Eric sich von sich aus mit seinen tiefsten Wesenszügen auseinandersetzt und das, was in ihm verborgen ist, ans Licht holt. Dieses Trigon zeigt, über welch starke und regenerative Energie er in Krisenzeiten verfügt. Eric hat oft Rückschläge erlebt, und immer wieder ist er aufgestanden und hat neu angefangen.

Der Mond befindet sich im 8. Haus in der Waage, in Opposition zu Merkur in Haus 2. Ein Mond im 8. Haus bedeutet eine tiefe und reiche Gefühlswelt mit transformierenden emotionalen Erfahrungen. Dies ist einer der Faktoren, der die Fähigkeit symbolisiert, die über Jahre hin schmerzhafte unerwiderte Liebe zu Patti zu ertragen. Mit dieser Stellung besteht das Bedürfnis nach intensiven Emotionen, und wir können vermuten, daß Eric lieber Leid und Schmerz statt einer emotionalen Leere gefühlt hat.

Der Mond in der Waage in Opposition zu Merkur legt den Verdacht nahe, daß es Eric Schwierigkeiten bereitet hat, innerhalb einer Beziehung seine Gefühle zu zeigen. Es dürfte ihm leichter gefallen sein, sie auf abstrakte Weise – in Form von Liedern beziehungsweise von Musik – zum Ausdruck zu bringen. Mit den Texten seiner Lieder und durch die Zwiegespräche mit seiner Gitarre schildert er auf lebendige Weise seine Gefühle. Die Opposition zu Merkur zeigt die Fähigkeit, sich von den Gefühlen zu lösen – was sie analysierbar und beschreibbar macht. Weil der Merkur im Widder steht, kann Eric dies mit leidenschaftlichen und lebhaften Bildern tun. Merkur in Haus 2 bedeutet auch, daß Eric mit diesem Talent Geld verdienen kann.

Weiterhin steht Merkur in Konjunktion zur Venus, was heißt, daß Eric viel über Liebe und Beziehungen nachgedacht haben dürfte und daß es wichtig für ihn ist, seine Gedanken mit anderen auszutauschen. Er braucht dies, um sich über die Dinge klarzuwerden.

Die Stier-Venus im 2. Haus steht für Erics Sinnenfreude und seine Neigung zum Luxusleben – für seine Vorliebe für Ferraris, teure Kleidung und schöne Mannequins. Wenn das Geld auch nicht unbedingt sein Antriebsfaktor gewesen ist, so wird es ihm doch Spaß gemacht haben, es auszugeben.

Wie sich im Zusammenhang mit Erics Liebe zu Patti gezeigt hat, sind seine Gefühle von dauerhafter Natur. Das beruht auf dem Quadrat zwischen der Stier-Venus und Pluto. Diese Stellung hat zur Folge, daß er auf leidenschaftliche – um nicht zu sagen zwanghafte – Weise liebt. Die Verbindung dieser beiden Planeten bedeutet im Hinblick auf Liebe ein «Alles oder Nichts» – Halbheiten gibt es mit dieser Stellung nicht. Das Sextil, das zwischen Saturn und Venus besteht, ist ein weiterer Hinweis darauf, daß Eric Schmerz und Leid gefühlt hat.

Der Mensch mit einer Venus/Pluto-Verbindung zieht – ähnlich wie der mit dem Mond im 8. Haus – selbst extreme Schmerzen der Bindungslosigkeit beziehungsweise der emotionalen Leere vor. Hiermit verbunden ist eine enorme Intensität des Gefühls – zu lieben bedeutet in diesem Fall fast automatisch zu leiden, was aber zu einer Transformation führen kann. Weil Pluto im 6. und die Venus im 2. Haus steht, hat Eric diesen Schmerz in seine Arbeit einbringen können. Insofern war das Leid nicht nur ein Mittel für seinen Selbstausdruck, sondern darüber hinaus auch eine Einkommensquelle. Welchen Schmerz, welche Sehnsucht und was für Gefühle der Ohnmacht ein verliebter Venus/Pluto-Mensch erlebt, zeigt «*Layla*» auf die schönste Weise.

Die Venus bildet mit Mars und Neptun eine Yod-Figur. Zwischen Venus und Mars ist ein genaues Sextil vorhanden, und Neptun steht im Quinkunx zu diesen beiden. Dieses Aspektmuster enthüllt den Wunsch nach einer wunderbaren und vollkommenen Beziehung – einer Beziehung, die nicht von dieser Welt ist. Es kennzeichnet jemanden, der allen seinen Taten einen Zauber verleihen kann und der eine unwiderstehliche, magische Anziehungskraft ausübt. Wahrscheinlich vermittelt Eric denjenigen, die er liebt, das Gefühl, daß sie in seinen Augen etwas ganz Besonderes sind. Diese Fähigkeit beweist er auch angesichts eines vollen Konzertsaales. Neptun steht im 7. Haus – Eric verfügt über die Gabe, daß sich jeder Mensch durch seine Liebe ausgezeichnet fühlt. Das ist einer der Wesenszüge, die seine Fans an ihm schätzen.

Das Yod-Muster macht es Eric schwer, sich mit dem Gewöhnlichen und Alltäglichen abzufinden. In ihm besteht fortwährend die Sehnsucht nach wunderbaren Idealen, denen er ständig gerechtzuwerden versucht – was ihm viel Leid und Unzufriedenheit eingetragen hat. Das Bedürfnis, ein Ideal zu realisieren, kommt in seiner Arbeit zum Tragen, und in manchen Momenten gelingt es ihm, die absolute Schönheit zu erschaffen.

Die von der Yod-Figur symbolisierte innere Rastlosigkeit, die durch die Beteiligung von Uranus noch verstärkt wird, hat zur Folge, daß – wie er selbst sagt – sein Privatleben chaotisch abläuft. Immer dann, wenn sich die Dinge normalisieren und er zufrieden sein könnte, tut er irgend etwas, was alles wieder über den Haufen wirft. Er ist der Ansicht, daß dies auf unbewußte Weise geschieht – er hat jedenfalls keine Kontrolle über diese Vorgänge. Menschen mit einem Fische-Mars oder einem Mars/Neptun-Aspekt haben oft das Gefühl, daß sie nicht aus vollem Bewußtsein heraus handeln – daß etwas diese Handlungen veranlaßt, wofür sie nicht verantwortlich sind. Wenn Mars sowohl in den Fischen als auch im Aspekt zu Neptun steht, trifft dies natürlich in doppelter Hinsicht zu.

Mit Mars am Aszendenten im Quadrat zu Uranus ist Eric sehr stark auf sich selbst bezogen und gewissermaßen sein eigenes Gesetz. In einem Interview beschrieb er sich einmal als einen «isolierten, nüchternen, eher zurückhaltenden und dabei selbstsüchtigen Menschen». Hier haben wir es mit einer guten Zusammenfassung der betreffenden planetarischen Energien zu tun. Deutlich wird die äußerst selbstkritische Einstellung, die absolute Aufrichtigkeit (Mars am Aszendenten) sowie die etwas arrogant anmutende Haltung: Nehmt mich, wie ich bin. Letztere dürfte auf andere einen negativen Eindruck machen und möglicherweise zu Konflikten führen.

Mit einem Mars/Uranus-Quadrat zeigt man sich unzugänglich für jeden Kompromiß. In der Tat hat Eric immer nur das gemacht, was er selbst wollte – er hat sich keinen Modeströmungen unterworfen und niemals um Popularität gebuhlt. Es ist diese Integrität, der er sein Comeback Ende der 80er Jahre verdankt.

Die Verbindung zwischen Mars und Uranus verleiht Eric gewissermaßen eine elektrisierende sexuelle Energie. Das genaue Sextil zwischen Mars und Venus erhöht seine charismatische Anziehungskraft noch und mildert dabei die Schärfe der Uranus-Energie. Mit ihm wirkt er zugänglich und aufgeschlossen.

Das Mars/Saturn-Trigon gibt Eric eine gewisse Stabilität. Es reflektiert seine Freude an intensiver Arbeit – Eric genießt es, etwas zu tun zu haben. Und weil sich das Trigon vom 1. zum 5. Haus erstreckt, ist hier der Selbstausdruck im Hinblick auf Kreativität angesprochen.

Wassermann als aufsteigendes Zeichen zeigt seine Umgänglichkeit und seine Ausrichtung auf gemeinschaftliche Aktivitäten. Er dürfte sich am wohlsten fühlen, wenn er mit anderen zusammen etwas macht. Die Arbeit mit ähnlich eingestellten Musikern sowie das Sich-Verausgaben für seine Zuhörer passen hervorragend zu ihm.

Der Wassermann-Aszendent verkörpert auch sein ausgesprochen starkes Bedürfnis nach Unabhängigkeit, welches durch verschiedene andere Faktoren des Horoskops – zum Beispiel Sonne im Widder, Mars am Aszendenten im Quadrat zu Uranus am IC, das Schütze-Zeichen am MC – noch verstärkt wird. Eric braucht das Gefühl, frei zu sein und tun zu können, was immer er will. Wassermann bedeutet auch Objektivität – er ist fähig, sich kritisch zu betrachten, und er kann über sich selbst mit einem gewissen Abstand reden. Der Herrscher und der Mitregent des Horoskops stehen in Haus 3 und 5, was heißt, daß der Selbstausdruck auf seiner Kreativität und auf seinen kommunikativen Fähigkeiten beruht.

Das Schütze-Zeichen an der Himmelsmitte zeigt, daß Eric seine – hochgesteckten – Ziele realisieren kann, wenn er wirklich an sich glaubt. Auch ist damit seine Risikobereitschaft und seine berufliche Fähigkeit, Neues spielerisch zu erproben, angesprochen. Es besteht eine außerordentlich starke Zukunftsorientierung – mit dem Schütze-Zeichen in betonter Stellung schwelgt man nicht in Erfolgen der Vergangenheit, sondern schaut nach vorn und sucht neue Herausforderungen. Eric ist sehr flexibel, was seine Ziele angeht. Er verfügt über viel Optimismus und Elan – wenn irgend etwas nicht klappt, wird er einfach etwas anderes versuchen.

Jupiter, der Herrscher der Himmelsmitte, steht im 7. Haus. Dies ist ein Hinweis auf Erics große Popularität. Er gibt von sich selbst in vollen Zügen, und als Reaktion darauf zeigt ihm das Publikum seine Zuneigung. Es handelt sich hier um einen Prozeß, der auf Gegenseitigkeit beruht. Seine Zuhörer haben das Gefühl, daß er sie mag und akzeptiert, was ihm noch mehr Beifall beschert.

Weil Jupiter im 7. Haus steht, neigt man dazu, sehr viel von ihm zu erwarten – zum Beispiel, in jedem Konzert in eine andere Welt versetzt zu werden. Dies ist kein kleiner Anspruch. Mit Jupiter im Zeichen Jungfrau und in Haus 7 stellt sich Eric den Erwartungen. Er hat den Wunsch, nützlich und dienstbar zu sein, und tatsächlich «bedient» er sein Publikum gut. Mit einem Jungfrau-Jupiter ist oft die Eigenschaft verbunden, nicht viel Aufhebens um die eigene Person zu machen. Eric spielt häufig bei Plattenaufnahmen als Studiomusiker mit – ohne dafür besondere Anerkennung zu verlangen.

Jupiter ist unaspektiert – insofern dürfte er auf ziemlich unvermittelte Weise in Erscheinung treten. Es ist anzunehmen, daß Eric von Zeit zu Zeit Phasen intensiver Produktivität erlebt. Jupiter beherrscht auch das MC – ein Indiz dafür, daß Erics Karriere von Höhen und Tiefen durchsetzt war, die zum Teil außerhalb seiner Einflußmöglichkeit standen. Und im Jupiter-Prinzip können wir – in Verbindung mit der Sonne/Neptun-Opposition – eine Erklärung für das «Clapton-ist-Gott-Syndrom» finden, das in den 60er Jahren zu beobachten war. Ein unaspektierter Jupiter in Haus 7 ist eine ideale Projektionsfläche für eine Gottesfigur, und es ist in diesem Zusammenhang nur zu offensichtlich, daß es zu Übertreibungen kommen kann.

In allgemeinerer Hinsicht bedeutet der Jupiter im 7. Haus einen Menschen, der viel von seinen Beziehungen erwartet (was um so mehr gilt, weil auch Neptun in diesem Haus steht). Mit dieser Stellung neigt man dazu, das Glück durch andere Menschen zu suchen. Erfüllen diese die Erwartungen nicht, fühlt man sich zurückgewiesen und enttäuscht. Zugleich aber möchte man über jeden nur erdenklichen Freiraum verfügen. Mit Jupiter in Haus 7 fällt es schwer, sich mit der Bindung an *eine* Person zufriedenzugeben. Die Beschränkung der Kommunikation läßt hier die Angst aufkommen, die Welt und sich selbst nicht erkennen zu können.

Am Schluß unserer Betrachtung von Erics Geburtshoroskops möchten wir noch Uranus am IC näher untersuchen. Planeten am Mitternachtspunkt sind immer von großer Bedeutung – sie bewirken eine hintergründige Strömung, die alles andere beeinflußt. In unserem Fall haben wir es mit jemandem zu tun, der seinen eigenen Worten nach «ein einsames Leben» geführt und immer sein «eigenes Ding» gemacht hat.

Uranus am IC bedeutet auch die ungewöhnlichen Umstände, in denen Eric aufgewachsen ist – zum Beispiel, daß er seinen Vater niemals kennengelernt hat. Eric hat gesagt, daß er als Kind das Gefühl hatte, irgendwie anders als die anderen zu sein, ohne dafür einen Grund zu wissen. Es war ein großer Schock für ihn, als er im Alter von neun

Jahren die Wahrheit über seine Mutter und seine Großeltern erfuhr. Er sagt, daß es Jahre gedauert hat, bis er alles verarbeitet hatte. Während dieser Zeit änderten sich seine Weltanschauung und sein Auftreten – er verlor gewissermaßen seine alte Identität. Uranus am IC heißt hier, daß Eric das Gefühl gehabt haben muß, als ob ihm der Boden unter den Füßen weggezogen wurde; er erklärt, wie Eric dann aufgrund des Gefühls der Wurzellosigkeit dazu gekommen ist, das nomadenhafte und unstete Leben eines Musikers zu führen. Der frühe Schock muß es ihm schwergemacht haben, Gefühle der Selbstsicherheit und des Vertrauens zu entwickeln. Möglicherweise fürchtete er, daß irgend etwas Schreckliches geschieht, wenn er sich jemandem öffnet. Seine eigenen Worte: «Wenn alles glatt verläuft, bekomme ich Angst und frage mich, wie lange es noch gutgehen wird.»

Bei dem, was wir hier beschrieben haben, handelt es sich um die Ausgangsbasis, von der aus Eric seine Identität durch seine unverwechselbare Art zu musizieren immer wieder bewiesen hat. Seine Musik gehört nur ihm allein; sie ist es, die ihm Sicherheit gibt. Eric hat sie als seinen Zufluchtsort, die Quelle seiner Kraft oder auch als seine Freundin beschrieben.

Das Solarhoroskop für das Jahr 1989/90

Wenn wir das Solarhoroskop für den Zeitraum betrachten, der die triumphalen Orchesteraufführungen in der Royal Albert Hall umfaßt, sehen wir eine Konjunktion von Sonne, Venus und Merkur in Haus 6 im Quadrat zu einem Stellium im Zeichen Steinbock (Zeichnung Seite 240).

1. Die Solar-Sonne.

Die Solar-Sonne im 6. Haus bedeutet, daß es sich um ein Jahr der harten Arbeit gehandelt hat. Es ist anzunehmen, daß Eric sich nun vollständig auf sein Arbeitsleben konzentrierte. Seine Verpflichtungen und seine Anstrengungen werden ihm seine tiefsten kreativen Quellen erschlossen haben, was es ihm erlaubte, sie auf eine nach außen gerichtete Weise zu benutzen. Es ist vielleicht von besonderem Interesse, daß er in diesem Jahr eine Platte mit dem Titel «Journeyman» (zu deutsch: «Fahrensmann» oder Geselle) aufnahm. Das Wörterbuch definiert den Gesellen als jemanden, der seine Lehrzeit hinter sich gebracht hat. Eric sieht sich also – in Entsprechung zum 6. Haus – als einen Menschen, der ein Handwerk gelernt hat. Wir denken bei «Journey-

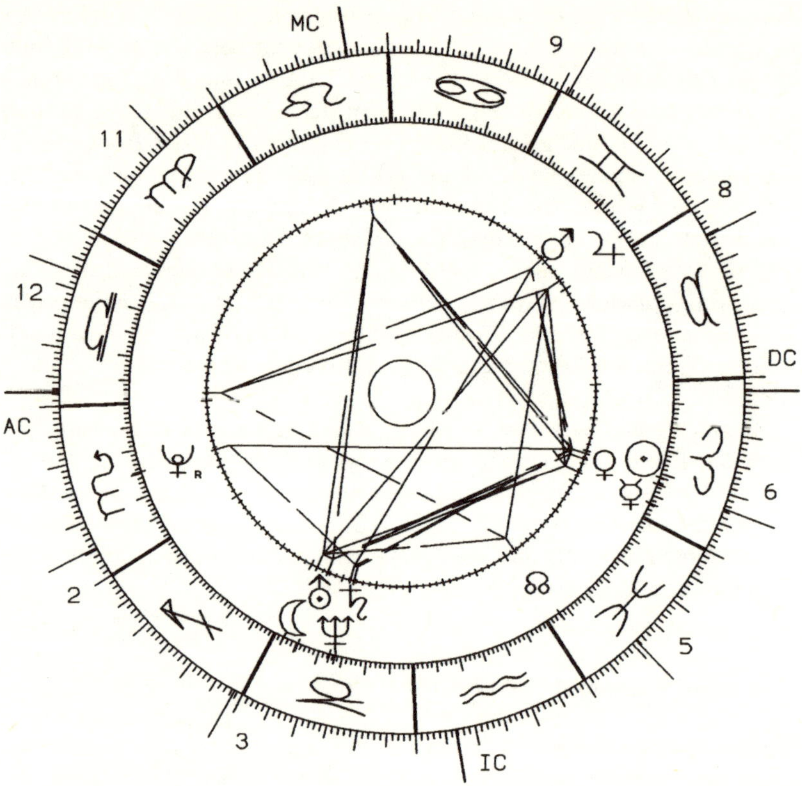

Eric Clapton: Solarhoroskop 1989/90,

☉ 09° 07′ ♈	♂ 11° 18′ ♊	♆ 12° 19′ ♑	**AC** 28° 44′ ♎
☽ 02° 03′ ♑	♃ 03° 04′ ♊	♇ 14°42′ ♏	**MC** 08° 17′ ♌
☿ 03° 18′ ♈	♄ 13° 26′ ♑	☊ 03° 18′ ♓	Häusersystem Placidus
♀ 07° 33′ ♈	⛢ 05° 17′ ♑		

man» an den fahrenden Gesellen – worin eine Verbindung zu dem Steinbock-Stellium im 3. Haus sowie zu dem Geburts-Jupiter in der Jungfrau besteht. Für den Jungfrau-Jupiter ist «Journeyman» vielleicht die perfekte Umschreibung.

Es wäre denkbar, daß Eric in dieser Zeit zu hart gearbeitet und andere Bedürfnisse ignoriert hat, was einen Zustand der Erschöpfung zur Folge gehabt haben könnte. Es handelte sich um eine Phase, in der er sich hierzu Gedanken machen und sich überlegen konnte, wie seine

Arbeit und seine inneren Bedürfnisse miteinander in Übereinstimmung gebracht werden konnten. Möglicherweise hat er zu dieser Zeit darüber nachgedacht, ob er Raubbau an seinem Körper getrieben hat, und vielleicht hat er sich daraufhin für eine gesündere Lebensweise entschieden.

Die Sonne im 6. Haus kann eine Zeit der Heilung anzeigen. Eric hat vielleicht dadurch, daß er seine Kreativität zum Ausdruck brachte, das Gefühl bekommen, zu einer integrierteren Persönlichkeit zu werden. Möglicherweise sind auch in diesem Zeitraum einige der Wunden aus den frühen Jahren verschwunden.

Die Konjunktion von Sonne und Venus in einem Solarhoroskop bedeutet eine gesellige und vergnügliche Zeit, was sich insbesondere im Bereich der Beziehungen bemerkbar machen kann. Da sie ins 6. Haus fällt, müssen wir annehmen, daß es sich um Geselligkeit und Partnerschaften im Zusammenhang mit der Arbeit gehandelt hat. Die Sonne und die Venus beherrschen den Aszendenten und das MC, was den außerordentlichen Anstieg der Popularität erklärt. Sonne/Venus steht für das Bedürfnis zu gefallen – es wird Eric in dieser Zeit wichtig gewesen sein, Zuneigung zu spüren. Er wird den Wunsch gehabt haben, anderen zu gefallen – und weil die Konjunktion im 6. Haus steht, können wir davon ausgehen, daß sich dies auf seine Arbeit bezogen hat.

Mit dieser Konjunktion hat Eric – wie wir es zuvor bei Steffi Graf gesehen haben – nun das erreicht, was er sich gewünscht hatte. Er selbst beschreibt den Erfolg der Orchesterkonzerte in der Royal Albert Hall als «einen Traum, der Wirklichkeit wurde». Wahrscheinlich hat dieser Erfolg dazu geführt, daß er nun ein größeres Selbstvertrauen besitzt und sich seiner Identität deutlicher bewußt ist.

An der Konjunktion ist auch Merkur beteiligt. Eric gab in dieser Zeit häufig Interviews und redete viel über sich selbst. Das könnte einen sich möglicherweise über einige Jahre hin erstreckenden Prozeß in Gang gesetzt haben, in dem er sich selbst auf eine neue Art zu beurteilen lernte beziehungsweise lernt. Es wäre denkbar, daß die Ereignisse dieses Jahres ihm eine neue Perspektive und ein neues Verständnis seiner selbst verschafft haben. Mit der Konjunktion dieser drei Planeten konnte Eric sich durchsetzen und Beifall finden, was die öffentliche Anerkennung und Wertschätzung, die er jetzt genießt, erklärt.

Die Sonne, Merkur und Venus stehen im Quadrat zu dem Steinbock-Stellium, welches den Mond, Neptun und Saturn umfaßt. Die zwei letzteren Planeten bilden zusammen mit der Sonne das T-Quadrat in Erics Geburtshoroskop. Wir können deshalb den Schluß ziehen, daß sich in diesem Jahr verwirklichen sollte, was das T-Quadrat versprach. Der Traum wurde nun zur konkreten Realität. Wie bei Steffi war dies die Zeit, in der alles zusammenkam.

Das Sonne/Mond-Quadrat zeigt, daß sich nun ein Wendepunkt und außerordentlich wichtige Veränderungen in Erics Leben ereigneten. Hier besteht ein Zusammenhang zu den inneren Kämpfen, die Eric bei dem Versuch erlebt hat, seine Emotionen mit dem Gefühl seiner Identität in Übereinstimmung zu bringen. Dieser Prozeß dürfte ihm viele Erkenntnisse gebracht haben. Wahrscheinlich hat sich auch die innere Anspannung förderlich auf seine Kreativität ausgewirkt, und die zwei im Widerstreit liegenden Prinzipien dürften sich in seiner Musik vereinigt haben, was ihm möglicherweise eine neue Erfahrung der Ganzheitlichkeit vermittelt hat.

In dem Bestreben, wirklich er selbst zu werden, mußte Eric sich von den selbstzerstörerischen emotionalen Mustern der Vergangenheit lösen. Er mußte alte Verhaltensweisen ändern und einiges von dem aufgeben, was ihm Bequemlichkeit und Sicherheit geboten hatte.

Das Sonne/Saturn-Quadrat unterstreicht noch einmal, daß Eric in diesem Jahr hart daran gearbeitet hat, seine Ziele und das, was ihm persönlich wichtig war, zu erreichen. Er wird ein starkes Gefühl der Verpflichtung gegenüber sich selbst und seiner Arbeit empfunden und viel Energie dafür aufgewendet haben, alles perfekt – wenn nicht noch besser – zu machen. Weil dieses Quadrat auch Bestandteil des Geburtshoroskops ist, treten nun die angeborenen saturnischen Eigenschaften besonders stark hervor.

Jahre mit Sonne/Saturn-Aspekten stellen Phasen der Neubewertung dar. Eric mußte nun darüber nachdenken, wie er sein Leben gelebt hatte und was wirklich gut für ihn gewesen war. In derartigen Phasen ist der Mensch aufgefordert, alles, was nicht länger von Wichtigkeit ist, aufzugeben, und die Lebensbereiche, die der Veränderung bedürfen, neu zu organisieren. Eric wird sich gefragt haben, inwiefern er sich mit seinem Verhalten selbst beschränkt hat – damit er in der Folge wirklich der werden konnte, der er hatte sein wollen.

Zeigt sich ein Sonne/Saturn-Aspekt im Solar, handelt es sich um ein Jahr, in dem man das Leben ernstnimmt. Es steht zu vermuten, daß Eric jetzt vorwiegend mit praktischen Erwägungen beschäftigt war. Weil auch Uranus und Neptun beteiligt sind, können wir davon ausgehen, daß es Konfusion, Turbulenzen und frustrierende Rückschläge gegeben hat. Wahrscheinlich hat Eric viel Kraft aufbringen müssen, um alles zusammenzuhalten, und vermutlich sind immer dann, wenn alles glattzulaufen schien, Ereignisse eingetreten, die alles wieder infragestellten.

Die Sonne im Quadrat zu Uranus bedeutet, daß nichts so abläuft, wie man es erwartet. Die Ereignisse kommen plötzlich, wie aus heiterem Himmel, und das, was man unternimmt, zieht unvorhersehbare Schwierigkeiten nach sich. Eric wird den Druck verspürt haben, Veränderungen vorzunehmen und Dinge zum Abschluß zu bringen, wobei er sich vielen Hindernissen gegenübergesehen haben dürfte. Zu manchen Zeiten wird er auf geradezu manische Weise aktiv gewesen sein, in dem Gefühl, alles auf einmal in Angriff nehmen zu müssen. Und letztlich ist er mit dieser Vorgehensweise erfolgreich gewesen.

Ein Jahr mit einem Sonne/Uranus-Aspekt ist immer von weitreichenden Veränderungen begleitet, die eine neue Lebensrichtung kennzeichnen. Es besteht eine Offenheit neuen Ideen gegenüber sowie das Selbstvertrauen, auf ureigenste Weise aktiv zu werden. Eric wird jetzt daran gedacht haben, etwas Neues auszuprobieren und einen neuen Weg einzuschlagen. Das Quadrat im Solar betont das Sonne/Uranus-Sextil des Geburtshoroskops – damit bestand der Drang, das Geburtspotential zur Realität zu machen. Dieser Aspekt wird in dem Solar für das Jahr 1990 noch genauer sein, was heißt, daß es in diesem Zeitraum zu noch größeren Veränderungen kommen dürfte. Diese Zwei-Jahres-Phase bietet Eric die Gelegenheit, ein Gefühl für seine Individualität zu entwickeln. Weiterhin kann er sich jetzt darüber klarwerden, was er eigentlich vom Leben erwartet und worin er seine persönliche Aufgabe sieht. Sein Bedürfnis nach Freiheit dürfte nun aufs Stärkste hervortreten, und wahrscheinlich wird er alle Beschränkungen in rastloser Aktivität beseitigen.

Seit 1985 stand in Erics Solaren Neptun zur Sonne im Quadrat, wobei sich die exaktesten Aspekte 1987 und 88 ergaben. Es war also eine lange Phase der sehnsuchtsvollen Erwartung gegeben – was auch schon im Geburtshoroskop in der Sonne/Neptun-Opposition angesprochen ist. Insofern können wir davon ausgehen, daß sich jetzt die Realisation des bei der Geburt gegebenen Versprechens beziehungsweise die Verwirklichung des Traumes ergab. Eric dürfte in dieser Zeit gezwungen gewesen sein, die Dinge loszulassen und sich vertrauensvoll dem Fluß des Lebens hinzugeben. Alle starren Strukturen oder Konzepte haben sich nun wahrscheinlich in Luft aufgelöst, was Eric die Chance gab, freie und bewußte Entscheidungen zu treffen. Jahre mit Sonne/Neptun-Aspekten sind im allgemeinen Zeiten großer Kreativität und Inspiration. Erics Comeback und seine neugewonnene Popularität fielen in diesen Zeitraum.

Es kommt in verschiedenen Solaren zu Aspekten zwischen der Sonne und Saturn, der Sonne und Uranus und der Sonne und Neptun – das Solar dieses Zeitraums ist das einzige, das alle diese Aspekte enthält. Das macht es so bedeutungsvoll – was um so mehr gilt, weil der Mond das Stellium komplettiert und ebenfalls im Quadrat zur Sonne/Venus-Konjunktion steht. Sonne und Venus herrschen über den Aszendenten und das MC, was heißt, daß es sich um eine Zeit handelte, in der die Früchte geerntet werden konnten.

Aufgrund der Stellung dieser vier Planeten im 3. Haus sowie der Quadrate, die zu Haus 6 bestehen, müssen wir davon ausgehen, daß es ein unruhiges Jahr für Eric gewesen ist, geprägt durch fortgesetzte intensive Arbeit und einem fortgesetzten Termindruck.

Als letzten Aspekt zur Sonne möchten wir das Sextil vom Mars anführen. Dieses illustriert, auf welch energische Weise und mit welchem Selbstvertrauen Eric sich zu dieser Zeit den Herausforderungen des Lebens gestellt hat. Er dürfte genau gewußt haben, was er wollte, und es ist anzunehmen, daß er sich noch mutiger und entschlossener als sonst gezeigt hat, womit es ihm möglich gewesen ist, Veränderungen vorzunehmen und neue Dinge auszuprobieren.

2. Solar-Aszendent und Solar-MC.

Der Aszendent des Solars steht in der Waage, in Konjunktion zum Geburts-Mond. Der Solar-Deszendent fällt auf den Geburts-Merkur. Ein Waage-Aszendent im Solar geht einher mit einem Jahr, in dem man auf andere ausgerichtet ist und in dem man die Umgebung an den eigenen Erfahrungen teilhaben lassen möchte (was wiederum die Selbsterkenntnis fördern kann). Eric hat in diesem Jahr mit vielen Menschen zusammengearbeitet, was die Vermutung zuläßt, daß er dadurch eine neue Perspektive seiner selbst gewonnen hat. Wahrscheinlich hat ihm das gemeinschaftliche Arbeiten an den verschiedenen Projekten – wie zum Beispiel das Komponieren mit Michael Kamen – große Befriedigung verschafft. Eric wird dabei das Bedürfnis gehabt haben, Menschen mit gleichen Idealen und Interessen auszuwählen – mit der Stellung der Sonne im 6. Haus dürfte dies bedeutet haben, daß es sich dabei um Personen aus seinem Arbeitsbereich gehandelt hat.

Es kann nicht überraschen, daß der Selbstausdruck in diesem Jahr in erster Linie über die Arbeit erfolgte. Der Solar-Aszendent steht im Trigon zum Aszendenten des Geburtshoroskops – Eric wird sich in diesem Jahr mit einer gewissen Leichtigkeit dargestellt haben und auf eine ihm vertraute Art vorgegangen sein. Der Aszendentenherrscher im Widder – seinem Sonnenzeichen – begünstigt dies noch.

Das MC im Zeichen Löwe legt nahe, daß es sich bezüglich der Verwirklichung der kreativen Ziele um ein außerordentlich wichtiges Jahr gehandelt hat. Eric wird das Bedürfnis verspürt haben, sich auf strahlende Weise darzustellen und Anerkennung für seine Wesensart zu erfahren. Er wird bestrebt gewesen sein, anderen deutlich zu machen, daß er Bewunderung und Respekt verdient. Die Sonne beherrscht das MC und aspektiert es zugleich im Trigon – sie steht im 6. Haus in Konjunktion zur Venus. Diese Stellung läßt wieder einmal die Wichtigkeit der Arbeit erkennen. Wir dürfen davon ausgehen, daß Eric jetzt durch seinen intensiven Arbeitseinsatz langfristige Ziele realisieren konnte. Dies ist das, was er getan hat – er hat die Aufgabe dieses Jahres erfüllt und sich seine Belohnung verdient.

3. Der Solar-Mond.

Der Solar-Mond steht im Steinbock, was einmal mehr die Arbeit betont. Dies zeigt auch, daß das Erreichen der Ziele ihm emotionale Befriedigung gewährt hat. In diesem Jahr waren ihm praktische Erwägungen und berufliche Herausforderungen wichtiger als persönliche Bedürfnissse. Das Erreichen einer gewissen Position wird Eric gefühlsmäßig Sicherheit verschafft haben, und wahrscheinlich hat er sich in emotionaler Hinsicht im Kontakt zu anderen vorsichtiger als sonst gezeigt.

Weil der Mond im 3. Haus steht, dürfte Eric ein starkes Bedürfnis nach geistiger Anregung erfahren sowie auf eine eher emotionale Weise nachgedacht haben. Er wird bemüht gewesen sein, seine Gefühle mit anderen zu teilen – was auch in Verbindung zur Mond/Merkur-Opposition des Geburtshoroskops steht. Wahrscheinlich hat er sich zu dieser Zeit an vieles erinnert – vielleicht hat er jetzt die Vergangenheit in einem neuen Licht gesehen und erkannt, was er in emotionaler Hinsicht wirklich braucht.

Der Mond/Merkur-Quadrat verstärkt diese bereits im Geburtshoroskop angelegte Tendenz noch. Es bringt den konkreten Anstoß, emotionale Kontakte zu anderen herzustellen – in einer etwas zwanghaften Weise. Eric hat in diesem Jahr viel von sich selbst erzählt, über das, was er erlebt hat, und darüber, wie er dies nun bewertete – was eine Form von Vergangenheitsbewältigung oder auch eine Selbstanalyse gewesen ist. Erics Verstand wird hellwach und um neue Perspektiven bemüht gewesen sein. Er wird auf eine eher imaginative Art gedacht und ein kreativ erfolgreiches Jahr erlebt haben.

Das Quadrat zwischen Mond und Venus läßt vermuten, daß zu dieser Zeit Schwierigkeiten in Beziehungen bestanden. Innere Konflikte zwischen emotionalen Impulsen und dem Bedürfnis nach Nähe könnten zu Frustrationen geführt haben. Insofern war dieses Jahr gut dafür geeignet, die im Zusammenhang stehenden Probleme zu lösen.

Einhergehend mit dem Quinkunx-Aspekt zwischen Jupiter und dem Mond dürfte es aufgrund des beschleunigten Lebenstempos zu Spannungen gekommen sein. Der überaus große Erfolg und die hohen Erwartungen könnten zur Folge gehabt haben, daß Eric sich zuzeiten unsicher und vielleicht sogar ängstlich gefühlt hat.

Der Mond steht in Konjunktion zu Uranus, was einen Schock bedeuten kann, der die emotionalen Reaktionen auf alltägliche Vorkommnisse in Frage stellt. Vielleicht hat es sich ergeben, daß Eric sich jetzt mit schmerzhaften Erfahrungen beschäftigen mußte, welche er zuvor verdrängt hatte. Diese Entwicklung könnte zum Resultat gehabt haben, daß er ein solideres emotionales Fundament entwickelt und erkannt hat, wie es um seine Gefühlswelt bestellt ist.

Dieses Jahr dürfte von unvorhersehbaren Ereignissen und von Aufregung gekennzeichnet gewesen sein. Wahrscheinlich hat sich Eric oft euphorisch gefühlt und seine Schwierigkeiten damit gehabt, zwischendurch eine Pause einzulegen oder auch nur das Tempo zu verlangsamen.

Seine persönliche Freiheit wird ihm sehr wertvoll gewesen sein. Er wird gewissermaßen eine klaustrophobische Angst empfunden haben, wenn Menschen ihn eingrenzen wollten. Auch können wir annehmen, daß er sich äußerst impulsiv verhalten hat – wenn ihm irgend etwas in den Sinn gekommen ist, dürfte er auch schon aufgesprungen sein, es in Angriff zu nehmen.

Es läßt sich mit Bestimmtheit behaupten, daß es für Eric in emotionaler Hinsicht ein wichtiges Jahr gewesen ist. Er dürfte sich darüber klar geworden sein, in welchem Ausmaß die Erfahrungen der Vergangenheit sein Verhalten prägten. In bezug auf seine Selbsterkenntnis ist es insofern zu einem wichtigen Wendepunkt gekommen.

Der Solar-Mond steht im Trigon zur Geburts-Venus. Diese Stellung hatte zur Folge, daß er anderen Menschen nun auf eine warmherzige und emotionale Weise gegenübertrat, was wiederum bedeutete, daß diese ihm ebenfalls positive Gefühle entgegenbrachten. Im Zusammenhang hiermit können wir von einer Zunahme der Popularität und einer Phase des inneren Glücks ausgehen.

Zwischen dem Solar-Mond und dem Geburts-Mars ist ein Sextil vorhanden, was heißt, daß seine emotionalen Reaktionen in dieser Zeit intensiver als sonst gewesen sind. Wahrscheinlich hatte er jetzt wenig Probleme damit gehabt, seinem Ärger Ausdruck zu verleihen und sich offensiv zu behaupten.

4. - 7. Andere Faktoren.
Merkur steht wie bei der Geburt im Zeichen Widder – er konnte auf vertraute Weise zum Ausdruck gebracht werden. Aufgrund der Stellung im 5. Haus dürfte es sich um eine besonders kreative Phase gehandelt haben. Zu Uranus in Haus 3 besteht ein Quadrat – es wird Eric in diesem Jahr Spaß gemacht haben, sich mit neuen Ideen zu beschäftigen, und sein Kopf wird voll von ihnen gewesen sein. Mit dieser Stellung kann es nicht verwundern, daß er seine Kreativität auf vollständig neue Projekte – wie zum Beispiel dem Komponieren und Aufführen eines Orchesterkonzertes – gerichtet hat (wobei die eher sanfte und opulente Art dieser Musik durch die Konjunktion von Merkur und Venus symbolisiert ist). Das Merkur/Jupiter-Sextil verkörpert Erics Wunsch, seinen Horizont auszuweiten und etwas Großes und wirklich Herausforderndes zu unternehmen, etwas, was außerhalb seines normalen Betätigungsfeldes lag.

Die Venus steht im Widder, womit eine vollkommen andere Auswirkung als bei der Geburtsstellung im Stier gegeben ist. Man muß davon ausgehen, daß Eric sich in seinen Beziehungen in dieser Zeit lebhafter und offener als sonst gezeigt hat, dabei aber die Liebe auf eine eher abstrakte Weise betrachtete. Venus beherrscht das Horoskop – sie ist Teil der Konjunktion der drei Planeten im 6. Haus, welche zu dem Stellium in Haus 3 im Quadrat steht. Es ist anzunehmen, daß Eric sein Bedürfnis nach Liebe auf die Arbeit gelenkt und wenig Zeit für persönliche Beziehungen aufgebracht hat. Venus in Haus 6 bedeutet im allgemeinen, daß der Mensch in seine Arbeit verliebt ist.

Der Mars steht in den Zwillingen im gleichen Element wie bei der Geburt (im Zeichen Fische) – allerdings ist er nun in weitaus höherem Maße geistig ausgerichtet. Eric wird genau gewußt haben, was er wollte und wie er in diesem Zusammenhang vorgehen mußte. Mit einem Zwillings-Mars im 8. Haus wird Eric mit großer Intensität an seinen Ideen gearbeitet und einen Zugang zu tiefverborgenen Gefühlen und Quellen hergestellt haben. Mars steht zu der Saturn/Neptun-Konjunktion in Haus 3 im Quinkunx, was zum Ausdruck bringt, daß er seine Ideen und Visionen – seine Träume – hat verwirklichen können.

Diese Verbindung läßt erkennen, daß er unter großer Anspannung gestanden hat. Möglicherweise ergaben sich gesundheitliche Auswirkung – denkbar wäre zum Beispiel, daß er nun unter körperlichen Erschöpfungszuständen litt.

Der Zwillings-Jupiter im 8. Haus unterstreicht, mit welcher Lust und welchem Enthusiasmus Eric das Schreiben und den Austausch mit anderen betrieben haben dürfte. Auch der Erfolg, den er in der Folge erfuhr, ist hiermit angesprochen. Jupiter in Haus 8 symbolisiert das Finden des vergrabenen Schatzes. Eric hat sich auf eine Reise in sein Inneres gemacht und dabei große Reichtümer entdeckt.

Es besteht eine Vielzahl von Aspekten zwischen Planeten des Solar- und Planeten des Geburtshoroskops. Auch dies bringt zum Ausdruck, daß es sich um ein wirklich herausragendes Jahr gehandelt hat. Die Aspekte zum Mond haben wir bereits beleuchtet – wir werden jetzt noch auf die der anderen persönlichen Planeten eingehen. Der Solar-Merkur steht zum Geburts-Neptun in Opposition – Eric dürfte sich in diesem Jahr besonders kreativ und erfinderisch gezeigt haben. Auch Intuition und Empfänglichkeit waren überaus stark entwickelt – Eric konnte alles, was um ihn herum geschah, in sich aufnehmen, und er verfügte über die Fähigkeit, sich auf die Gedanken der anderen einzustimmen. Dies stellt den idealen Aspekt für jemanden dar, der mit anderen an musikalischen Projekten zusammenarbeitet.

Der Solar-Merkur steht auch im Quadrat zum Geburts-Saturn, was eine ernstere und konzentriertere Art zu denken bedeuten kann. Diese Stellung hatte vielleicht zur Folge, daß der neptunischen Inspiration und Imagination eine gewisse Struktur und Disziplin auferlegt wurde.

Die Solar-Venus befindet sich zum Geburts-Neptun in Opposition. Wie wir bereits in Kapitel 5 ausgeführt haben, bedeutet das für schöpferische Menschen eine Zeit äußerster Inspiration und künstlerischer Sensibilität. In Erics Fall hat es sich um ein Jahr gehandelt, in dem er fähig gewesen ist, sich auf das Schönheitsempfinden des Publikums einzustimmen – was ihm auch in kommerzieller Hinsicht Erfolg brachte. Wenn auch Erics Sinn für das Schöne immer schon stark ausgeprägt war, bestand doch zu diesem Zeitpunkt eine besondere Betonung.

Es gibt viele Planetenverbindungen, die sowohl im Solar- als auch im Geburtshoroskop in Erscheinung treten. Bereits erwähnt haben wir die Sonne, die wieder im Aspekt zu den Planeten steht, mit denen sie im Geburtshoroskop das T-Quadrat bildet. Auch die ebenfalls schon besprochene Opposition von Mond und Merkur im Geburtshoroskop, welche im Solar zum Quadrat wird, ist hier anzuführen. Es ist sehr interessant, daß aus den zwei Oppositionen des Geburtshoroskops im Solar Quadrate werden.

Im Solar stehen der Mond und Uranus in Konjunktion zueinander. In diesem Aspekt liegt eine größere Zwanghaftigkeit als in dem Anderthalbquadrat des Geburtshoroskops. Wir können davon ausgehen, daß Eric sich jetzt emotional noch erregbarer als sonst gezeigt hat – aller Wahrscheinlichkeit nach wird es eine Zeit von intensivster Aktivität gewesen sein, die von emotionalen Höhen und Tiefen durchsetzt war. Auch ist anzunehmen, daß Eric sich nun seiner Verhaltensweise deutlicher bewußt geworden ist, was ihm die Möglichkeit eröffnet haben könnte, sich von den Erfahrungen der Vergangenheit zu lösen.

Aus dem Merkur/Uranus-Halbquadrat des Geburtshoroskops ist im Solar ein Quadrat geworden, welches den verstärkten Drang anzeigt, diesen Aspekt zu realisieren.

Merkur steht in beiden Horoskopen in Konjunktion zur Venus – wobei der Aspekt im Solar genauer ist. Außerdem befinden sich in letzterem beide Planeten im Zeichen Widder. Das bedeutet, daß sie auf eine eher nach außen gerichtete und leidenschaftliche und dabei abstrakte und kreativ-fantasievolle Weise zum Ausdruck gebracht wurden.

Das Venus/Mars-Sextil des Geburtshoroskops wiederholt sich im Solar. Eric wird in diesem Jahr eine besondere Anziehungskraft gehabt haben, wobei die zwei Planetenprinzipien gut miteinander harmonierten.

Das Sextil zwischen der Venus und Saturn im Geburtshoroskop wird im Solar zum Quadrat. Damit ist das Bedürfnis angesprochen, neben der allgemeinen öffentlichen Wertschätzung auch im Beruf Anerkennung zu finden.

Auch das Geburts-Quinkunx zwischen Venus und Neptun wird nun zum Quadrat, was heißt, daß die vage empfundene Sehnsucht jetzt konkreter zum Ausdruck gebracht worden ist. Eric dürfte in dieser Zeit überaus kreativ gewesen sein.

8. Planeten an den Eckpunkten des Solars.

Wie schon bei Steffi fällt die Aszendent/Deszendent-Achse des Solars auf eine wichtige Planeten-Opposition des Geburtshoroskops – nämlich auf die zwischen Mond und Merkur. Diese Opposition ist es, die Eric die Fähigkeit verleiht, seine Gefühle in künstlerischer Form darzustellen – was immer die Basis seines Erfolges gewesen ist. Hierbei handelt es sich um das Talent, das mitzuteilen, was man fühlt – auf eine Art, die in seinem Fall von Millionen von Menschen angenommen und verstanden wird. Hier liegt der Grund für seine enorme Popularität. Die Aufrichtigkeit, Offenheit und die Verletzlichkeit, die er sowohl in seiner Arbeit als auch in Interviews zeigt, lassen ihn zugänglicher und menschlicher als die meisten anderen Stars erscheinen. Diese Eigenschaften sind es, die ihn von anderen Musikern unterscheiden und die seinen Zuhörern das Gefühl geben, ihn zu kennen. Dieser Wesenszug war in dem von uns untersuchten Solarhoroskop besonders betont – in diesem Zeitraum gab Eric neben seinen Konzerten viel mehr Interviews als sonst, in denen er sich sehr offen zeigte. Mit dem Aszendenten in Konjunktion zum Geburts-Mond war Eric nun in besonderem Ausmaß in der Lage, sich auf das Publikum und auf die Stimmung des Augenblickes einzustellen, was seine Zuhörer wiederum positiv auf ihn reagieren ließ.

Der Merkur des Geburtshoroskops fällt auf den Solar-Deszendenten. Die Kommunikation mit anderen war ein Schwerpunkt dieses Jahres, und Eric zeigte sich fähig, seine Vorstellungen beziehungsweise sich selbst klar zum Ausdruck zu bringen. Die Menschen hörten ihm nun zu.

Das Solar-MC in Konjunktion zum Geburts-Pluto zeigt das Risiko, das Eric mit den Konzerten in der Royal Albert Hall eingegangen ist – das darin gipfelte, ein kaum geprobtes Orchesterstück aufzuführen. Dieses Wagnis hatte ein Triumph oder ein Desaster werden können. Vielleicht fühlte Eric das Bedürfnis, seine Kräfte zu erproben – vielleicht hatte er sich selbst und der Welt etwas beweisen wollen. Es wurde jedenfalls ein totaler Erfolg, und sein Ruf als Livemusiker bestätigte sich auf Glänzendste. Seine Popularität erfuhr einen neuen Höhepunkt.

Die Venus-Wiederkehr für das Jahr 1989/90

Wir werden nun Erics Venus-Wiederkehr für diesen Zeitraum betrachten (Zeichnung Seite 251). Wir greifen diesen Planeten heraus, weil sich das Venus-Prinzip für Erics Leben und Arbeit als besonders bedeutsam erwiesen hat.

Die Venus steht in diesem Horoskop im 10. Haus, in Konjunktion zur Sonne. Das bedeutet, daß zu dieser Zeit Erics Beziehungen mit dem Beruf und mit den Lebenszielen verknüpft gewesen sind. Die Liebe

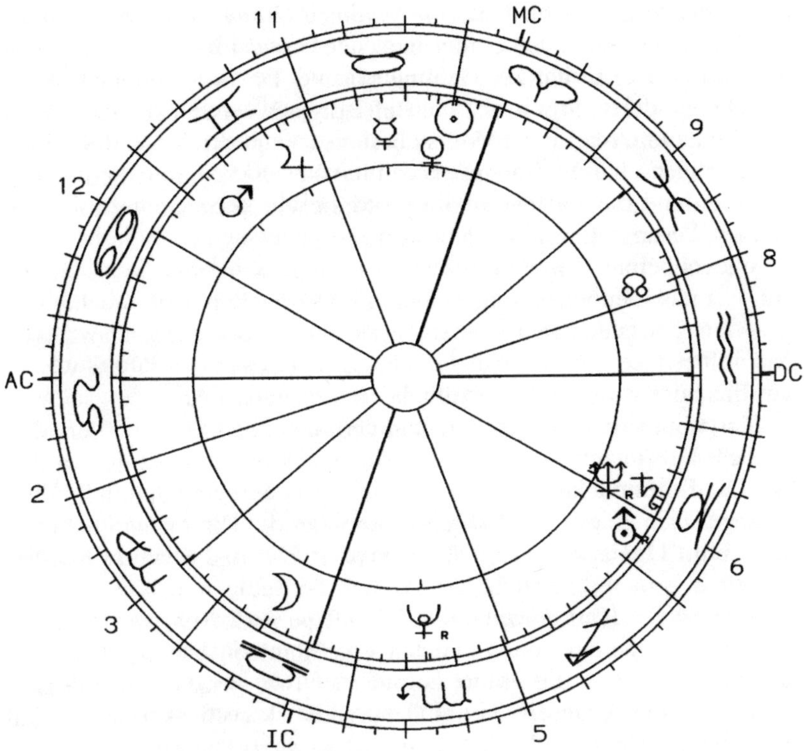

Eric Clapton: Venus-Wiederkehr, 1989/90.

☉	29° 24′	♈	♂	24° 01′	♊	♆	12° 22′	♑	AC	10° 22′	♌
☽	11° 18′	♎	♃	07° 05′	♊	♇	14° 12′	♏	MC	21° 09′	♈
☿	14° 54′	♉	♄	13° 54′	♑	☊	02° 03′	♓	Häusersystem Placidus		
♀	03° 08′	♉	♅	05° 17′	♑						

wird Bestandteil seiner Identität gewesen und im Rahmen seiner kreativen Fähigkeiten zum Ausdruck gekommen sein. Es steht zu vermuten, daß berufliche Erfolge ihm zu dieser Zeit mehr als persönliche Beziehungen bedeutet haben. Das, was er erreicht hat, wird ihm gezeigt haben, wer er wirklich ist und daß er sich selbst lieben darf. Der Erfolg brachte ihm nun großes persönliches Glück; er ließ einige der Wunden heilen, die im Hinblick auf das Selbstwertgefühl bestanden.

Mit der Venus im 10. Haus im Trigon zu Uranus in Haus 5 können wir davon ausgehen, daß Eric seine Ziele erreicht hat, indem er seine einzigartige Kreativität zur Geltung brachte. Die Anerkennung seiner Fähigkeiten dürfte ihm jetzt tiefe Befriedigung verschafft haben. Weil keine anderen Aspekte zur Venus bestehen, liegt die Schlußfolgerung nahe, daß Eric viel Freiraum benötigt hat – er dürfte einige Schwierigkeiten dabei gesehen haben, die persönlichen Beziehungen mit dem Beruf in Übereinstimmung zu bringen.

Wenn in einer Venus-Wiederkehr Venus in Konjunktion zur Sonne steht, ist das Identitätsgefühl betont wie sonst selten. Eric brachte seine Venus-Energie zum Ausdruck, was ihm großen Erfolg bescherte. Dadurch wird er ein klareres Gefühl dafür bekommen haben, wer er wirklich ist und worin seine Aufgabe im Leben besteht.

Das Widder-Zeichen am MC läßt vermuten, daß Eric von den Mitmenschen als unabhängig und selbstsicher eingeschätzt werden wollte. Er wird das Bedürfnis empfunden haben, als ausgeprägter Individualist angesehen zu werden. Mars als Herrscher der Himmelsmitte befindet sich im 11. Haus, was ein Hinweis darauf ist, daß er dieses Bedürfnis durch gemeinschaftliche Aktivitäten befriedigen wollte. Das 11. Haus steht für Hoffnungen und Zukunftsperspektiven; mit Mars in diesem Haus wird Eric Aktivitäten unternommen haben, etwas zur Realität zu machen. Der Mars befindet sich im genauen Trigon zum Mond und zum Aszendenten des Geburtshoroskops, was bedeutet, daß es Eric nun leichtgefallen ist, aktiv zu werden. Die einzigen Mars-Aspekte in der Venus-Wiederkehr sind Sextile zur Sonne und zur Himmelsmitte. Diese zeigen einmal mehr, daß Eric seine Energie im wesentlichen darauf gerichtet hat, öffentliche Anerkennung zu finden.

Die MC/IC-Achse fällt – wie der Aszendent und der Deszendent im Solar – auf die Mond/Merkur-Opposition des Geburtshoroskops. Auch dies bedeutet Erics Erfolg. Die Himmelsmitte fällt auf den Geburts-Merkur, das IC auf den Mond – abermals ein Hinweis darauf, daß es die Fähigkeit war, seine Gefühle und seine Erfahrungen anderen mitzuteilen, die ihn seine Ziele erreichen ließ. Zugleich bewirkte diese, daß sich seine Stellung in der Öffentlichkeit festigte und seine Popularität zunahm.

Die Sonne im Horoskop der Venus-Wiederkehr steht in Konjunktion zum Geburts-Merkur beziehungsweise in Opposition zum Geburts-Mond – ein Indiz, daß Eric in dieser Zeit kraftvoll und direkt vorgegangen ist. Das IC fällt auf den Geburts-Mond, was zur Folge gehabt haben dürfte, daß er jetzt Zugang zu seiner Vergangenheit gefunden hat und seine frühen Erfahrungen in einem neuen Licht sehen konnte. Es wird sich für ihn in persönlicher Beziehung um eine wichtige Zeit gehandelt haben – jetzt könnten einige der Wunden geheilt sein, die ihm in Beziehungen immer wieder zu schaffen gemacht hatten.

Das aufsteigende Zeichen ist Löwe (bei der Geburt befand sich das Zeichen Löwe am Deszendenten, im Solarhoroskop steht es am MC). Die Sonne als Herrscher des Aszendenten steht sowohl zur Venus als auch zur Himmelsmitte in Konjunktion. Dies zeigt, von welch herausragender Wichtigkeit dieser Zeitabschnitt für Erics Stellung in der Welt und auch für ihn selbst gewesen ist.

Der Löwe-Aszendent und die Widder-Himmelsmitte symbolisieren, daß man im Ruf stehen möchte, im Beruf wie auch im Privatleben Liebe auf strahlende und leidenschaftliche Weise zu geben. Der Löwe-Aszendent bei der Venus-Wiederkehr bedeutet insbesondere eine wohlwollende Großzügigkeit in den Beziehungen zu anderen. Er weist darauf hin, daß Eric seine Liebe auf kreative Art und Weise zum Ausdruck gebracht haben wird sowie darauf, daß er nun die Anerkennung und die Wertschätzung erfahren hat, die ihm so wichtig war.

Der Aszendent des Wiederkehr-Horoskops fällt auf den Geburts-Pluto – Eric erregte nun enormes Aufsehen. Dies betont – wie auch das Solar-MC in Konjunktion zum Geburts-Pluto –, daß Eric bei diesem Projekt viel aufs Spiel gesetzt hat. Weil es sich um die Venus-Wiederkehr handelt, war es die Beziehung zur Welt, die in Gefahr stand. Er hätte nun auch scheitern und damit die Zuneigung seines Publikums verlieren können.

Der Mond steht im gleichen Zeichen wie bei der Geburt, in der Waage, in Opposition zur Geburts-Sonne. Bei der Venus-Wiederkehr steht die Sonne gegenüber dem Geburts-Mond. Die Aspekte lassen vermuten, daß der Eindruck, den Eric auf seine Zuhörer ausgeübt hat, wiederum auf seine Gefühlswelt zurückwirkte. Sie könnten auch bedeuten, daß er möglicherweise von den Reaktionen des Publikums abhängig wurde und in dem Moment, als alles vorüber war, in ein «Loch» fiel. Der Waage-Mond bedeutet im allgemeinen ein starkes Bedürfnis nach Alltagskontakten – welche Eric nun aber vielleicht schal und langweilig erschienen.

Der Mond im 3. Haus der Venus-Wiederkehr zeigt einmal mehr Erics Bedürfnis nach Kommunikation und Gefühlsaustausch. Es besteht ein Quadrat zu Saturn und Neptun in Haus 6 – er hat den Wunsch nach Austausch bei seiner Arbeit (welche das Zusammenspiel von Einsatz und Inspiration erfordert) zum Ausdruck gebracht. Es wäre denkbar, daß er sich in dieser Phase als Folge seiner Arbeit und seiner unsteten Lebensweise manchmal einsam und isoliert gefühlt hat. Hierin können wir einen Zusammenhang zu dem Mond/Uranus-Quadrat sehen, was sich sowohl im Geburts- als auch im Solarhoroskop dieses Zeitraums zeigt.

Mit dem Stier-Merkur im 10. Haus dürfte die Neigung verbunden gewesen sein, an Liebe und Beziehungen auf praktische und konkrete Art heranzugehen. Wahrscheinlich waren seine Gedanken darauf gerichtet, diese Bedürfnisse im Arbeitsleben zu befriedigen. Mit der Opposition von Merkur zu Pluto im 4. Haus wird Eric viel über seine früheren Partnerschaften nachgedacht haben. Es ist anzunehmen, daß vieles von dem, was tief in ihm verborgen gewesen war, nun an die Oberfläche gekommen ist, was möglicherweise einen fundamentalen Wandel seiner Art zu denken bedeutet hat. Dieser Aspekt zeigt auch, daß er durch seine kommunikativen Fähigkeiten auf andere Menschen einen tiefen transformativen Effekt ausüben konnte.

Das Lunarhoroskop vom 18. Januar 1990

Wir möchten jetzt noch das Lunarhoroskop für den Zeitraum untersuchen, in den die Aufführungen in der Royal Albert Hall fielen (Zeichnung Seite 255). Der Zeitpunkt, zu dem sich die Wiederkehr des Mondes zur Geburtsstellung ergab, lag nur wenige Stunden vor dem Beginn der Konzerte.

Zunächst fällt ins Auge, daß einmal mehr eine Sonne/Venus-Konjunktion vorhanden ist. Auch in den beiden anderen Wiederkehr-Horoskopen ist dieser Aspekt gegeben – allerdings ist er hier am exaktesten. Mit der Konjunktion im Steinbock handelte es sich nun um die Zeit, in der Eric das bekam, was er wollte. Sein Traum wurde Wirklichkeit. *Der Mond steht in Haus 5* – Eric war in dieser Zeit emotional in höchstem Maße mit seinen Schöpfungen und seinem Selbstausdruck beschäftigt. Hierin liegt das Hauptthema dieses Monats. Eric tat in diesem Monat praktisch nichts anderes, als zu proben und Aufführungen zu bestreiten. Er wird es genossen haben, sich ausschließlich dem zu widmen, was ihn am meisten befriedigte.

Die Rolle als schöpferischer Künstler wird Eric sehr gutgetan und ihm emotionale Sicherheit verschafft haben. Er selbst sagte einmal, daß er sich in der Royal Albert Hall heimisch fühlte – insofern war er

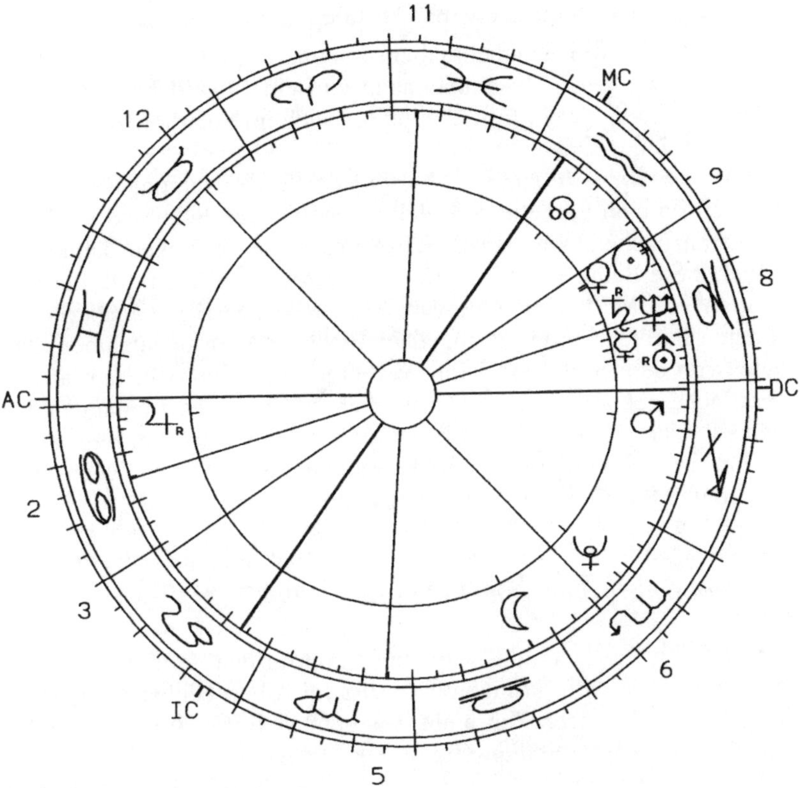

Eric Clapton: Lunarhoroskop vom 18. 1. 1990

☉ 28° 14′ ♑	♂ 22° 07′ ♐	♆ 12° 41′ ♑	AC 29° 20′ ♊
☽ 24° 53′ ♎	♃ 03° 03′ ♋	♇ 17° 29′ ♏	MC 24° 24′ ♒
☿ 09° 53′ ♑	♄ 09° 49′ ♑	☊ 17° 32′ ♒	Häusersystem Placidus
♀ 28° 50′ ♑	♅ 06° 48′ ♑		

im wahrsten Sinne des Wortes in der Unterhaltung «zuhause». Dies ist eine perfekte Entsprechung für den Mond im 5. Haus.

Mit dieser Mondstellung besteht die Möglichkeit, durch Unterhaltung Anerkennung zu erfahren. In ihr ist das angelegt, was Eric getan hat: die Gefühle kreativ zum Ausdruck zu bringen auf eine Art und Weise, die den Wünschen des Publikums entspricht – was wiederum positive Reaktionen hervorruft. In Erics Geburtshoroskop steht das Zeichen Krebs an der Spitze des 5. Hauses. Eric konnte die angeborenen Fähigkeiten in der Zeit der Aufführungen so gut wie sonst nie zum Ausdruck bringen.

Wie im Solar auch steht der Mond im Quadrat zur Sonne und zur Venus – jetzt ergab sich ein wichtiger Wendepunkt in Erics Leben. Er zeigte sich jetzt fähig, seine Kreativität und seine emotionalen Bedürfnisse in Übereinstimmung zu bringen, was ihn sich auf ganzheitlichere Weise erleben ließ. Der Erfolg, den er erreicht hat, hat es ihm ermöglicht, anders über sich selbst zu denken und sich selbst mit mehr Liebe zu begegnen.

Der Mond steht im Sextil zu Mars. Damit war Eric imstande, bei der Befriedigung seiner emotionalen Bedürfnisse auf effektive Weise vorzugehen. Aufgrund der Stellung von Mars im 6. Haus spielte sich dies in erster Linie bei der Arbeit ab. Der Mars am Deszendenten zeigt einen Monat, der von einer großen Aktivität im Hinblick auf lunare Angelegenheiten geprägt ist sowie eine Zeit des intensiven und lebhaften Austausches mit anderen. Der Mars an einem Eckpunkt bedeutet, daß etwas geschieht. Mit dessen Stellung im Zeichen Schütze ging Eric mit Energie und Optimismus vor, auf eine freie und selbstbewußte Weise, in dem Bewußtsein, daß er bekommen würde, was er anstrebte.

Der Mond steht – wie im Geburtshoroskop auch – im Trigon zum Aszendenten; er fällt darüber hinaus auf den Aszendenten des Solarhoroskops dieses Zeitraums. Dies zeigt, daß es Eric nun leichtgefallen sein dürfte, seine Gefühle zum Ausdruck zu bringen. Mit diesen Aspekten ist der Austausch zwischen dem Inneren und dem Äußeren wahrscheinlich auf perfekte Weise vonstatten gegangen. Der Mond steht auch im Trigon zum MC, womit in gewisser Weise ein Großes Trigon gegeben ist.* Weil dieses im Element Luft steht, liegt die Vermutung nahe, daß Eric sich jetzt mit großem Vergnügen mit anderen ausgetauscht hat. Er dürfte sich nun in seinen Gedanken aufs engste mit der Umwelt verbunden gefühlt haben.

Die Zwillinge als aufsteigendes Zeichen und Merkur als Herrscher des Horoskops im 7. Haus bedeuten ein Thema, das auch im Geburtshoroskop sowie in vielen Wiederkehr-Horoskopen bestimmend ist: Erics Fähigkeit, seine Gefühle zum Ausdruck zu bringen. Mit dem Zwillings-Aszendenten hat er dies in diesem Monat spontan und mit Leichtigkeit tun können. In dieser Zeit wird er das Bedürfnis gehabt

* Ein *Großes Trigon* (manchmal auch *Auge Gottes* genannt) bezeichnet eine Konstellation, bei der drei Planeten jeweils 120 Grad voneinander entfernt sind.

haben, viel zu reden und zu schreiben und – natürlich – sich selbst durch seine Musik darzustellen. Merkur steht im 7. Haus in Konjunktion zu Neptun und Uranus – ein Hinweis auf ein Höchstmaß von Inspiration.

Jupiter befindet sich am Aszendenten – Eric dürfte sich in diesem Zeitraum sehr selbstsicher und optimistisch gefühlt haben. Falls er sich vor den Konzerten Sorgen gemacht haben sollte, werden sich diese in dem Moment, als es wirklich losging, in nichts aufgelöst haben. Fast möchte man sagen, daß ihm aufgrund der vielen positiven Energie der Erfolg sicher war. Jupiter am Aszendenten zeigt das Ausmaß der Erwartungen und daß es Eric auf emotionaler Ebene sehr wichtig gewesen ist, sein Ziel zu erreichen. Er ging das Risiko ein, vom Unmöglichen zu träumen – und erreichte, was er erhoffte. Jupiter befindet sich im Anderthalbquadrat zu Pluto im 6. Haus – ein Hinweis auf die Größe des Projektes, das er in Angriff genommen hatte, und das damit verbundene Wagnis.

Der Quinkunx-Aspekt zwischen der Sonne/Venus-Konjunktion in Haus 8 und dem Aszendenten läßt erkennen, daß viel Streß und Angst bei dem Projekt im Spiel gewesen ist. Aber die Sonne und Venus in 8 machen auch deutlich – wie Jupiter am Aszendenten, der Mond im 5. Haus und der Mars am Deszendenten –, daß Eric in seiner emotionalen Selbstdarstellung dramatische und leidenschaftliche Züge zum Ausdruck bringen mußte. Er war jetzt in der Stimmung, ein großes Wagnis auf sich zu nehmen.

Die Jupiter/Uranus-Opposition fällt auf die Aszendent/Deszendent-Achse. In dieser Stellung können wir die geniale Inspiration erkennen, mit der Eric instinktiv den richtigen Zeitpunkt gewählt hatte, um etwas Neues zu präsentieren. Des weiteren ist hier seine Fähigkeit angesprochen, Menschen zu begeistern und in Konzerten zu verborgenen Gefühlen durchzudringen. Wir können vermuten, daß Eric in diesem Zeitraum auch einige seiner eigenen tiefen Bedürfnisse erkannt hat.

Das Lunar-MC steht in Konjunktion zum Geburts-Aszendenten, was auf die außerordentliche Bedeutung dieses Zeitraums für den Ausdruck und die Entwicklung des Geburts-Potentials hinweist. Und auch die Tatsache, daß in allen Wiederkehr-Horoskopen dieser Zeit die Aszendent/Deszendent- oder die MC/IC-Achse in das Zeichen Löwe oder Wassermann fällt, führt uns noch einmal eindringlich vor Augen, wie wichtig diese Phase für Erics persönliches Wachstum gewesen ist.

Mit dem Wassermann-Zeichen am MC verspürte Eric das Bestreben, die Grenzen zwischen den verschiedenen Musikrichtungen zu überwinden und seinen individuellen Stil zu präsentieren – in einer Umgebung, die die Entstehung von etwas Neuem begünstigte. Es war ein weiter Weg von seinem Blues-Purismus der 60er Jahre in die Royal Albert Hall gewesen.

Der Herrscher und der Mitregent der Himmelsmitte – Saturn und Uranus – stehen im 8. und im 7. Haus; letzterer befindet sich in Konjunktion zum Aszendenten-Herrscher Merkur. Es ist immer von besonderer Bedeutung, wenn die Herrscher von Aszendent und der Himmelsmitte beieinanderstehen. Das gilt um so mehr, wenn – wie bereits angesprochen – dies auch bei anderen Wiederkehr-Horoskopen der Fall ist.

Mit dem Herrscher und dem Mitregenten der Himmelsmitte in Haus 7 und 8 liegt die Annahme nahe, daß es sich um eine Zeit des intensiven emotionalen Austauschs gehandelt hat. Die Lunar-Himmelsmitte sagt etwas über unsere emotionalen Ziele aus. Eric dürfte bestrebt gewesen sein, das Band der Gefühle, das zwischen ihm und dem Publikum bestand, enger zu knüpfen. Dies gelang ihm auch – seine außerordentlich erfolgreiche Karriere beweist es.

Neptun steht – wie bei der Geburt – im 7. Haus, in Konjunktion zu Merkur. Dies hatte zur Folge, daß Eric sich auf inspirierte und charismatische Art und Weise seinem Publikum präsentierte und dieses vollständig in seinen Bann schlug. Jeder Zuhörer hatte dabei die Empfindung, eine besondere Erfahrung zu machen. Erics neptunische Eigenschaft, andere anzuziehen und einzubeziehen, war zu dieser Zeit besonders stark ausgeprägt. Der Traum, der Wirklichkeit wurde, war in erster Linie sein eigener. Allerdings empfanden sich die Menschen im Publikum nicht als außenstehende Zuschauer – sie fühlten, daß sie Teil des Ereignisses waren.

Zu der Zeit, als die Konzerte stattfanden, stand der progressive Mond aus Erics Solarhoroskop in Konjunktion zum Geburts-Neptun: Ein Traum wurde Wirklichkeit.

Die Berechnung von Wiederkehr-Horoskopen

Wir stellen hier eine Methode zur Berechnung von Solaren und Lunaren vor, die mit einem einfachen Taschenrechner durchzuführen ist. Wenn du einen wissenschaftlichen Rechner besitzt, mit dem du Grad- und Minutenwerte teilen und multiplizieren kannst, wird die Berechnung noch leichter. Diejenigen, die nicht gerne mit Zahlen zu tun haben, brauchen sich nicht abgeschreckt zu fühlen – wir zeigen alles auf leichtverständliche Weise Schritt für Schritt. Wer überhaupt nicht mit der Berechnung klarkommt, aber einen Computer besitzt, sollte sich astrologische Software besorgen. Daneben besteht die Möglichkeit, sich an den Computer-Service des Verlages Hier & Jetzt zu wenden, der Solare und Lunare berechnet und verschickt. Einzelheiten hierzu am Ende dieses Buches.

Bei unserer Methode lassen wir die Präzession unberücksichtigt. Die Berechnung des Solars ist für den Ort auszuführen, an dem du dich zum Zeitpunkt der Sonnen-Wiederkehr befindest. Wenn du zeitweilig von Zuhause fort bist, solltest du mit zwei Solaren arbeiten: das eine berechnet für dein Zuhause und das andere für den Ort, an dem du dich gerade aufhältst. Beide Horoskope haben ihre Bedeutung, wobei das auf den Wohnort bezogene das Wichtigere ist.

Wenn du länger als vier Jahre am gleichen Ort bleibst, wirst du eine gewisse Regelmäßigkeit feststellen – nach vier Jahren steht die Sonne wieder im gleichen Haus. Im Laufe der Zeit verschiebt sich diese Bewegung dann allerdings im Uhrzeigersinn – dann kommt die Sonne in den benachbarten Häusern zu stehen. Dieser Tatsache solltest du dir bewußt sein, wenn du aufeinanderfolgende Solarhoroskope von jemandem interpretierst, der über längere Zeit hinweg am gleichen Ort gelebt hat (oder wenn du Solare von Unternehmen, Organisationen oder Staaten untersuchst).

Die Berechnung des Solarhoroskops

Das Solarhoroskop wird für den Moment erstellt, in dem die Sonne wieder die Stellung einnimmt, die sie zum Zeitpunkt der Geburt gehabt hat. Das wird um deinen Geburtstag herum der Fall sein – am Tag davor, am Geburtstag selbst oder am Tag danach.

Um das Solarhoroskop für ein bestimmtes Jahr zu berechnen, mußt du feststellen, zu welcher Zeit die Sonne die Geburtsstellung erreichen wird beziehungsweise erreicht hat. Wenn du die Interpolation beherrschst (vielleicht von der genauen Berechnung des Aszendenten her), kannst du mit dieser Technik arbeiten. Hast du den Zeitpunkt ermittelt, erstellst du einfach das Horoskop für diesen Augenblick – für den Ort, an du dich dann befunden hast oder dich wahrscheinlich befinden wirst.

Was du also unbedingt als erstes brauchst, ist die genaue Stellung der Sonne in Grad, Minuten und Sekunden in deinem Geburtshoroskop (welche auf deiner Geburtszeit basiert, die richtig und so genau wie möglich sein muß). Wenn die Geburtszeit ungenau oder gar falsch ist, wird das Solarhoroskop nicht stimmen. Vergewissere dich also der genauen Stellung der Geburts-Sonne!

Um für ein bestimmtes Jahr das Solar zu erstellen, mußt du dann in der Ephemeride den Tag heraussuchen, an dem die laufende Sonne diese Stellung wieder erreicht. Wie du weiterhin vorgehen mußt, zeigen wir dir auf den folgenden Seiten.

Ein Beispiel:

Wir wollen herausfinden, wann die Sonne im Jahr 1989 wieder die Stellung erreicht, die sie im Geburtshoroskop von Eric Clapton (9 Grad, 6 Min., 42 Sek. im Zeichen Widder) innehat. Wir benutzen dabei die allgemein verbreitete Rosenkreuzer-Ephemeride. Im ersten Schritt geht es darum, den Tag festzustellen, an dem die Wiederkehr stattfindet (das muß nicht zwangsläufig der Geburtstag sein). Außerdem ist es wichtig zu erfahren, wie weit die Strecke ist, die die Sonne an diesem Tag im Tierkreis zurückgelegt hat.

1. Stellung der Sonne um *0 Uhr am 30. März 1989*:	09° 15′ 54″ ♈
Stellung der Sonne um *0 Uhr am 29. März 1989*:	08° 16′ 36″ ♈
Bewegung der Sonne innerhalb von 24 Stunden	0° 59′ 18″

Damit haben wir herausbekommen, daß sich die solare Wiederkehr für Eric Clapton im Jahre 1989 am 29. März ereignete. Außerdem haben wir berechnet, welche Entfernung die Sonne an diesem Tag im Tierkreis zurückgelegt hat.

Im zweiten Schritt müssen wir die Differenz zwischen der Stellung der Sonne um 0 Uhr des 29. März 89 und der Stellung der Sonne zur Zeit der Geburt berechnen.

2. Stellung der Sonne *bei der Geburt:*	09° 06′ 42′ ♈
Stellung der Sonne um *0 Uhr am 29. März 1989:*	08° 16′ 36′ ♈
Differenz:	0° 50′ 06″

3. Diesen Entfernungswert müssen wir jetzt in einen Zeitwert umrechnen. Die Formel dafür lautet:

:

$$\text{Zeitdifferenz} = \frac{\text{(Differenz in Minuten und Sekunden x 24 Stunden)}}{\text{24stündige Bewegung}}$$

Daraus folgt für unsere Berechnung:

$$\textit{Zeitdifferenz} = \frac{0^\circ\ 50'\ 06'' \text{ x } 24}{0^\circ\ 59'\ 18''}$$

Wenn du mit einem Taschenrechner arbeitest, mußt du die Sekunden in Dezimalwerte umrechen. Die folgende Tabelle gibt an, welche Werte du einsetzen mußt.

Umrechnungstabelle

Minuten als Dezimalwert eines Grades oder einer Stunde; Sekunden als Dezimalwert einer Minute

Minuten/Sekunden	Dezimalwert	Minuten/Sekunden	Dezimalwert
01	0,017	31	0,517
02	0,033	32	0,533
03	0,05	33	0,55
04	0,067	34	0,567
05	0,083	35	0,583
06	0,1	36	0,6
07	0,117	37	0,617
08	0,133	38	0,633
09	0,15	39	0,65
10	0,167	40	0,667
11	0,183	41	0,683
12	0,2	42	0,7
13	0,217	43	0,717
14	0,233	44	0,733
15	0,25	45	0,75
16	0,267	46	0,767
17	0,283	47	0,783
18	0,3	48	0,8
19	0,317	49	0,817
20	0,333	50	0,833
21	0,35	51	0,85
22	0,367	52	0,867
23	0,383	53	0,883
24	0,4	54	0,9
25	0,417	55	0,917
26	0,433	56	0,933
27	0,45	57	0,95
28	0,467	58	0,967
29	0,483	59	0,983
30	0,5	60	1

In unserem Beispiel mußt du wie folgt vorgehen:

50 Minuten und 06 Sekunden (50′ 06′) sind in dezimaler Ausdrucksweise: 50,1.
59 Minuten und 18 Sekunden (59′ 18′) sind in dezimaler Ausdrucksweise: 59,3.

Insofern können wir einsetzen:

$$\text{Zeitdifferenz} = \frac{50{,}1 \times 24}{59{,}3} = 20{,}27 \text{ Stunden}$$

Wenn wir mithilfe der Umrechnungstabelle zurückrechnen, erhalten wir 20 Stunden und 16 Minuten. Auf diese Zeit muß das Solar berechnet werden.

Zur Zeit der solaren Wiederkehr befand sich Eric Clapton in Cranleigh (Surrey).
Das Datum der solaren Wiederkehr: 29. März 1989
Breite: 51° 09′ nördlich
Länge: 0° 30′ westlich

Zeit		S(tunden)	M(inuten)	S(ekunden)
Zeit der solaren Wiederkehr		20	16	00
Sternzeit um 0 Uhr (29. 3. 89)		12	25	30
Korrektur der Sternzeit bis zum Zeitpunkt der solaren Wiederkehr (20.16)	(+)	00	03	20
Ergebnis		32	44	50
(falls größerr als 24: - 24)	(-)	24		
Sternzeit in Greenwich		08	44	50
Einbeziehung der geogr. Länge	(-)		02	
Sternzeit der solaren Wiederkehr		**08**	**42**	**50**

Der Häusertabelle können wir nun entnehmen, daß das MC für diesen Zeitpunkt bei 08 Grad und 17 Minuten im Zeichen Löwe liegt. Für die nördliche Breite von 51 Grad und 9 Minuten ergibt sich dabei ein Aszendent von 28 Grad und 44 Minuten im Zeichen Waage.

Die Berechnung des Lunarhoroskops

Das Lunarhoroskop wird für den Augenblick erstellt, in dem der Mond die Position erreicht, die er im Geburtshoroskop innehat. In jedem 12-Monats-Zeitraum ergibt sich 13mal die lunare Wiederkehr. Das Lunar wird auf die gleiche Weise wie das Solarhoroskop berechnet.

Ein Beispiel:

Wir beziehen uns wieder auf das Horoskop von Eric Clapton, in dem der Mond auf 24 Grad, 53 Minuten und 13 Sekunden im Zeichen Waage steht. Wir wollen das Lunar-Horoskop für den Januar/Februar 1990 berechnen. Grundlage der Berechnung ist wieder die Rosenkreuzer-Ephemeride.

1.	Stellung des Mondes um 0 Uhr am 19. Januar 1990:	29° 51′ 39″ ♎
	Stellung des Mondes um 0 Uhr am 18. Januar 1990:	17° 57′ 14″ ♎
	Bewegung des Mondes innerhalb von 24 Stunden	11° 54′ 25′

Die lunare Wiederkehr ereignet sich also am 18. 1. 90. Der Mond legt an diesem Tag im Tierkreis die Strecke von 11 Grad, 54 Minuten und 25 Sekunden zurück.

2.	Stellung des Mondes bei der Geburt	24° 53′ 13″ ♎
	Stellung des Mondes um 0 Uhr am 18. Januar 1990	17° 57′ 14″ ♎
	Differenz:	6° 55′ 59″

3. Diesen Entfernungswert müssen wir jetzt in einen Zeitwert umrechnen. Weil sich der Mond soviel schneller als die Sonne bewegt, reicht es, auf Minuten gerundete Werte zu benutzen. Wir gehen ansonsten vor wie bei der Berechnung des Solars und setzten jetzt die vorliegenden Werte ein:

$$\text{Zeitdifferenz} = \frac{6°\ 56'\ \text{x}\ 24}{11°\ 54'}$$

Wir benutzen wieder die Umrechnungsformel von Seite 261 und setzen die umformulierten Werte ein:

$$\text{Zeitdifferenz} = \frac{6{,}933\ \text{x}\ 24}{11{,}9} = 13{,}98\ \text{Stunden}$$

Zurückgerechnet entspricht dieser Wert der Zeit von 13 Uhr und 59 Minuten. Auf diese Zeit muß das Lunar berechnet werden - auf die gleiche Weise, wie wir sie oben dargestellt haben.

Für diesen Zeitraum erstellen wir nun das Lunarhoroskop, unter Berücksichtigung der geographischen Länge und Breite des Ortes, an dem sich Eric Clapton zu diesem Zeitpunkt aufhält beziehungsweise aufgehalten hat.

Die Wiederkehr von Merkur, Venus und Mars

Beim Erstellen von Wiederkehr-Horoskopen für Merkur, Venus oder Mars gehen wir vor wie beim Solarhoroskop. Auch hier muß das Horoskop für den Zeitpunkt berechnet werden, in dem der betreffende Planet wieder die Stellung einnimmt, die er bei der Geburt innehatte. Bei Mars ergibt sich etwa alle zwei Jahre eine Wiederkehr, bei Merkur und Venus geschieht das häufiger – etwa einmal pro Jahr. Wie für das Solar sollten auch hier die Sekunden der Geburtsstellung berücksichtigt werden – damit der Aszendent und das MC auch wirklich stimmen. Wenn du zum Beispiel bei der Geburtsstellung von Mars die Sekunden außer acht läßt, erhältst du als Ergebnis einen Zeitraum von 40 Minuten, in den die Wiederkehr fällt – womit Aszendent und MC nicht genau zu bestimmen wären.

Bei der Merkur-, der Venus- oder der Mars-Wiederkehr erheben sich aufgrund der Rückläufigkeit Probleme – welche es beim Solar oder Lunar nicht gibt. Wenn sich diese drei Planeten nur sehr langsam bewegen oder gar stillstehen, ist es unmöglich, MC und Aszendent exakt zu ermitteln. Du mußt dich dann mit einem Horoskop zufriedengeben, das ein ziemlich undifferenziertes Bild gibt.

Wenn der Planet sich zwar schnell genug für die genaue Bestimmung der Achsen bewegt, aber über der Geburtsstellung rückläufig wird, mußt du *drei* Horoskope erstellen und beurteilen. Es hat den Anschein, als sei es in diesem Fall das letzte Horoskop – das für die abermals direktläufige Bewegung erstellte –, welches die größte Aussagekraft besitzt.

Trotz all dieser Komplikationen lohnt es sich, Wiederkehr-Horoskope für den Merkur, die Venus und den Mars zu erstellen.

Die zeitliche Auslösung im Solarhoroskop

1. Der progressive Mond

Ein Tag steht für die kommenden zwölf Monate. Der Mond läuft an einem Tag zwischen zwölf und fünfzehn Grad – auf einen Monat umgerechnet bedeutet das einen Wert zwischen einem und einem Grad und fünfzehn Minuten.

In Jacks Solarhoroskop für das Jahr 89/90 (Kapitel 8, Seite 193) steht der Mond auf 12 Grad und 11 Min. im Zeichen Löwe. Um die Progression zu berechnen, müssen wir zunächst feststellen, welche Entfernung der Mond innerhalb von 24 Stunden zurücklegt.. Um Mißverständnissen vorzubeugen: Hier benutzen wir »*Raphael's Ephemeris*«, eine Ephemeride, die die Planetenstände für die Zeit von 12 Uhr mittags angibt.

Stellung des Mondes um *12 Uhr am 23. Oktober 1989*:	22° 43′ ♌
Stellung des Mondes um *12 Uhr am 22. Oktober 1989*:	10° 14′ ♌
Bewegung des Mondes innerhalb von 24 Stunden	12° 29′

Diese Entfernung, die der Mond in diesem 24stündigen Zeitraum zurückgelegt hat, ist auf die folgenden zwölf Monate zu übertragen. Du teilst diese Zahl durch zwölf und erhältst damit den Wert, um den der Mond jeden Monat vorgeschoben wird. In unserem Beispiel: 1 Grad, 2 Min. und 25 Sek. Um die Mondstellung für den 22. eines jeden Monats zu errechnen, addiere der Einfachheit halber abwechselnd 1 Grad und 2 Min. und 1 Grad und 3 Min. zur Mond-Stellung des Solarhoroskops – wie in der folgenden Aufstellung geschehen.

22. Oktober 89	12° 11′ ♌	22. Mai 90	19° 28′ ♌
22. November 89	13° 13′ ♌	22. Juni 90	20° 31′ ♌
22. Dezember 89	14° 16′ ♌	22. Juli 90	21° 33′ ♌
22. Januar 90	15° 18′ ♌	22. August 90	22° 36′ ♌
22. Februar 90	16° 21′ ♌	22. September 90	23° 38′ ♌
22. März 90	17° 23′ ♌	22. Oktober 90	24° 41′ ♌
22. April 90	18° 26′ ♌		

Wenn es zwischen dem progressiven Mond des Solars und dem Solar sowie dem Geburtshoroskop zu exakten Aspekten kommt, können sich bestimmte Ereignisse, Tendenzen oder innere Veränderungen ergeben. Die zeitliche Auslösung dieser Aspekte kann zu Vorhersagen genutzt werden. Dies gilt insbesondere dann, wenn ein komplexes Aspektmuster des des Solar- oder Geburtshoroskops angesprochen ist.

2. Transite
Für prognostische Zwecke müßten – wie man meinen könnte – insbesondere die Sonnentransite im Solar von Interesse sein. Wir haben allerdings nicht den Eindruck, daß diese Technik herausragende Ergebnisse liefert.

3. Progressive Achsen
Die Aszendent/Deszendent- und die MC/IC-Achse werden gemäß dem Sonnenbogen vorgeschoben. Der Näherungswert ist 1 Grad pro Tag (365 Tage durch 360 Grad).

Die genaue Berechnung:

a) Wo steht das progressive Solar-MC an einem bestimmten Tag?
Berechne die Differenz (in absoluter Länge) zwischen der Sonnenstellung zum Zeitpunkt der Geburt und dem gegebenen Datum. Wenn du diesen Wert zum MC des Solarhoroskops addierst, erhältst du das progressive Solar-MC.

b) Wann erreicht das progressive Solar-MC einen bestimmten Tierkreisgrad?
Subtrahiere von dem Tierkreisgrad die Gradzahl des Solar-MC. Zum erhaltenen Wert addierst du die Gradzahl der Solar-Sonne. Das Ergebnis mußt du nun wieder umrechnen. Wenn du das getan hast, schau in die Ephemeride, um herauszufinden, an welchem Tag die Sonne diesen Punkt – beziehungsweise das progressive Solar-MC den betreffenden Tierkreisgrad – erreicht.

Wir geben zu den beiden Verfahren ein Beispiel, wobei wir uns wieder auf Jacks Solarhoroskop für das Jahr 89/90 beziehen (siehe Seite 193).

Zu a:
Wir wollen errechnen, auf welchen Tierkreisgrad das progressive Solar-MC am 2. März 1990 steht. Dazu ziehen wir wiederum die »*Raphael's Ephemeris*« (Mittagsstände) heran.

Die Stellung der Sonne am 2. März 1990 (in absoluter Länge):	341° 39′
Die Stellung der Sonne bei der Geburt (in absoluter Länge):	209° 13′
Differenz:	132° 26′

Dieser Wert muß zum (in absoluter Länge ausgedrückten) Solar-MC addiert werden (in diesem Jahr bei 28° 30′ im Schützen):	268° 30′
Das Ergebnis:	400° 56′
beziehungsweise (-) 360:	40° 56′
Das progressive Solar-MC lieg bei: 40° 56′40 beziehungsweise:	**10° 56′ ♉**

Um den progressiven Solar-Aszendenten zu ermitteln, mußt du nun wieder die Häusertabelle heranziehen. Der progressive Solar-Aszendent des 2. März 1990 fällt in unserem Falle und für die Breite von 51° 32′ auf 23 Grad und 55 Minuten im Zeichen Löwe.

Zu b:
Wann wird – im gleichen Solarhoroskop – das progressive Solar-MC in Konjunktion zum Solar-Jupiter stehen?

Die Stellung des Solar-Jupiters (in absoluter Länge):	100° 47′
Subtrahiere die Gradzahl des Solar-MC:	268° 30′
(Falls die zweite Zahl größer ist als die erste, addiere 360 Grad)	
Differenz:	192° 17′
Die Stellung der Sonne bei der Geburt:	209° 13′
Zähle die beiden Werte zusammen:	401° 30′
(- 360 =):	41° 30°
beziehungsweise:	**11° 30′ ♉**

Sieh in der Ephemeride nach, wann die Sonne diesen Tierkreisgrad erreicht. Dies ist am 2. Mai der Fall. Also steht am 2. Mai 1990 das progressive Solar-MC in Konjunktion zum Solar-Jupiter.

Wir sind der Ansicht, daß es sich hierbei um eine ungemeine nützliche Technik handelt. Informationen zur Interpretation der erhaltenen Daten haben wir in Kapitel 8 gegeben

Bibliografie

Arroyo, Stephen:
– »Astrologie, Psychologie und die vier Elemente«. Rowohlt Taschenbuch, Reinbek 1991
– »Astrologie, Karma und Transformation. Die Chancen schwieriger Aspekte«. Hugendubel Verlag, München 1980

Greene, Liz:
– »Saturn«. Hugendubel Verlag, München 1981
– »Schicksal und Astrologie«. Hugendubel Verlag, München 1985
– »Sag mir dein Sternzeichen, und ich sag dir, wie du liebst«. Ullstein, Berlin 1986

Hamaker-Zondag, Karen M.:
– »Das 12. Haus. Die verborgene Kraft in unserem Horoskop«. Verlag Hier & Jetzt, Hamburg 1992

Hand, Robert:
– »Das Buch der Horoskopsymbole«. Hugendubel Verlag, München 1990
– »Das Buch der Transite«. Hugendubel Verlag, München 1984

Jackson, Eve:
– »Jupiter. Der alte Wohltäter in einem neuen Licht«. Edition Astrodata, Zürich 1988

Lunsted, Betty:
– »Transite – Die Gezeiten des Lebens«. Urania Verlag, Schaffhausen 1987

Marks, Tracy:
– »Astrologie der Selbst-Entdeckung. Eine Reise in das Zentrum des Horoskops«. Verlag Hier & Jetzt, Hamburg 1989
– »Dein verborgenes Selbst. Das Mysterium des 12. Hauses«. Verlag Hier & Jetzt, Hamburg 1991

Rudhyar, Dane und Leyla:
– »Astrologische Aspekte. Der Schlüssel zur Deutung planetarischer Beziehungen«. Hamburg 1992, Verlag Hier & Jetzt

Ruperti, Alexander:
– »Kosmische Zyklen. Planetarische Muster des Wachstums«. Verlag Hier & Jetzt, Hamburg 1990

Sasportas, Howard:
– »Astrologische Häuser und Aszendenten«. Knaur Taschenbuch, München 1987

Tierney, Bil:
– »Dynamik der Aspektanalyse«. Hugendubel Verlag, München 1990